Lib 15
17
A.

PROCÈS-VERBAL
DES SÉANCES
DE L'ASSEMBLÉE PROVINCIALE
DU BERRI,
TENUE A BOURGES

Dans les mois de Septembre & d'Octobre 1780.

Précédé du projet de Réglement proposé pour cette Administration, & des détails relatifs aux principaux objets qui ont occupé les Assemblées de 1778 & 1779.

A BOURGES,

De l'Imprimerie de B. Cristo, Imprimeur du Roi.

M. DCC. LXXXI.

Et se trouve à Paris,

Chez NYON l'aîné, Libraire, rue du Jardinet, quartier Saint André des Arcs.

AVANT-PROPOS.

L'ADMINISTRATION provinciale du Berri, destinée par la primauté de son établissement à être le modele de ces institutions paternelles, qui associent les lumieres des peuples au pouvoir du Souverain, pour les faire également concourir à la gloire & au bonheur des Empires, devoit, ce semble, être la premiere à faire connoître l'esprit & la marche de ses opérations. Son vœu eût été sans doute de répondre ainsi par des effets ostensibles au desir de tous les citoyens, & à l'empressement de la Province ; mais ne présenter sur plusieurs objets importants que des examens, des discussions propres à éclairer les délibérations, sans y joindre des avis définitifs, eût été plutôt tromper l'attente publique que la satisfaire. Elle ne craindra donc pas que sa lenteur soit taxée d'inertie, quand on verra par le compte de ses deux premieres tenues se préparer les résultats de la troisieme : elle ose même se persuader qu'on ne lui fera aucun reproche sur le silence qu'elle a gardé jusqu'à ce moment, lorsque l'on considérera les difficultés inséparables de tout nouvel établissement, lorsque sur-tout on comparera la situation de la Généralité confiée à ses soins, avec celle des Provinces qui, déja fixées sur les bases des impositions, sembloient ne plus attendre qu'une forme nouvelle d'administration, pour arriver à cette sagesse & cette égalité de répartition à laquelle l'équité du Souverain leur fait un devoir de tendre & de parvenir, où le régime des travaux publics déja déterminé ne préſentoit plus que des détails à régler & à ſuivre, & non des méthodes à comparer, à diſcuter, à choiſir.

Sans envier l'avantage qu'ont pu avoir d'autres Adminiſtrations, de développer avant elle le zele & le patriotiſme qui conſtitue l'eſſence de toutes, celle du Berri verra toujours leurs ſuccès avec ce vif intérêt qu'entretient la conformité des devoirs, & qui, écartant toute rivalité, n'admet que cette noble émulation qui tend au bien général, & qui portera toutes les Adminiſtrations provinciales à ſeconder les vues bienfaiſantes d'un Monarque qui ne ſépare pas ſon bonheur de celui de ſes peuples.

LE ROI ayant choifi, fuivant l'arrêt de fon Confeil du 12 juillet 1778, portant établiffement d'une Adminiftration Provinciale en Berri,

MONSEIGNEUR L'ARCHEVÊQUE DE BOURGES.
M. DE VÉRI, *Abbé de S. Satur.*
M. DE SÉGUIRAN, *Abbé du Landais.*
M. DE VELARD, *Chanoine de l'Eglife de Bourges.*
M. le Marquis DE GAUCOURT (*).
M. le Comte DE BARBANÇON.
M. DE SAVARY, Marquis de Lancofme.
M. le Comte DU BUAT.
M. SOUMARD DE CROSSES.
M. GUIMON DE LA TOUCHE.
M. DE LA VARENNE.
M. TERRASSE.
M. REBIERE DE LIZIERES.
M. FERRAND DE SALIGNY.
M. DUPERTUIS.

Pour lui indiquer trente-deux propriétaires, qui formeroient avec eux ladite Adminiftration, il fut tenu à Bourges, le 5 octobre fuivant, une féance préliminaire, dans laquelle ces trente-deux propriétaires furent propofés à Sa Majefté ; & la premiere affemblée de l'Adminiftration, tenue le 10 novembre fuivant, fe trouva, en conféquence, compofée,

---

(*) M. le Marquis de Gaucourt mourut en fe rendant à Bourges pour l'Affemblée préliminaire du 5 octobre.

Assemblée Provinciale

POUR LE CLERGÉ, de

Monseigneur l'Archevêque de Bourges.

M. DE VERI, *Abbé Commendataire de l'Abbaye de Saint Satur.*

M. DE BETIZI DE MEZIERES, *Abbé Commendataire de l'Abbaye de Barzelles.*

M. DE HERCÉ, *Abbé Commendataire de l'Abbaye de Chezal-Benoît.*

M. DE SEGUIRAN, *Abbé Commendataire de l'Abbaye du Landais.*

M. DE LACOUX-MENARD, *Abbé du Chapitre de N. D. & de St. Martin de Châteauroux.*

M. DE VELARD, *Chanoine de l'Eglise Métropolitaine, Archidiacre de Buzançois.*

M. DE BOISÉ, *Prieur Titulaire du Prieuré simple de St. Hilaire près Linieres.*

M. BLANCHARD, *Prieur de l'Eglise Collégiale & Séculiere de Notre-Dame de Sales.*

M. TERMINET, *Prieur de l'Eglise Collégiale & Séculiere de Notre-Dame de Graçay.*

M. BARBIER, *Chantre & Chanoine du Chapitre de Leré.*

M. DE LESTANG, *Chanoine de l'Eglise Collégiale & Séculiere de St. Cyr de la Ville d'Issoudun.*

POUR LA NOBLESSE, de

M. le Comte DE BARBANÇON, *Seigneur de Contremoret,*

du Berri, 1778.

M. le Comte DE POIX, *Seigneur de Marecreux.*
M. DE SAVARY, *Marquis de Lancofme.*
M. le Marquis DE BLOSSET, *Seigneur de Bloffet.*
M. le Comte DE CHABRILLANT, *Seigneur du Magny.*
M. le Comte DU BUAT, *Seigneur de Neuvy-fur-Barenjon.*
M. DE SANCÉ, *Seigneur d'Azai-le-Feron.*
M. le Marquis DE BONNEVAL, *Seigneur de Bannegon.*
M. DE COURAULT, *Comte de la Rochevreux.*
M. le Marquis DE BOUTHILLIER, *Seigneur des Aix-d'Angillon.*
M. DE SAHUGUET, Baron D'ESPAGNAC, *Seigneur de Sancerre.*

Pour les Députés des Villes & des Campagnes dans le Tiers-Etat, de

M. SOUMARD, *Ecuyer, Seigneur de Croffes, Maire de Bourges.*
M. DESSERRAND, *de la Ville de Bourges.*
M. ROBERT, *de la Ville d'Iffoudun.*
M. GUIMON, *de la Ville de Châteauroux.*
M. DE LA VARENNE, *de la Ville de Vierzon.*
M. GEOFFRENET DES BEAUXPLAINS, *de la Ville de St. Amand.*
M. BELLEAU, *de la Ville du Blanc.*
M. FERMET DES MORNIERES, *de la Ville de Châtillon-fur-Indre.*

Assemblée Provinciale

M. Bernot de Congy, *de la Ville de la Charité-sur-Loire.*
M. Grangier, *de Sancerre.*
M. Abicot, *de la Ville d'Aubigny.*
M. Terrasse, *de Châteauneuf-sur-Cher.*
M. Rebiere de Lizieres, *de la Souteraine.*
M. Ferrand de Saligny, *de Bengy-sur-Cran.*
M. Dupertuis, *de la Ville d'Argenton.*
M. Alabonne de l'Enclave, *de St. Benoit du Sault.*
M. Bonneau, *de Buzançois.*
M. Baucheton, *de Massay.*
M. Poisle Desgranges, *de Cluis-dessus.*
M. Trotignon de l'Epinieres, *de Levroux.*
M. Rappin de Chevenet, *de Donzy.*
M. Taillandier du Pleix, *de Saint Hilaire près Linieres.*
M. . . .
M. . . .

Du Mardi 10 Novembre 1778.

M. Feydeau de Brou, Intendant de la Généralité, & Commissaire nommé par le Roi, fit l'ouverture des séances, suivant les formes déterminées par Sa Majesté. Le sieur Merle de la Brugiere fut élu Secrétaire.

Du Mercredi 11 Novembre.

L'Assemblée assista à la Messe solemnelle du Saint-Esprit, qui fut célébrée en l'Eglise Métropolitaine par Monseigneur l'Archevêque de Bourges.

du Berry, *1778*.

Du Jeudi 12 *Novembre.*

L'Assemblée délibéra de proposer au Roi pour Procureurs-Syndics de l'Administration, M. de Bengy, Lieutenant-général au Bailliage de Bourges; & M. Dumont, Procureur du Roi au Bureau des Finances de Bourges.

Il fut formé quatre Bureaux :
Celui des Impositions ;
Celui des Travaux publics ;
Celui de l'Agriculture & du Commerce ;
Celui du Réglement.
Et tous les Membres de l'Assemblée furent distribués dans ces différents Bureaux.

Le reste de la séance & celles des 13 & 16 novembre furent employés à la lecture des mémoires présentés par quelques Députés.

Du Mardi 17 *Novembre.*

L'Assemblée ayant pris séance, MM. les Commissaires chargés du projet de Réglement général, prirent le Bureau, & dirent : *Projet de Réglement.*

MESSIEURS,

En nous chargeant de préparer le projet d'un Réglement qui puisse diriger la formation de vos assemblées à venir, la discipline intérieure qu'elles doivent suivre, les occupations du Bureau qui les représentera d'une tenue à l'autre, vous nous avez honorés de la

Commiſſion la plus importante pour vous, & la plus délicate aux yeux du Gouvernement: c'eſt nous avoir chargés de former le code de vos loix particulieres; de ſaiſir les rapports qu'elles doivent avoir avec les loix générales, pour n'en pas bleſſer l'harmonie; de concilier le pouvoir de faire le bien des peuples de cette Province avec l'heureuſe impoſſibilité de leur nuire; de démêler le degré de liberté qui vous eſt néceſſaire pour défendre leurs intérêts, ſans affoiblir les droits de l'autorité ſouveraine; enfin, de vous préſenter le plan d'un régime propre à fixer l'affection publique, à réchauffer dans les cœurs l'amour de la patrie, & à mériter la bienveillance du meilleur des Rois.

Plus cette miſſion nous a paru honorable, moins nous avons cru que, dans une entrepriſe ſi périlleuſe, il nous fût permis de nous livrer à nos propres idées. Nous avons penſé qu'il falloit réduire nos efforts à diſpoſer les différentes pieces qui doivent entrer dans le nouvel édifice, mais que c'étoit à vous à nous en fournir les matériaux. Nous avons cru qu'il falloit recourir à vos lumieres, conſulter les vues de votre ſageſſe, & que, s'il pouvoit nous être permis de vous préſenter un vœu ſur les objets de moindre importance, tout nous faiſoit un devoir de prendre vos ordres ſur les points fondamentaux de la conſtitution qu'il vous plaira d'adopter, pour les propoſer à Sa Majeſté.

Notre premiere attention a été de ſaiſir l'enſemble du Réglement à faire, pour vous en préſenter le tableau. Toutes les parties qui doivent le former, nous ont paru fe réduire fous quelques divifions principales.

La premiere aura pour objet la formation & la convocation des affemblées, les qualités des Députés, la maniere de les remplacer & de les réunir au temps indiqué par le Roi pour l'affemblée générale, l'ordre dans lequel ils doivent fiéger & opiner.

Il paroît néceffaire de déterminer dans la feconde, la difcipline des affemblées, la forme du travail, l'ordre & la matiere des délibérations ; de traiter dans la troifieme des Officiers de la Province, de la maniere de les élire, de leurs qualités, de leurs droits, & de leurs fonctions; de fixer dans la quatrieme les maximes qui doivent régir le Bureau d'Adminiftration qui doit vous remplacer dans les temps intermédiaires de vos affemblées, d'en prefcrire la formation, & d'en indiquer les devoirs.

A cet apperçu général, nous avons fait fuccéder l'étude des détails; & la maniere de pourvoir à la régénération des affemblées, nous a d'abord paru mériter la difcuffion la plus férieufe.

Il répugneroit, fans doute, à vos principes de vous perpétuer dans vos places, & de devenir ainfi les repréfentans forcés de vos concitoyens. Le vœu commun femble déja nous annoncer qu'après les deux ou trois premieres affemblées, un tiers d'entre vous fera place à de nouveaux Adminiftrateurs qui viendront partager à leur tour l'honneur de fervir leur Province, & que la régénération fe confommera ainfi fucceffivement. Cette forme, la meilleure de toutes pour la tranfmiffion du même efprit & des mêmes vues, fans avoir les inconvéniens de la pérennité, annoncera que vos assemblées font ouvertes à tous les concitoyens qui pourront y apporter intérêt, zele & talens.

Mais comment opérer cette réproduction? Par quelle voie appeler les nouveaux repréfentans du peuple ? La maniere d'y parvenir n'eſt pas ſi facile à déterminer.

Parmi les plans propoſés, les uns ont pour objet d'attribuer aux trois Ordres collectivement la nomination des Députés à l'Aſſemblée provinciale ; les autres d'attribuer à chaque Ordre en particulier le droit de déſigner ſes repréſentans.

Nous avons mis dans la premiere claſſe l'idée de faire régénérer l'Adminiſtration par elle-même, puiſqu'en effet elle eſt formée par le concours des trois Ordres, & que toutes les délibérations s'y prennent en commun. Les partiſans de ce ſyſtême voudroient que chaque Aſſemblée générale, en terminant ſes ſéances, remplaçât par la voie de l'élection les Députés ſortant d'exercice. Cette méthode eſt ſimple & facile; mais on ne peut ſe diſſimuler qu'elle paroît peu faite pour concilier à l'Aſſemblée l'affection des peuples, parce qu'elle ne flatte aucunement le citoyen par l'opinion d'un concours quelconque à la manutention publique. Si, déſignés dans le principe par la volonté du Souverain, les Adminiſtrateurs ſe reproduiſent les uns par les autres, ils n'auront jamais reçu leur miſſion de la Province ; ils la repréſenteront, ſans avoir ſon vœu, & ne paroîtront aux yeux de la multitude qu'un Tribunal établi pour ſubſtituer l'autorité de pluſieurs à l'autorité d'un ſeul. Cette forme ne vous laiſſe-t-elle pas appréhender
que

que, séduits tôt ou tard par les distinctions, ou par les avantages attachés à leurs places, ces Administrateurs ne cherchent à s'y perpétuer, & qu'ils n'en trouvent le moyen dans la possibilité d'être rappelés aux soins de l'Administration, après deux ans de vacance rigoureuse, sous prétexte qu'ils seroient plus instruits & plus capables. Enfin, ne penserez-vous pas que la répartition de l'impôt devant être désormais dans les vues bienfaisantes du Roi un partage fraternel des charges publiques, c'est contrarier la nature même de l'établissement, que d'ôter la désignation des Administrateurs à la multitude des intéressés à l'Administration ?

La force de ces considérations a fait imaginer l'expédient d'attribuer, pour une fois seulement, à la Province la faculté de pourvoir à la formation de l'Assemblée. On a cru que les Administrateurs ayant ainsi reçu de leurs commettans une mission, dont on ne pourroit contester la légitimité, pourroient la transmettre, en vertu des pouvoirs qu'on leur donneroit dans le principe ; qu'appelés par la voix publique, ils tiendroient à honneur & à devoir de justifier ce choix, en mettant à leur place des citoyens irréprochables ; & qu'ainsi l'impulsion primitive vers le bien public se conserveroit dans tous les temps. Si ces précautions vous paroissoient suffisantes, nous inclinerions avec plaisir pour le système de la régénération. Il écarte tous les embarras, sauf celui d'une convocation générale qui n'auroit lieu que pour une fois, prévient les brigues, ne laisse aucune inquiétude au Gouvernement sur la fermentation que les élections pourroient faire craindre. Les assemblées instruites des talens qu'on auroit montrés dans l'administration, rappeleroient les Députés qui s'y seroient rendus utiles, écarteroient ceux qui leur paroîtroient dangereux, & vous auriez pourvu, par le moyen le plus simple, à la partie la plus délicate & la plus décisive de votre Réglement.

Le second moyen indiqué pour parvenir à la formation de l'Assemblée, est de diviser la Province en un certain nombre d'arrondissemens, d'attribuer à chacun d'eux le droit de nommer deux, trois ou quatre Députés qui seroient leurs représentans dans l'Administration, & de réunir, pour en faire le choix, la Noblesse, le Clergé & le Tiers-Etat de chacune de ces divisions, quoique jamais un arrondissement n'eût à remplacer tous ses représentans à la fois. Il faudroit, en suivant cette idée, que le Clergé, la Noblesse & le Tiers-Etat se réunissent pour nommer ou le Député seul du Clergé, ou le Député seul de la Noblesse, ou les Députés seuls du Tiers-Etat. Ainsi, de même qu'à l'Assemblée générale rien ne se fait que par le concours des trois Ordres, rien ne se feroit sans ce même concours dans les assemblées d'arrondissement.

Quelque favorable que ce plan paroisse à la liberté publique, nous pensons que le droit le plus sacré de chaque Ordre doit être de ne pas recevoir ses représentans de l'Ordre qui n'auroit pas le même intérêt que lui. Les Nobles & les Ecclésiastiques réunis dans ces assemblées ne pourroient-ils pas forcer les suffrages par leur nombre, ou même par leur influence? Seroit-ce un triomphe digne d'eux, d'avoir donné au Tiers-État des représentans malgré lui? C'est à cette classe, la plus indéfendue, que l'exercice de sa liberté est le plus précieux; c'est pour elle sur-tout que le Souverain a adopté les vues des Administrations provinciales, parce qu'en effet elle porte la plus grande partie des charges publiques; n'est-il pas juste au moins que ses Agens ayent sa confiance & son aveu ? L'interversion seroit plus frappante encore, si le Tiers-État plus nombreux pouvoit forcer la Noblesse sur le choix de ses commettans; & cette seule considération suffiroit peut-être pour faire rejetter les nominations combinées par les trois Ordres.

C'est sur-tout parce qu'ils votent en commun aux assemblées générales, qu'ils doivent voter séparément dans le choix de leurs Députés; car alors chacun apportant aux travaux de l'Administration un esprit & des vues dépendantes de l'intérêt de l'Ordre qui l'a choisi, il se forme par le choc des opinions, des délibérations mitigées qui veillent à la conservation de tous les intérêts; mais s'il arrive jamais qu'un seul Ordre s'empare du choix des Députés, tout sera visiblement perdu pour le Souverain & pour les peuples, parce que les Assemblées provinciales ne seront tenues que pour l'intérêt de l'Ordre prédominant.

Une maniere de répondre à ces difficultés, seroit de considérer l'Assemblée provinciale, comme une assemblée de Contribuables réunis, par le seul lien de l'intérêt commun, sans distinction d'Ordre de Noblesse, de Clergé & de Tiers-Etat. Mais cette idée, la mieux conçue peut-être pour développer, à la faveur de l'égalité, les talens & l'émulation, vous paroîtra sans doute demander l'examen le plus réfléchi. 1°. Vous déterminerez-vous à anéantir dans l'Assemblée provinciale l'ordre des prérogatives & des distinctions qui semblent tenir de si près à la constitution de tout Etat monarchique ? 2°. Ne craindrez-vous pas que cette loi d'égalité ne blesse la Noblesse & le Clergé, & ne les éloigne à jamais de vos assemblées ? 3°. S'ils font le sacrifice des prérogatives d'honneur qu'ils tiennent de leur état & de leur naissance, croirez-vous qu'ils sacrifient également leurs priviléges & leurs exemptions ? Et s'ils y restent attachés, les assemblées d'arrondissemens ne seront-elles pas déchirées par le combat des privilégiés contre ceux qui ne le sont pas ? Ne retomberez-vous pas alors dans l'inconvénient que vous cherchiez à éviter ?

Malgré ces motifs, nous sommes bien éloignés de regarder comme impraticables les élections combinées par la réunion des trois Ordres dans chaque arrondissement. Elles ont une analogie parfaite avec les principes de composition de l'Assemblée générale ; les fermentations qu'elles pourroient faire craindre, seroient faciles à prévenir, soit en mettant les assemblées d'arrondissement sous l'œil & l'inspection du Souverain, soit en déterminant sur des principes justes & sages la formation de ces assemblées, soit en réduisant par des subdivisions & des assemblées préparatoires, le nombre des Electeurs. Telles font les différentes vues propofées pour compofer l'Adminiftration provinciale par le concours des trois Ordres.

Celles qu'on nous a fuggérées pour décerner à chaque Ordre le choix de fes repréfentans, ne peuvent vous être expofées que féparément pour chaque Ordre, parce qu'elles varient felon leur pofition & leurs intérêts.

Nous commencerons par le Tiers-Etat. Intimément lié aux fuccès de vos opérations, parce qu'en général il n'attend fa profpérité particuliere que de la profpérité de la Province entiere, cet Ordre fera, tôt ou tard, le nerf & la force de vos affemblées : dépofitaire prefque unique des lumieres locales, inftruit, plus que tout autre, des fecrets de la nature du fol qu'il a étudié fans relâche, il vous fera tout-à-la-fois connoître les maux & les remedes, les befoins & les reffources. Flatté de fon influence fur l'Adminiftration publique, à laquelle il a tant d'intérêt, il entreprendra les plus grandes chofes par amour pour fon Roi & pour fa Patrie, s'il peut joindre à l'honneur de les fervir, celui d'y être appelé par le choix le plus libre de fes commettans.

En partant de ces principes, nous ne vous propoferions qu'à regret de fuivre la forme adoptée par toutes les Provinces établies en Adminiftration, pour le choix des Députés à l'Affemblée provinciale, c'eft-à-dire, d'en confier la défignation aux Corps municipaux des Villes, parce que les Villes en Berri ne peuvent ni par leur importance, ni par leur population, ni par leur commerce, obtenir un afcendant fi marqué fur les habitans des campagnes; & qu'en oppofition continuelle d'intérêts avec eux, elles vous rendroient trop foiblement peut-être le vœu qu'elles vous porteroient de leur part : toute la difficulté confifte à déterminer un jufte milieu.

Il a été imaginé dans cette vue de divifer la totalité de la Province en vingt-quatre arrondiffemens à peu près égaux, & compofés chacun d'environ trente paroiffes ou collectes, dont la Ville ou le Bourg le plus confidérable feroit le chef-lieu.

Chaque arrondiffement auroit dans ce fyftême fon repréfentant à l'Affemblée provinciale, repréfentant toujours inftruit de l'état & du vœu de fes commettans, parce que rien n'échapperoit à fes foins dans une circonférence fi refferrée.

Les affemblées pour les élections feroient compofées des Maire & Echevins du chef-lieu qui, comme fes repréfentans naturels, y ftipuleroient fes intérêts, & de fix repréfentans des campagnes, députés par les paroiffes réunies de quatre en quatre, ou de cinq en cinq.

Comme il feroit embarraffant & peut-être dangereux de réunir ainfi les paroiffes, ce feroient leurs Syndics feuls qui formeroient l'affemblée de ces petits diftricts, & fe rendroient à un jour marqué dans l'étude d'un Notaire, pour inveftir leurs Députés de leurs pouvoirs.

Il ne faudroit pas que ce Député fût un fimple Payfan, fans connoiffances & fans lettres, peu fait pour tenir une place dans les assemblées municipales ; mais un article seul de votre Réglement préviendroit avec facilité tout inconvénient de ce genre.

Vous appercevez sans doute au premier coup d'œil qu'en suivant cette marche, plus les villes ont d'intérêt dans les élections, plus elles y ont d'influence ; la ville de Bourges, par exemple, capitale de cette Province, ayant un Maire & quatre Echevins, aura cinq voix dans l'assemblée d'arrondissement, contre les six que formeront les habitans des campagnes ; tandis que la ville de Sanscoings, beaucoup moins considérable, ne balancera que par deux Echevins les six Députés des collectes ou paroisses.

L'équilibre se trouve ainsi établi de lui-même, & les villes ont d'autant moins à s'en plaindre, que les Députés des paroisses devant être des citoyens honnêtement nés, seront bien plus souvent pris dans leur sein que dans nos campagnes malheureusement trop abandonnées.

Pour donner à ce plan une conformité parfaite avec l'arrêt du 12 juillet, il sera facile de former deux classes de vingt-quatre arrondissemens. Ceux de la premiere formeront les Députés des villes ; on en compte à peine douze dans la Généralité. Ceux de la seconde classe formeront les Députés des campagnes, avec d'autant plus de justice, que les chefs-lieux ne seront que des bourgs un peu renforcés : nous pensons que les députations du Tiers-Etat ainsi combinées présentent tous les avantages des élections, sans en laisser craindre les inconvéniens. Que seront en effet les assemblées des paroisses ? la réunion de quatre ou cinq Syndics dans l'étude d'un Notaire. Que seront les assemblées d'arrondissement ? la réunion des Officiers municipaux dans le lieu & la forme ordinaire de leurs convocations, assistés de cinq Députés des campagnes. Si ce plan réunissoit vos suffrages, il vous présenteroit peut-être d'autres objets d'utilité pour la répartition des impôts, quelque forme que vous proposiez d'introduire à cet égard.

Quant à la Noblesse, si vous voulez lui conserver la faculté d'élire ses représentans, vous pourrez sans embarras réunir de deux en deux les vingt-quatre arrondissemens formés pour le Tiers-Etat. Moins nombreuse que lui & plus facile à déplacer, elle se fera aisément douze points principaux de réunion dans la Province; mais de mûres réflexions doivent précéder le parti que vous prendrez à cet égard. 1°. Quoique la fidélité de cet Ordre, & son attachement pour l'Etat soient parfaitement connus, le Gouvernement a toujours les yeux ouverts sur ses assemblées, dans les temps même les plus tranquiles. Des esprits mal affectionnés les présenteroient peut-être comme peu analogues à l'esprit de notre constitution. 2°. Quelle Noblesse entrera dans ces assemblées ? Vous assujettirez peut-être à des preuves celle qui entrera dans l'Administration générale de la Province; exigerez-vous les mêmes pour les assemblées d'arrondissement ? Comment, par qui ces preuves seront-elles vérifiées, & quels seront les juges & les suites des contradictions qui pourroient en résulter ? 3°. La Noblesse est inégalement répandue

sur

sur la surface de la Province ; certaines Terres y sont d'une étendue si considérable, qu'elles formeroient elles seules un arrondissement. Les assemblées n'y seront visiblement formées que par un seul Gentilhomme, ou du moins la supériorité de son influence étouffera la voix de la pauvre Noblesse vivant dans son enclave ; dans d'autres parties, les propriétés sont fort divisées, & une multitude considérable d'intéressés n'aura qu'un seul représentant. 4°. La Noblesse la plus riche du Berri vit communément loin de ses Terres, engagée au service des armes, ou par d'autres devoirs dont il seroit bien difficile de la détourner pour la nomination d'un Député à l'Assemblée provinciale ; faudra-t-il que plus intéressée à l'Administration, elle en soit cependant exclue comme ne se trouvant pas à l'élection des Députés.

Nous trouverions moins raisonnable & plus injuste encore d'attribuer à douze Terres le droit de représenter l'Ordre de la Noblesse, malgré ce qui se pratique à cet égard en Languedoc : il paroît répugnant de regarder comme un droit successif, l'honneur d'être associé à l'Administration publique. L'idée de perpétuer ainsi les Administrateurs a paru d'ailleurs révoltante à plusieurs d'entre vous.

Ces difficultés ont fait naître une autre idée, celle d'appeler la Noblesse aux Assemblées provinciales, tout-à-la-fois à raison de sa qualité & de ses biens, ainsi qu'il se pratique en Artois & en Bourgogne : les Gentilshommes ne sont pas reçus aux assemblées de ces Provinces, s'ils ne sont pas possesseurs d'une seigneurie ayant au moins un clocher ou une paroisse. Ce principe ne peut être taxé d'injustice ; car le Roturier possédant une seigneurie, n'a certainement pas acquis le droit de stipuler pour la Noblesse ; & le Gentilhomme sans seigneurie qualifiée, doit convenir qu'il a moins d'intérêt que les autres dans les objets confiés à l'Administration.

En attachant ainsi le droit de représenter l'Ordre de la Noblesse parmi vous, d'abord aux Terres dont les propriétaires ont été choisis ou agréés par le Roi pour assister à cette premiere Assemblée, ensuite à celles qui, possédées par des Gentilshommes, donnent droit de justice sur une ou plusieurs paroisses, il seroit peut-être possible d'appeller aux soins de l'Administration, toute la Noblesse qui y seroit réellement intéressée.

Quoiqu'il y ait dans la Généralité plus de sept cens vingt paroisses, il s'en faut bien qu'elles ne forment toutes une Seigneurie distincte : un grand nombre n'a d'autres Seigneurs que le Roi ; d'autres ont des Seigneurs Ecclésiastiques, prenant part à l'Administration en leur qualité de Bénéficiers ; crtaines terres englobent sous un seul titre dix ou quinze clochers.

En réunissant toutes ces considérations, on s'est assuré que la liste des Terres de la qualité requise ci-dessus déterminée, ne sera que de cent ou cent vingt au plus, & que si l'on exclud les propriétaires non nobles, les Seigneurs en bas âge, les terres litigieuses & la voie de représentation par procureur, le droit d'entrer à l'Assemblée provinciale ne sera dans le fait exercé que par cinquante ou soixante Gentilshommes.

Cette méthode a l'avantage de ne faire résulter les exclusions que de la loi tirée de la qualité & de l'intérêt des personnes, de ramener plus souvent aux soins publics les propriétaires de plusieurs Terres considérables, à raison de leurs diverses propriétés : & dans l'impossibilité d'appeller à la fois toute la Noblesse de la province, vous lui feriez partager tour-à-tour, & autant qu'il dépend de vous, l'avantage de concourir au bonheur des peuples.

On a présenté comme une objection contre ce projet de prononcer par le seul fait d'une liste des Terres, l'exclusion de celles qui n'y seroient pas comprises ; mais il est aisé de sentir que cette liste ne sera jamais fermée, & que tout propriétaire aura, par le Réglement, le droit d'y faire inscrire sa Terre, en justifiant de sa qualité. Ainsi le seul argument qui reste est qu'en abrogeant les élections, on ne donne pas assez aux talens & au mérite, & nous vous avons exposé les motifs de vous décider pour ou contre les élections.

Le Clergé, quoique ne formant qu'un seul Corps, est composé de différentes classes ; il faut d'abord examiner à son égard quelles classes doivent de préférence prendre part à l'Administration, ou s'il convient de les y admettre toutes. En Artois, en Bretagne, on n'y voit que des Evêques, des Abbés & des Députés des Chapitres. Les Curés sont à la vérité, dans la hiérarchie ecclésiastique, une classe infiniment recommandable, mais croirez-vous devoir vous les aſſocier, ſi vous faites attention 1°. que le Clergé prenant part aux adminiſtrations temporelles, ſur-tout à cauſe de ſes fermiers, les Curés y ont communément moins d'intérêt, étant pour la plûpart dotés en argent, ou faiſant valoir par leurs mains les dixmes & fonds dont ils jouiſſent; 2°. qu'ils ne peuvent gueres s'abſenter pendant un mois entier de leurs paroiſſes, étant appellés par leur état à être pour les peuples des conſolateurs de tous les jours & de tous les inſtans, & que leurs fonctions ſpirituelles ſeroient ſouvent gênées par un mêlange forcé des ſoins temporels.

Les Prieurs ne forment pas, à proprement parler, une claſſe particuliere. La plûpart ſont de petits propriétaires qui ſeront ſuffiſamment repréſentés par les Abbés, comme la Nobleſſe ſans Terre le ſeroit par la Nobleſſe jouiſſant des Terres qualifiées. Si l'on en excepte le Prieur de la Charité, pour lequel il ſeroit d'autant plus naturel de faire une exception, qu'il eſt preſque toujours poſſédé par des perſonnages recommandables, les Prieurs n'ont pas aſſez d'intérêt à l'Adminiſtration pour y être appellés. Il ſeroit difficile de tirer une ligne entr'eux ſans en bleſſer un grand nombre. Ne croirez-vous pas poſſible de les omettre tous en vous conformant à ce qui ſe pratique dans d'autres provinces, où l'Ordre Eccléſiaſtique eſt d'ailleurs plus nombreux. Si malgré ces motifs vous voulez appeller à vos aſſemblées toutes les claſſes du Clergé, on peut lui conſerver la voie des élections, en attribuant au Synode, qui eſt par ſoi l'aſſemblée de tous les Eccléfiaftiques, le droit de députer à l'Affemblée provinciale ; ou fi vous ne voulez pas donner un rapport temporel à une affemblée fpirituelle par fa nature, il n'y a qu'à réunir de deux en deux les arrondiffemens pour les élections du Clergé, comme nous vous avons propofé de le faire pour la Nobleffe. Mais il y a tout lieu de croire qu'alors ces affemblées ne feront pour la plûpart compofées que de Curés & il faudroit folliciter à cet égard une dérogation aux loix du Royaume, qui défendent expreffement de telles affemblées.

Dans l'hipothéfe au contraire où vous n'appelleriez à vos travaux ni les Curés, ni les Prieurs, comment former des affemblées par arrondiffement, les Abbayes & les Chapitres n'étant pas placés à des diftances régulieres les uns des autres ; ou bien fi, abandonnant pour eux le projet des arrondiffemens, vous voulez les convoquer dans un feul lieu de votre Généralité, comment y réunir, pour une députation à l'Affemblée provinciale, vingt-fix Abbés Commendataires répandus peut-être dans dix ou douze provinces différentes ; comment ne pas prévoir enfin que tant de voyages & tant de frais préparent pour la fuite des embarras & des motifs de dégoût

L'idée d'une lifte des Terres pour former l'Ordre de la Nobleffe, eft applicable aux titres des Bénéfices pour former l'Ordre du Clergé. Le jugement que vous porterez de l'une influera néceffairement fur celui que vous porterez de l'autre ; & fans y infifter davantage, nous allons nous réfumer en peu de mots sur les différentes méthodes expliquées en ce rapport.

Première Méthode.

L'Administration se régénérera-t-elle par elle-même, en remplaçant par la voie de l'élection, à la fin de chaque assemblée, les Députés sortant d'exercice.

II.ᵉ Méthode.

La Province sera divisée en douze arrondissemens, qui auront chacun un Député Ecclésiastique, un Député Gentilhomme, deux Députés du Tiers-Etat à l'Assemblée provinciale ; & les trois Ordres de chaque arrondissement se réuniront pour la nomination de chaque Député.

III.ᵉ Méthode.

La Province sera divisée en vingt-quatre arrondissemens, qui auront chacun à l'Assemblée provinciale un Député du Tiers-Etat, choisi par le Tiers-Etat seul. Ces vingt-quatre arrondissemens se réuniront de deux en deux, pour députer à l'Assemblée provinciale un Gentilhomme choisi par la Noblesse de ces deux arrondissemens.

Il en sera usé de même pour le Clergé, à moins qu'on n'aime mieux attribuer au synode la nomination des Députés ecclésiastiques, ou réunir toutes les classes d'éligibles dans un seul lieu, pour procéder aux élections.

IV.ᵉ Méthode.

Les vingt-quatre arrondissemens subsistans pour le

Tiers-Etat, il sera formé pour la Noblesse une liste, donnant droit d'entrer successivement à l'Assemblée provinciale.

Toute Terre oubliée dans la liste, y sera inscrite, en justifiant par le propriétaire de la qualité de son fief.

Il sera formé une liste semblable pour l'Ordre ecclésiastique.

Tel est, Messieurs, le compte que nous avions à vous rendre des différentes combinaisons, proposées pour parvenir à la formation de vos assemblées à venir. Si, frappés comme nous de la difficulté du sujet, vous ne croyez pas devoir vous décider tout de suite sur le plan que vous désirez proposer à Sa Majesté, de préférence aux autres, nous vous supplions de désigner tel jour qu'il vous plaira, pour la détermination que vous avez à prendre.

Lecture faite dudit rapport, l'Assemblée s'est occupée des différens moyens proposés par le Bureau, & la délibération a été remise au jeudi dix-neuf de ce mois.

Du Jeudi 19 *Novembre* 1778, 10 *heures du matin.*

L'Assemblée s'est fait représenter le rapport fait le dix-sept, concernant la formation des assemblées à venir; &, après avoir entendu l'avis du Bureau, a arrêté en l'adoptant;

1°. Que le projet de Réglement général seroit divisé en quatre parties ou chapitres.

Que dans la premiere il seroit traité de la formation &

convocation des assemblées, des qualités des Députés, de la maniere de les remplacer & de les réunir au temps indiqué par le Roi : Que dans la seconde on détermineroit la discipline des assemblées, la forme du travail, l'ordre & la matiere des délibérations : Qu'on traiteroit dans la troisieme des Officiers de la Province, de la maniere de les élire, de leurs qualités, de leurs droits & de leurs fonctions : Qu'on fixeroit dans la quatrieme les maximes qui doivent régir le Bureau d'Administration intermédiaire, qu'on en prescriroit la formation, & qu'on en détermineroit les devoirs.

2°. Que la Province seroit divisée, pour les députations du Tiers-État, en vingt-quatre arrondissemens à peu près égaux, qui auroient chacun le droit d'envoyer un Député à l'Assemblée provinciale, en conséquence de l'élection qui seroit faite dans chaque arrondissement par les villes & par les campagnes concurremment, les villes ou chefs-lieux d'arrondissement étant représentés, dans les assemblées d'élections, par leurs Maires & Echevins, & les campagnes par six Députés nommés par les Syndics des collectes réunis de quatre en quatre, ou de cinq en cinq dans l'étude d'un Notaire, le tout suivant les formes à déterminer par le projet de Réglement général.

3°. Que les Gentilshommes cessant de prendre part à l'Administration dans le temps & l'ordre qui seront déterminés, seront remplacés par la voie de l'élection faite par chaque Assemblée générale en corps, avant sa séparation, en se conformant aux réglemens qui seront faits sur cet objet.

4°. Que

4°. Que l'Ordre du Clergé fera composé, indépendamment de Mgr. l'Archevêque de Bourges, de six Abbés Commendataires ou Titulaires, dans lesquels sera compris le Prieur de la Charité, d'un Chanoine capitulant de l'Eglise Métropolitaine de S. Etienne, de quatre Chanoines capitulans des Eglises Collégiales de la Généralité, lesquels feront tous choisis par l'Assemblée générale en corps, en se conformant aux réglemens qui seront faits à cet égard; & que, pour atteindre à cette formation, les deux premiers Ecclésiastiques de l'Assemblée non pourvus d'Abbayes, cessant de prendre part à l'Administration, seront remplacés par deux Abbés.

Du Lundi 23 Novembre.

Messieurs les Commissaires pour le projet de réglement général ont pris le Bureau, & ont dit:

MESSIEURS,

Vous avez fixé nos incertitudes sur l'objet le plus difficile à déterminer dans votre projet de réglement général. Frappés de la nécessité de conserver au Tiers-Etat la liberté des élections, comme du moyen le plus capable d'y faire germer l'émulation & les talens, vous lui avez assuré ce précieux avantage, tandis que les deux autres Ordres en ont fait généreusement le sacrifice par le seul désir d'écarter des formes qui auroient paru nouvelles dans l'Etat. La confiance respective a ainsi triomphé de tous les obstacles qui gênoient vos premieres délibérations, & nous pouvons vous propofer fans crainte, des procédés d'élections pour les repréfentans des villes & des campagnes, dans lefquels la Nobleffe & le Clergé n'auront point de part, quoique le Tiers-Etat doive déformais concourir par fes fuffrages dans l'Affemblée générale, au remplacement des Eccléfiaftiques & des Gentilshommes fortans de fonctions.

Nous venons donc vous indiquer les articles de détails qui peuvent diriger la convocation & la formation de vos affemblées. Ils ont été pris dans les divers Réglemens arrêtés pour la Bretagne, le Languedoc, la Bourgogne, toutes les fois qu'ils nous ont préfenté des analogies avec votre conftitution particuliere; & nous avons penfé qu'ils feroient d'autant plus fûrement accueillis par vous, qu'ils paroîtroient marqués du fceau de l'expérience, & confacrés par le fuccès. Nous nous fommes fur-tout attachés à ceux qui établiffent l'action la plus directe & la plus immédiate de la puiffance royale fur vos affemblées, parce que leurs difpofitions nous ont paru conformes au vœu connu de vos cœurs. Plus vous êtes touchés du fpectacle que notre jeune Monarque donne à la Nation & à l'Europe entiere par l'établiffement d'une Adminiftration populaire, dont il nous invite à lui propofer les principes, plus vous trouverez de douceur à ajouter, s'il eft poffible, par le tribut d'une foumiffion volontaire, aux droits d'une autorité qu'il vous rend fi chere. Ces vues ont dirigé les articles que nous allons mettre fous vos yeux.

CHAPITRE PREMIER.

De la Convocation & Formation de l'Assemblée Provinciale.

SECTION PREMIERE.

Regles générales de Convocation.

ARTICLE PREMIER.

L'Assemblée provinciale du Berri se tiendra tous les deux ans dans la ville de Bourges, vers la fin d'octobre, en vertu des ordres de Sa Majesté qui seront adressés à M. l'Archevêque de Bourges, Président.

ART. II.

Elle sera composée de douze Membres de l'Ordre du Clergé, y compris M. l'Archevêque de Bourges (*), de douze Gentilshommes, de vingt-quatre membres du Tiers-Etat, représentans les villes & les campagnes, des deux Procureurs-Syndics & du Secrétaire-Greffier de l'Administration.

ART. III.

Le jour déterminé par Sa Majesté, pour l'ouverture

(*) Sa Majesté a postérieurement réduit, par des ordres particuliers, le nombre des Ecclésiastiques à dix, & porté celui des Gentilshommes à quatorze.

de l'Assemblée, sera annoncé au moins un mois auparavant par les Procureurs-Syndics de l'Administration, à tous les Membres qui doivent la former ; & il sera fait mention dans les lettres de convocation, des ordres de Sa Majesté à ce sujet.

Art. IV.

Les Membres de l'Assemblée qui ne s'y seroient pas rendus dans les trois premiers jours de ses séances, n'y seront plus admis pour cette fois, à moins que sur des motifs légitimes ils n'eussent fait agréer leur retard par M. le Président.

Art. V.

Les titres d'admission à l'Assemblée seront remis au Greffe de l'Administration ; & il sera nommé, pour les examiner, quelques Députés, du nombre de ceux qui auront déja assisté une fois ou deux à l'Assemblée provinciale.

Art. VI.

Nul ne pourra être reçu à l'Assemblée provinciale, s'il n'est âgé de 25 ans accomplis, & s'il n'est propriétaire de biens, tels que terres labourables, prés, vignes, bois, capitaux dans le commerce, ou autres pour raison desquels il contribue aux charges publiques.

Art. VII.

L'Assemblée sera réputée suffisamment complette par la présence des deux tiers des Députés.

Art. VIII.

Si, le troisieme jour révolu, l'Assemblée n'étoit pas formée par les deux tiers des délibérans qui ont droit d'y entrer, on élira, pour remplacer les absens, des sujets de la qualité requise par le réglement, en les prenant de préférence parmi les personnes qui, ayant déja assisté à quelqu'assemblée, ne seroient pas dans le cas d'une vacance rigoureuse. Ces choix seront dirigés de maniere à rétablir, autant qu'il sera possible, l'équilibre des Ordres ; & le pouvoir de ces Députés ne durera que le temps de l'Assemblée pour laquelle ils auront été élus.

Art. IX.

Les séances se tiendront tous les jours non fêtés, immédiatement après la Messe qui se dira à neuf heures précises, & ne pourront se continuer plus d'un mois, sans une permission particuliere de Sa Majesté.

Art. X.

Le Président siégera au fond de la salle, dans un fauteuil placé sur une estrade, ayant l'Ordre du Clergé à sa droite, celui de la Noblesse à sa gauche, le Tiers-Etat à la suite de part & d'autre ; & vis-à-vis de M. le Président, à l'autre extrêmité de la salle, sera un bureau devant lequel les Officiers de l'Administration auront leurs places.

Art. XI.

Nul ne pourra se faire représenter à l'Assemblée, sous quelque prétexte que ce soit.

Art. XII.

M. l'Archevêque de Bourges, Président (*), sera seul Député né à l'Assemblée provinciale; tous les autres Députés du Clergé, de la Noblesse & du Tiers-Etat ne pourront prendre part à l'Administration que pendant six ans, après lesquels ils cesseront d'assister aux assemblées, au moins pour deux ans.

Art. XIII.

Pour que cette forme d'administration n'opere pas tous les six ans le changement de tous les Administrateurs à la fois, un tiers de ceux qui ont assisté à l'Assemblée de 1778, déterminé par le sort, pris en égale proportion dans les trois Ordres, sera remplacé après l'Assemblée de 1782, par des Députés appelés, suivant les formes prescrites au présent réglement; le second tiers sera remplacé après l'Assemblée de 1784, l'Administration se renouvellant ainsi par tiers pour les temps à venir.

Art. XIV.

Aucun Député ne quittera la ville de Bourges avant

(*) Le Roi s'est réservé, par des ordres particuliers, de nommer le Président de l'Assemblée, en cas d'absence de M. l'Archevêque de Bourges.

la fin des séances, sans l'agrément de M. le Président.

ART. XV.

Toutes les actions, instances & procédures en matiere civile demeureront sursises dans tous les Tribunaux, en faveur des Membres de l'Assemblée, pendant sa durée, quinzaine avant son ouverture, & quinzaine après sa clôture, sans qu'on puisse, pendant ce tems, faire contr'eux aucune poursuite, sous peine de nullité, & de dommages & intérêts, à moins qu'ils ne se fussent désistés formellement de leur privilége.

ART. XVI.

Les rangs, places, séances, souscriptions & autres actes émanés tant de l'Assemblée provinciale que des assemblées d'arrondissement, ne porteront aucun préjudice aux droits, titres, qualités, priviléges & prétentions des Gentilshommes, des Bénéficiers & autres Députés, non plus qu'aux Terres & Bénéfices, sans qu'il soit besoin d'aucun acte de protestation pour les conserver.

SECTION SECONDE.
Du Clergé.

ARTICLE PREMIER.

Le Clergé, indépendamment de M. l'Archevêque de Bourges, sera représenté par six Abbés Réguliers ou Commendataires, un Chanoine capitulant de l'Eglise

Métropolitaine de St. Etienne, quatre Chanoines capitulans des différentes Collégiales de la Généralité, lesquels ferons élus, lorsque leur remplacement aura lieu, par l'Assemblée générale, suivant la forme déterminée pour les élections.

Art. II.

Nul ne sera éligible, s'il n'est Titulaire d'une Abbaye, ou Chanoine d'un Chapitre dont le chef-lieu soit situé dans la Généralité.

Art. III.

Le Prieur de la Charité sera éligible parmi les Abbés Commendataires, & jouira des mêmes honneurs qu'eux.

Art. IV.

L'Abbé de St. Martin de Châteauroux ne pourra être élu qu'à raison de l'Eglise Collégiale dont il est dignitaire, & en conséquence sera compté parmi les quatre représentans des Collégiales, mais il siégera parmi les Abbés.

Art. V.

Les Abbés siégeront entr'eux & opineront suivant la date de leur nomination, à moins qu'ils ne fussent revêtus du caractere Épiscopal, auquel cas ils prendroient rang suivant la date de leur sacre, & avant les Abbés, mais sans préjudice aux droits de M. le Président. Le représentant de l'Eglise Métropolitaine siégera & opinera immédiatement après les Abbés; les
représentans

représentans des Eglises Collégiales prendront ensuite rang entr'eux, suivant la date de leur réception dans leur Chapitre.

ART. VI.

Les Chanoines & Dignitaires, Membres de l'Assemblée, jouiront pendant sa durée, quinze jours avant & quinze jours après, de tout droit de préséance dans leurs Eglises.

SECTION TROISIEME.

De la Noblesse.

ARTICLE PREMIER.

Les deux Députés de l'Ordre de la Noblesse seront élus par l'Assemblée, suivant la forme déterminée pour les élections, lorsqu'ils devront être remplacés en exécution du présent réglement.

ART. II.

Nul ne sera éligible, s'il n'est propriétaire, dans la Généralité, d'un fief titré ou donnant droit de justice, & produisant trois ou quatre mille livres de rente.

ART. III.

Les Gentilshommes seront tenus de justifier de leur propriété par titres bons & valables; & le contrat d'acquisition d'une Terre ne sera réputé titre suffisant, qu'après une année révolue depuis ladite acquisition.

E

Art. IV.

Nul ne pourra siéger parmi les Gentilshommes, s'il ne fait preuve de cent ans de Noblesse & de quatre générations nobles du côté paternel, l'élu non compris; laquelle preuve sera établie par deux actes au moins sur chaque degré, produits en original ou en expéditions duement collationnées; & les descendans en ligne directe de ceux qui auront fait leurs preuves de Noblesse, ne seront tenus de justifier que de leur filiation.

Art. V.

Il sera nommé, dans chaque Assemblée, une Commission particuliere pour la vérification des preuves de Noblesse, laquelle sera composée de deux Ecclésiastiques, deux Gentilshommes, quatre Membres du Tiers-État, & fera rapport de son travail à l'Assemblée.

Art. VI.

Les difficultés qui pourroient s'élever sur le fait de la Noblesse, seront provisoirement soumises au jugement des Commissaires du Roi, sauf le recours à Sa Majesté.

Art. VII.

L'ordre des séances des Gentilshommes & leur rang d'opiner seront déterminés par l'âge, de sorte que le plus âgé siége & opine le premier, sans préjudice à tous droits, titres & prétentions.

SECTION QUATRIEME.
Du Tiers-Etat.

ARTICLE PREMIER.

Les Députés du Tiers-Etat à l'Assemblée provinciale seront élus par les habitans des villes & bourgs, concurremment avec les habitans des campagnes de la Généralité.

ART. II.

Les élections se feront dans le chef-lieu de chaque arrondissement, qui demeureront fixés au nombre de vingt-quatre, chaque arrondissement ayant ainsi son Député à l'assemblée provinciale.

ART. III.

Les villes seront représentées dans les assemblées d'arrondissement, sçavoir, les villes de Bourges, d'Issoudun & de Châteauroux, par les Maires & quatre Echevins; tous les autres chefs-lieux, par les deux premiers Officiers municipaux, ou par leurs Syndics.

Elections des Députés aux assemblées d'arrondissement.

ART. IV.

Les paroisses se réuniront de quatre en quatre, ou de cinq en cinq, par la voie de leurs Syndics ou de leur premier Echevin, pour députer aux assemblées d'arrondissement; & il sera déterminé par une instruction particuliere quelles paroisses se réuniront de préférence les unes aux autres.

Art. V.

Les Syndics ou Echevins des paroisses se rendront à l'étude du Notaire le plus à leur portée, pour donner à une seule personne la procuration à la pluralité des voix ; & si leurs suffrages ne pouvoient se réunir à ladite pluralité, le district sera privé d'avoir un représentant à l'assemblée de l'arrondissement, jusqu'à ce qu'il y ait une élection réguliere.

Art. VI.

Ils éliront une personne possédant biens-fonds dans une de leurs paroisses, vivant avec aisance, & faisant son séjour dans l'arrondissement, à laquelle ils donneront pouvoir d'assister, pendant six ans, aux assemblées de l'arrondissement.

Art. VII.

Députations à l'Assemblée Provinciale.

Le Député d'un arrondissement à l'Assemblée provinciale ne pourra pas être en même-temps Député des paroisses aux assemblées d'arrondissement.

Art. VIII.

Les élections des Députés à l'Assemblée provinciale se feront régulièrement de six ans en six ans, suivant l'ordre qui sera établi dans les arrondissemens.

Art. IX.

Les assemblées d'arrondissement pour nommer lesdits Députés, se tiendront dans le lieu destiné aux assemblées communes du chef-lieu, à l'iſſue de la Meſſe ; les Députés des diſtricts y ſiégeront, ſans diſtinction entr'eux, après les repréſentans du chef-lieu, & ils feront préſidés par le Député provincial, ſortant d'exercice.

ART. X.

Les élections ſe feront au ſcrutin, à la pluralité des voix. Si les ſuffrages ſe partagent tellement entre plus de deux ſujets, que nul n'ait l'avantage de la pluralité, les délibérans pourront revenir au ſcrutin juſqu'à deux fois ; & le même partage ſubſiſtant toujours, il ſera vuidé par le Préſident qui ſera tenu de ſe déclarer à haute voix en faveur de l'un des ſujets qui réuniront le plus de ſuffrages.

ART. XI.

Les Députés à l'aſſemblée provinciale feront pris entre les perſonnes notables d'un état & profeſſion honnête, domiciliés au moins depuis cinq ans dans l'arrondiſſement.

ART. XII.

Les Députés juſtifieront de leur qualité par la procuration qui leur ſera donnée, enſemble par l'extrait en forme de leur cote aux rôles des impoſitions, & par la quittance du montant.

ART. XIII.

Les Membres du Tiers-Etat ſiégeront entr'eux à l'aſſemblée provinciale, & opineront, ſuivant l'ordre qui sera déterminé entre les vingt-quatre arrondissemens.

SECTION CINQUIEME.

Des Commissaires du Roi & du Cérémonial.

ARTICLE PREMIER.

Les Commissaires chargés des instructions de Sa Majesté, feront l'ouverture des séances de l'assemblée provinciale, & pourront y entrer toutes les fois qu'ils jugeront leur présence nécessaire pour le bien & le service du Roi.

ART. II.

Ils seront reçus au bas de l'escalier du lieu des séances, par les Procureurs-Syndics de l'Administration, précédés des Huissiers de l'assemblée; au haut de l'escalier par une députation prise dans les trois Ordres; dans le lieu même des séances par l'assemblée debout & sans se déplacer : les mêmes honneurs leur seront rendus lorsqu'ils se retireront.

ART. III.

Il sera disposé pour eux dans la salle des séances, des fauteuils vis-à-vis de celui du Président de l'assemblée.

ART. IV.

Les Lettres de créance des sieurs Commissaires seront transcrites dans le procès-verbal de l'assemblée.

du Berri, 1778.

ART. V.

Nulle autre perfonne ne fera reçue dans l'affemblée, qu'il n'ait été délibéré s'il convient de la recevoir & comment.

ART. VI.

Le lendemain de l'ouverture des féances, il fera fait une députation prife dans les trois Ordres, aux Commiffaires de Sa Majefté, pour les faluer de la part de l'affemblée.

ART. VII.

Les Commiffaires de Sa Majefté feront prévenus par une députation, de venir faire la clôture des féances; &, après la clôture faite par eux, il ne fera plus permis de s'affembler fans de nouveaux ordres de Sa Majefté.

ART. VIII.

Dans les marches & cérémonies publiques, l'affemblée fera précédée par fes Huiffiers & par les Officiers de l'Adminiftration. M. le Préfident marchera enfuite, les fieurs Députés le fuivants fur deux colonnes, le Clergé à droite, la Nobleffe à gauche, & le Tiers-Etat après eux de part & d'autre.

ART. IX.

L'Adminiftration s'affemblera pour la Meffe folemnelle du Saint-Efprit, qui fe célébrera au commencement de chaque affemblée, pour les actions de graces publiques, les pompes funèbres, & les autres cérémonies ecclésiastiques, dans l'Eglise qu'elle aura déterminée de concert avec M. le Président.

Les articles ci-dessus ayant été examinés & discutés, ont été approuvés par l'assemblée, pour faire partie du projet de Réglement général. Il a été en même-temps arrêté que la Commission intermédiaire s'occuperoit d'ici à la prochaine assemblée, de toutes les recherches propres à déterminer la fixation des différens chef-lieux d'arrondissement & des paroisses qui devront composer lesdits arrondissemens, pour être statué sur cet objet par la prochaine assemblée en pleine connoissance de cause.

Du Mardi 26 Novembre.

MM. les Commissaires pour le projet de Réglement ont pris le Bureau, & ont dit :

MESSIEURS,

Vous avez éprouvé depuis le commencement de vos séances, combien la méthode étoit nécessaire pour la prompte expédition des affaires ; en moins de trois semaines tous les points de vue que peuvent présenter les différens systêmes d'administration ont été mis sous vos yeux ; vous en avez jugé les avantages & les inconvéniens ; vous avez démêlé les rapports qu'ils pouvoient avoir avec les localités de cette province, & vous vous êtes, pour ainsi dire, enrichis en un instant du travail de plusieurs siécles.

La

La forme des délibérations ne vous a pas paru un objet moins important pour le succès de vos assemblées, pour y conserver l'ordre qui doit y regner, & faire germer sous l'inspection des loix, cette fermeté patriotique si nécessaire au bonheur des peuples.

C'est relativement à ce double objet que nous venons vous soumettre des articles de réglement, touchant la formation & le travail des bureaux, ainsi que l'ordre & la matiere des délibérations. Nous les avons cru ou les meilleurs en eux-mêmes, ou susceptibles de moins de difficultés dans la pratique.

CHAPITRE SECOND.

De la maniere de traiter les affaires, & d'en délibérer.

SECTION PREMIERE.

De la Formation des Bureaux.

ARTICLE PREMIER

IL sera formé, dans les deux premiers jours de l'assemblée, des Bureaux particuliers chargés de rédiger & préparer les affaires sur lesquelles il doit être délibéré.

ART. II.

M. le Président proposera à l'assemblée les Députés qu'il croira le plus convenable d'attacher aux différens Bureaux, en suivant, autant que faire se pourra, les proportions établies entre les trois Ordres de l'assemblée.

Art. III.

M. le Président fera de tous les Bureaux; les autres Membres de l'assemblée ne pourront être attachés à plusieurs Bureaux à la fois.

Art. IV.

Les Bureaux s'assembleront à des séances de relevée, aussi souvent que l'exigera le travail dont ils seront chargés.

Art. V.

Les affaires seront rapportées par écrit à l'assemblée générale par celui qui en aura fait le rapport au Bureau.

Art. VI.

Les Bureaux n'admettront aucune requête particuliere, & ne s'occuperont d'aucune de celles qui pourroient être présentées, que sur le renvoi qui leur en sera fait par M. le Président.

Art. VII.

On suivra, en recueillant les opinions dans les Bureaux, la même forme & le même ordre qu'à l'assemblée générale.

Art. VIII.

Le nombre des Bureaux demeurera fixé à cinq. Le premier sera pour la vérification & la répartition des impositions ; le second pour l'audition des comptes ; le troisieme pour la direction des travaux publics ; le quatrieme pour l'amélioration de l'agriculture & du commerce ; le cinquieme pour les affaires & les requêtes extraordinaires ; & il ne sera formé d'autres Bureaux que ceux déterminés ci-dessus, à moins que l'assemblée ne délibérât de confier quelqu'affaire très-importante à une commission particuliere.

SECTION SECONDE.

Des Délibérations.

ARTICLE PREMIER.

L'assemblée ne délibérera sur aucune affaire susceptible de quelque discussion, qu'après le rapport du Bureau qui en aura été chargé.

ART. II.

Chaque Député pourra faire à l'assemblée telle proposition, ou lui présenter tel objet de délibération qu'il jugera convenable, après toutefois en avoir prévenu M. le Président.

ART. III.

Si quelque Membre de l'assemblée étoit personnellement intéressé dans une affaire, il seroit tenu de sortir pendant qu'on en délibéreroit, pour ne rentrer qu'après être averti que la délibération est prise.

Art. IV.

Le silence sera gardé dans l'assemblée, pendant qu'on y proposera les affaires ; & après la proposition, chacun opinera à son tour, sans qu'il soit permis à personne d'interrompre celui qui donnera son avis.

Art. V.

Les délibérations en matiere importante pourront, sur la demande du quart des délibérans, être renvoyées au lendemain ou aux jours suivans.

Art. VI.

Les avis seront recueillis par le Secrétaire qui fera l'appel des voix, dans l'ordre suivant lequel chacun doit délibérer.

Art. VII.

Les opinions seront prises par tête & en croisant les Ordres, de maniere qu'un Député du Clergé, un Député de la Noblesse, & deux membres du Tiers-Etat opinent toujours à la suite les uns des autres.

Art. VIII.

Les opinions se donneront à voix haute, hors les cas prévus par le présent Réglement.

Art. IX.

Il ne sera pas nécessaire, à la validité de chaque délibération, que les Ordres y soient balancés dans la proportion établie entr'eux, & la féance étant formée on n'aura plus égard qu'au nombre de voix.

ART. X.

Les délibérations passeront à la pluralité des voix, sans qu'il soit permis de demander acte ou mention sur le regiftre d'un avis contraire, ni de sortir de l'assemblée, sous prétexte qu'on n'agréeroit pas les opinions qui y seroient portées, ou les résolutions qui y seroient prises.

ART. XI.

M. le Préfident opinera le dernier, en concluant avec prépondérance en cas de partage.

ART. XII.

Dans toutes les élections, les suffrages seront pris au scrutin.

Il n'y aura élection, lors du premier scrutin, que par le concours de plus de la moitié des suffrages.

Il y aura élection au second scrutin, si M. le Préfident se déclare à voix haute, en faveur d'un concurrent qui réuniroit la moitié des suffrages.

Il suffira, pour être élu au troisieme scrutin, de réunir plus de voix que les autres concurrens; & si plufieurs éligibles avoient un nombre égal de voix, mais avec avantage sur d'autres, M. le Préfident fixera l'élection, en se décidant pour l'un de ceux qui auroient le plus de suffrages.

Art. XIII.

Toutes les fois qu'il s'agira de donner par gratification ou autrement une fomme d'argent qui ne feroit pas comprife dans les dépenfes ordinaires de l'Adminiftration, les deux tiers des voix feront néceffaires pour former la pluralité, & elles feront prifes au fcrutin, fi quelqu'un de l'affemblée le requiert.

Art. XIV.

Lorfque l'affemblée délibérera pour donner une fomme d'argent, & qu'il y aura diverfité d'avis, les uns opinant à ne rien donner, d'autres à donner quelque chofe, & d'autres à donner d'avantage; fi ceux qui font d'avis de donner le plus, ne font pas la pluralité requife, c'eft-à-dire, les deux tiers des voix, ils feront joints à ceux qui donnent moins immédiatement; & s'ils ne font pas enfemble la pluralité, à ceux qui donnent au-deffous, jufqu'à ce que tous les fuffrages enfemble faffent les deux tiers des voix; & fi la totalité des avis tendans à donner, ne formoit pas les deux tiers, la délibération ne paffera pas.

Art. XV.

L'affemblée pourra délibérer de faire à Sa Majefté telles repréfentations qu'elle avifera, & lui propofer les réglemens qu'elle croira juftes ou utiles à la Province, pourvu toutefois que, fous prétexte de ces repréfentations ou de réglemens projettés, la répartition ou le recouvrement des impofitions établies, ou qui pourroient l'être par la suite, suivant les formes usitées dans le Royaume, n'éprouvent aucun obstacle ni délai.

Art. XVI.

Il ne sera délibéré par l'assemblée aucune levée ou répartition de deniers, & aucune disposition de fonds ne sera ordonnée que sous le bon plaisir de Sa Majesté; & lesdites levées, répartitions & dispositions de fonds n'auront lieu qu'après son authorisation.

Art. XVII.

L'Assemblée générale déterminera, par ses délibérations, les sommes qui doivent être employées en travaux publics dans les temps intermédiaires, tous les objets de dépense habituelle, en y comprenant les frais de l'assemblée lors prochaine, ensemble les fonds qu'elle jugera nécessaires pour les dépenses imprévues, desquels il sera rendu compte à l'assemblée qui suivra.

Art. XVIII.

Aucune dépense ordonnée par l'Assemblée générale ou par la Commission intermédiaire ne sera payée que sur des mandemens signés par M. le Président, & contresignés pat le Secretaire-Greffier.

Art. XIX.

Il ne sera délibéré sur aucune requête non signée, ni sur celles qui contiendroient contre quelques membres de l'assemblée, des personnalités étrangeres à l'objet de la plainte ou de la demande.

A R T. X X.

Toutes les délibérations de l'assemblée, & les rapports sur lesquels elles auront été prises, seront recueillies par le Secrétaire de l'assemblée, dans un procès-verbal qui sera revu par des Députés nommés à cet effet.

A R T. X X I.

Sera ledit procès-verbal paraphé de page en page par le Secrétaire, & signé de séance en séance par M. le Président, après qu'il en aura été fait lecture dans l'assemblée ; & lors de sa clôture il sera signé par tous les Députés.

Du vingt-huit Novembre.

MM. les Commissaires pour le projet de Réglement ayant pris le Bureau, ont dit :

MESSIEURS,

Après avoir fixé les régles qui doivent former & régir vos assemblées, vous jugerez sans doute convenable de tracer un plan d'opération & de conduite pour les tems intermédiaires. Il n'est pas moins important de marquer à vos Officiers la route qu'ils doivent suivre pour l'exercice des pouvoirs qui leur sont confiés.

Limités

Limités par la duennalité de vos assemblées, & par le tems de leur durée, vous devez, pour ainsi dire, opérer en masse, diriger l'action générale, établir des principes, préparer des moyens, & ne connoître des détails que pour les juger. Il en résulte la nécessité de charger une Commission de vous représenter d'une assemblée à l'autre, & vous n'appellerez sans doute à cette honorable fonction que des citoyens de la vertu la plus austere & de la réputation la plus intacte, afin que l'honneur de servir la patrie devienne la récompense d'une vie sans reproche.

L'harmonie de l'Administration exige que ses soins divers soient divisés entre les membres qui y concourent, & que tous dirigés vers l'objet unique du bonheur public, ils y cooperent sans choc & sans prétention par les moyens respectifs qui leur sont propres; delà la nécessité d'éclairer vos Officiers sur les devoirs qu'ils ont à remplir.

Ces considérations nous ont conduit à vous proposer pour la commission intermédiaire, pour vos Procureurs-Syndics, pour votre Secrétaire-Greffier, des réglemens applicables à toutes les parties de leur gestion, de limiter leurs pouvoirs sur tous les objets dont vous pouvez connoître par vous-mêmes, de les soumettre à vous rapporter toutes leurs opérations. Plus ces liens pourroient paroître gênans, plus sûrement vous jugerez qu'ils sont nécessaires.

CHAPITRE TROISIEME.

SECTION PREMIERE.
Des Officiers de l'Administration.

ARTICLE PREMIER.

LA nomination des Officiers de l'Administration se fera pour six années consécutives. Après ce temps, il sera procédé à de nouvelles élections, lors desquelles ils pourront être élus de nouveau, s'ils réunissent les deux tiers des suffrages.

ART. II.

Lesdits Officiers ne pourront être contraints en leurs biens pour les affaires de la Province, & leurs gages ne seront susceptibles d'aucuns arrêts, si ce n'est au nom de l'Administration.

ART. III.

Ils ne pourront prendre directement ni indirectement d'intérêt dans aucune affaire de finance de la Province, sous peine de destitution.

ART. IV.

Ils n'auront en aucun cas voix délibérative dans l'assemblée générale, ni dans celle de la Commission intermédiaire, non plus que dans les bureaux particuliers de chaque assemblée générale.

SECTION SECONDE.

Article premier.

Les Procureurs-Syndics pourront être pris indistinctement dans les trois Ordres de l'Administration.

Art. II.

Ils ne pourront entrer en exercice de leurs places, qu'après que Sa Majesté aura approuvé leur élection.

Art. III.

Ne sera réputé éligible celui qui n'auroit pas une partie au moins de ses biens dans la Généralité, & qui n'y auroit pas son domicile depuis cinq ans.

Art. IV.

Ils feront leur résidence habituelle dans la ville de Bourges, & se transporteront dans les différens lieux de la Province sur les ordres de l'Administration, lorsque leur présence sera jugée nécessaire pour le bien des affaires; mais ils ne pourront aller à Paris ou à la suite du Conseil de Sa Majesté, sans une mission spéciale à cet effet.

Art. V.

Ils assisteront à toutes les séances de l'assemblée générale & de la Commiſſion intermédiaire, y rendront compte des affaires dont ils auroient été chargés, ou de celles qui leur auroient été dénoncées, & y feront telles réquiſitions qu'ils croiront utiles au bien de la Province.

ART. VI.

Ils n'agiront au nom de l'Adminiſtration, & n'interviendront dans aucune affaire, qu'en conſéquence des délibérations priſes par l'aſſemblée générale ou la Commiſſion intermédiaire.

ART. VII.

Ils feront chargés, fous les ordres de l'Adminiſtration, de la correſpondance qu'il ſera néceſſaire d'entretenir à Paris ou dans l'intérieur de la Province, & ne répondront aux mémoires qui leur ſeroient adreſſés ſur des affaires importantes, qu'après en avoir référé à l'Adminiſtration, & reçu ſes inſtructions.

ART. VIII.

Ils formeront d'une aſſemblée à l'autre un recueil des Mémoires qu'ils auront faits & préſentés ſur les différentes affaires de la Province, y joindront toutes les pieces inſtructives de leur geſtion, enſemble les arrêts favorables obtenus ſur l'intervention de l'Adminiſtration; & ledit recueil ſera mis ſous les yeux de chaque aſſemblée générale.

ART. IX.

En cas de mort de quelqu'Officier ou Agent de

l'Administration, ils feront toutes les diligences nécessaires pour recouvrer les titres & papiers qui pourroient lui avoir été confiés ; & si ledit Officier étoit dépositaire de fonds appartenans à la Province, à quelque titre que ce fût, ils se pourvoiront par toutes les voies de droit, pour que lesdits fonds soient mis à couvert & conservés dans leur intégrité.

ART. X.

En cas de démission ou mort de l'un des Procureurs-Syndics, sa place restera vacante jusqu'à la prochaine assemblée générale, & le Syndic restant exercera seul les fonctions des deux places.

ART. XI.

Les Procureurs-Syndics jouiront des gages qui leur sont attribués, lesquels seront compris dans l'état ordinaire des fonds & dépenses, & travailleront sans autre émolument aux affaires de l'Administration.

SECTION TROISIEME.

Du Secrétaire-Greffier.

ARTICLE PREMIER.

Le Secrétaire-Greffier sera choisi parmi les citoyens d'un état & condition honnêtes, résidans ou domiciliés au moins depuis cinq ans dans la Généralité, & ne pourra exercer aucun autre office ou commission, qu'avec l'agrément exprès de l'Administration.

Assemblée Provinciale

ART. II.

Il fera sa résidence & aura son greffe dans la ville de Bourges, en un lieu décent & convenable, pour recevoir les personnes qui auront des recherches à y faire ; & ledit greffe sera ouvert au Public en tout temps, depuis neuf heures du matin jusqu'à midi, & depuis trois heures jusqu'à six heures du soir.

ART. III.

Il assistera à toutes les séances tant de l'assemblée générale que de la commission intermédiaire, & exécutera les ordres qu'il en recevra relativement à ses fonctions.

ART. IV.

Il tiendra sur un registre paraphé de page en page par M. le Président, l'état le plus exact des pieces, titres & mémoires qui seront déposés à son greffe par les ordres de l'Administration, & du jour de leur dépôt.

ART. V.

Il se ressaisira avec soin des minutes des édits, arrêts, déclarations & lettres-patentes données en faveur de l'Administration ou sur son intervention ; de tous les titres en vertu desquels les Députés entreront à l'assemblée générale, autres néanmoins que les originaux des actes produits par les sieurs Gentilshommes pour justifier de leur noblesse, & les titres d'acquisition de leurs Terres & Seigneuries ; des traités qui pourront être faits pour la levée des impositions, pour la confection des travaux publics & pieces au foutien ; des minutes des comptes rendus à l'affemblée générale; enfin des rôles d'impofition, ainfi que des états de fonds arrêtés par chaque affemblée ou par la commiffion intermédiaire.

ART. VI.

Les pieces dépofées au greffe de l'Adminiftration ne pourront être déplacées, & le Secrétaire-Greffier n'en pourra délivrer des extraits, qu'après avoir pris les ordres de l'Adminiftration.

ART. VII.

Il fera nommé dans chaque affemblée, pour reconnoître l'état du Greffe & des archives, quatre Commiffaires, lefquels en rendront compte, & ordonneront le tranfport du greffe aux archives, des pieces qui ne feront plus néceffaires aux affaires courantes.

ART. VIII.

Le Secrétaire-Greffier nommera lui-même fon Commis au greffe, à la charge de demeurer refponfable de fa conduite & de fa fidélité. Sera ledit Commis deftituable, foit par l'affemblée générale, à la pluralité des voix, ou par la commiffion intermédiaire, foit par le Greffier feul, en cas de mécontentement.

ART. IX.

Il délivrera autant d'expéditions authentiques du procès-verbal de chaque affemblée, qu'il lui fera ordonné, & formera la table alphabétique des procès-verbaux.

ART. X.

En cas de mort ou de deſtitution, le ſcellé ſera appoſé ſur les papiers du Secrétaire-Greffier, & diſtraction ſera faite de ceux qui appartiendront à l'Adminiſtration, dont le nouveau pourvu ſera tenu de ſe charger conformément à l'inventaire.

ART. XI.

Le Secrétaire-Greffier & ſon Commis jouiront des gages qui leur ſeront attribués; & ledit Greffier fera arrêter, tous les trois mois, par la commiſſion intermédiaire l'état de ſes avances & débourſés, pour en être payé ſur l'état des fonds deſtinés aux dépenſes imprévues.

CHAPITRE QUATRIEME.
De la Commiſſion intermédiaire.

SECTION PREMIERE.
De la Compoſition & Formation de la Commiſſion intermédiaire.

ARTICLE PREMIER.

LA commiſſion intermédiaire aura ſon établiſſement fixe dans la ville de Bourges, & ſera compoſée de M. l'Archevêque l'Archevêque de Bourges, Président, de sept autres personnes, sçavoir, un Ecclésiastique, deux Gentilshommes, quatre Membres du Tiers-Etat, de deux Procureurs-Syndics & du Secrétaire-Greffier.

ART. II.

Ceux qui n'auroient pas les qualités prescrites pour siéger & délibérer dans l'Assemblée provinciale, ne pourront être élus membres de la Commission intermédiaire, mais il ne sera pas nécessaire d'être Député à l'assemblée pour être élu.

ART. III.

Les membres de la Commission intermédiaire n'entreront en exercice de leurs fonctions qu'après que Sa Majesté aura approuvé le choix qui aura été fait d'eux.

ART. IV.

Ils résideront habituellement à Bourges, ou assez près de cette ville pour qu'ils puissent assister aux assemblées ordinaires ou extraordinaires de la même Commission.

ART. V.

Ils sortiront de fonctions de deux en deux, à l'époque de chaque assemblée générale, en commençant à celle de 1782, seront remplacés par des sujets de même ordre, & soumis à la vacance rigoureuse de deux ans établies pour les Députés à l'Assemblée provinciale.

ART. VI.

Les plus anciens sortiront les premiers de fonctions;

&, en cas d'ancienneté égale, le sort déterminera ceux qui doivent sortir les premiers.

Art. VII.

Si quelque membre de la Commiſſion s'étoit retiré, ou étoit mort d'une aſſemblée à l'autre, il ne ſortiroit de fonctions qu'un des Adminiſtrateurs reſtans; & il n'en ſortiroit aucun, s'il y avoit pluſieurs places vacantes dans le Bureau.

Art. VIII.

Le Bureau ſera réputé ſuffiſamment complet par la préſence de cinq délibérans, laquelle ſe conſtatera par l'inſcription de leurs noms au commencement, & par leur ſignature à la fin de chaque ſéance.

Art. IX.

En cas de mort ou démiſſion de pluſieurs membres de la Commiſſion intermédiaire, il ſera propoſé à Sa Majeſté, pour les remplacer proviſoirement juſqu'à la prochaine aſſemblée, un ou deux Députés à ladite aſſemblée.

SECTION SECONDE.

Des pouvoirs de la Commiſſion intermédiaire, & de la maniere de les exercer.

Article premier.

Les délibérations ſe prendront à la pluralité des

voix, en se conformant à l'ordre établi pour l'assemblée générale.

ART. II.

La Commission s'assemblera régulièrement une fois la semaine, aux lieu & heure qui seront déterminés, à moins que la nature des affaires ou les ordres de Sa Majesté ne nécessitent à des convocations extraordinaires, qui seront alors indiquées de séance en séance.

ART. III.

Elle connoîtra de tous les objets confiés à l'assemblée générale, qui n'auroient pas été expressément réservés par elle, en suivant les réglemens & les délibérations qui auroient été prises dans la suite.

ART. IV.

Elle pourvoira à l'état des fonds nécessaires pour les travaux ordonnés par l'assemblée générale, & pour les dépenses ordinaires de l'administration, en se conformant exactement à tout ce qui aura été réglé sur ces objets par l'assemblée précédente, sans pouvoir augmenter ledit état de fonds, pour quelque cause que ce soit.

ART. V.

Elle ne pourra, même sur les fonds ordinaires, accorder aucune gratification, & renverra à l'assemblée générale pour statuer sur celles qui lui paroîtroient convenables.

Art. VI.

Elle recevra toutes les requêtes & mémoires à l'effet d'obtenir des décharges & modérations ; prononcera sur toutes celles qui ne pourroient être renvoyées, sans inconvénient, au temps de l'assemblée générale ; mais elle ne pourra excéder en décharges & modérations effectives les fonds destinés à cet objet, sauf à y être pourvu par l'assemblée qui suivra.

Art. VII.

Les contestations qu'éleveroient des particuliers sur le fait des Tailles, seront portées aux Juges qui ont droit d'en connoître.

Art. VIII.

La Commission fera exécuter sur les routes de la Province les travaux déterminés par l'assemblée générale, sans en prescrire d'autres, si ce n'est pour remédier à des accidens extraordinaires, & pour empêcher que des communications importantes ne soient interceptées ; les frais indispensables en pareil cas seroient pris sur les fonds destinés aux dépenses imprévues.

Art. IX.

Les lettres & paquets adressés à la Commission, seront ouverts dans l'assemblée du Bureau, & les réponses y seront arrêtées & signées.

Art. X.

Les affaires y seront rapportées par tel Membre de

la Commission qu'elle en chargera, ou par les Procureurs-Syndics.

Art. XI.

Les délibérations seront recueillies dans un registre paraphé de page en page pas M. le Président, lequel sera mis sous les yeux de l'assemblée générale, dès l'ouverture de ses séances.

LESDITS articles ayant été examinés & discutés, ont été agréés par l'assemblée ; & le projet de réglement général étant ainsi totalement rédigé, il a été arrêté, par respect pour Sa Majesté & pour le jugement qu'Elle portera sur ledit projet de réglement, qu'il n'en sera donné aucune communication à qui que ce soit, autre que M. le Président, jusqu'à ce que Sa Majesté ait permis de le rendre public.

Du Vendredi 20 Novembre.

MM. les Commissaires pour la répartition de l'impôt ayant pris le Bureau, ont dit :

MESSIEURS,

POUR remplir les ordres de l'assemblée, nous avons cru devoir commencer notre travail par l'examen des méthodes actuelles dans la répartition & le recouvrement des impôts. Les occupations de la plûpart d'entre nous éloignent de cette connoissance, & nous avons été très-heureux de pouvoir nous aider des lumieres

Impositions.

de deux Membres du Bureau, qui ont été ci-devant employés dans cette administration, pour diriger nos recherches.

M. le Comte du Buat vous a déja lu le précis de son travail sur l'origine de la taille, & sur les ordonnances successives de nos Rois, relatives aux impôts. Nous n'y ajouterons rien aujourd'hui. Nous laisserons même de côté les ordonnances qu'un usage habituel contredit, quoiqu'aux yeux du Législateur elles aient toujours leur force.

Ce mot d'usage habituel a jetté dans la partie des impositions autant de variétés locales & éloignées de la loi, que les Coutumes de chaque canton en ont jetté dans la Jurisprudence. Peu de méthodes de répartitions & de recouvremens se sont trouvées uniformes dans la seule étendue de la Province. Nous entendions citer parmi nous les usages d'un canton, qu'un autre Membre disoit ignorer dans le sien. Cette variété fâcheuse parmi des citoyens soumis à la même Loi, est un inconvénient inséparable de l'humanité & de la progression des temps. Nous ne nous permettrons de vous citer quelques-uns de ces usages variés & contredisans la loi générale, que pour vous donner une idée de ce qui existe. Nous ne réleverons aucuns de ces faits injustes, qui peuvent tenir au personnel de quelques préposés aux impôts.

Les impôts que le Roi confie aux soins de l'assemblée sont la taille, les impositions accessoires, la capitation & les vingtiemes. On peut les réunir sous trois dénominations, Taille, Capitation & Vingtiemes. Vous verrez même dans la suite de nos rapports qu'on doit les réduire à deux classes, sçavoir; taille & vingtieme. Toutes les répartitions pour la capitation & le second brevet se font en proportion de la taille. Il n'y a d'exception que pour la capitation des Nobles, des exempts & des villes franches, dont la somme est un médiocre objet, relativement à la masse du reste des impositions.

Le brevet de la taille est arrêté au Conseil du Roi, & le taux en a toujours été le même depuis un grand nombre d'années. Il est de 821,921 livres 2 sols, y compris les taxations attribuées aux Receveurs généraux & particuliers de la Province.

Lorsque le Roi juge à propos d'accorder un soulagement sur cette imposition, à cause des malheurs arrivés dans la Province, la somme qu'il arbitre est appelée *moins imposé*, & a été depuis quelque temps de vingt-cinq mille livres par an. Cette somme tourne au soulagement des Paroisses & des Particuliers qui ont éprouvé des pertes; & c'est en ce sens qu'on peut l'appeler moins imposé.

Le second brevet de la taille est pareillement arrêté au Conseil. Il a pour objet des dépenses différentes, dont la valeur varie annuellement dans tout le Royaume, & par conséquent aussi dans la portion que cette Province doit en supporter. L'état que M. le Commissaire du Roi vous a remis, monte pour 1779, à la somme de 442,354 liv. 13 s. 1 den.

Le montant de la capitation est également déterminé au Conseil, & l'état de fixation en est envoyé à l'Intendant de la Généralité, pour en faire la répartition au marc la livre de la taille entre les Elections, après en avoir prélevé la capitation des Nobles, des Privilégiés, des Officiers de Justice, des Employés dans les fermes du Roi, & des Villes franches ; il fait la distribution du restant par paroisse, d'après le rôle déja arrêté de la taille. La capitation pour 1779 monte, suivant l'état que vous a remis M. le Commissaire du Roi, à 548,340 liv. 8 s. 3 d. y compris 13 d. pour livre des frais de recette, & la somme destinée à faire face aux décharges, non-valeurs & modérations.

 Nous n'avons pas cru devoir entrer aujourd'hui dans plus de détails sur les différens objets de dépense contenus en nombre assez considérable dans le second brevet de la taille. Nous n'avons pas cru non plus devoir vous mettre sous les yeux d'une maniere plus étendue les formalités observées, pour les brevets du Conseil, à l'Intendance, au Bureau des Finances, aux Elections & dans les Départemens par paroisse. Ces détails vous seront nécessaires dans la suite, ils distrairoient trop aujourd'hui votre attention des objets majeurs dont vous devez vous occuper en ce moment.

 La répartition sur les contribuables, usitée dans les paroisses, a été l'objet le plus important de nos recherches ; & c'est celui sur lequel nous vous présenterons plus de détails.

 Lorsque les Collecteurs des tailles ont reçu le mandement de leur paroisse, ils en doivent faire la répartition sur chaque contribuable, & dans cette répartition ils n'ont d'autre régle que l'opinion qu'ils ont de la richesse proportionnelle

proportionnelle des individus. Le rôle des années précédentes peut leur servir de regle, mais il ne leur fait pas loi. Comme les Collecteurs changent chaque année, il y a chaque année un nouveau juge & un nouvel appréciateur de la richesse respective des contribuables. Les bases sur lesquelles cette appréciation annuelle doit être faite, ne sont pas plus fixes que ne l'est la personne de l'appréciateur. Tout dépend de l'opinion de cet appréciateur, & cet appréciateur change tous les ans.

Ce changement annuel, dont nous vous dirons la cause, rend inutile le détail que nous pourrions vous faire des loix sages de nos Souverains, & des précautions multipliées à l'infini qu'ils ont suggérées & ordonnées dans tous les tems, pour faire observer la justice & l'égalité dans la répartition des impôts. Ce code d'une administration respectable prouveroit la bienfaisance de leur ame, mais il ne vous indiqueroit pas ce qui se pratique.

L'empire d'une méthode constamment suivie l'emportera toujours sur la prévoyance d'un Législateur judicieux, sur la vigilance d'un Magistrat zélé qui préside à l'administration, & sur l'équité d'un Tribunal integre qui doit faire exécuter la loi. Une méthode qui seroit vicieuse renverseroit tout l'édifice de la législation la mieux combinée; c'est une vérité que chaque spéculateur politique peut appercevoir dans l'histoire des nations présentes & passées; c'est une vérité que tout observateur privé peut reconnoître dans ce qui se passe autour de lui & jusques dans son intérieur domestique.

D'après cette observation, nous avons dirigé notre attention sur les différentes méthodes qui ont été proposées par différens mémoires, & sur celles qui se pratiquent en différentes provinces. Nous avons fait précéder l'examen le plus minutieux de la méthode usitée dans la Généralité, afin que vous fussiez à portée de juger, par comparaison, s'il faut préférer ce qui se pratique aux incertitudes long-tems existantes d'un changement de méthode.

Les Collecteurs, dont le nombre varie suivant l'étendue des collectes, devoient être, dans l'esprit de nos Ordonnances, les hommes les plus estimables, les plus éclairés & les plus integres des paroisses. L'intérêt du Souverain & l'intérêt des contribuables leur devoient desirer ces qualités heureuses : c'étoit le suffrage de tous leurs concitoyens qui devoit les appeller à cette fonction.

Un tel poids est lourd pour une ame vertueuse, qui, comme telle, répugne à tout ce qui peut avoir l'ombre de dureté, de violence & d'injustice. Un citoyen vertueux ne craint pas le travail ni le sacrifice de toute sa personne, mais il redoute plus que tout autre mal le combat continuel entre les plaintes & les récriminations de ses égaux, le danger d'être injuste dans ses évaluations, la peine d'exiger d'un ouvrier privé des commodités de la vie une somme qui peut quelquefois priver sa famille d'une portion de son nécessaire. Ce combat, Messieurs, si vous voulez pénétrer dans votre cœur, vous fera sentir une répugnance involontaire à vous charger d'une pareille fonction. Ainsi les citoyens honnêtes & vertueux ont dû chercher, sans que nous puissions leur en faire un crime, les moyens de se libérer de la répartition des impôts.

L'intégrité de ceux à qui cette confiance est remise actuellement, doit être combattue dans leurs évaluations par toutes les passions qui agitent le cœur humain. La préférence pour leurs parens, pour leurs amis & pour leurs voisins, la haine & le plaisir de la vengeance contre leurs ennemis, le besoin d'un protecteur, la crainte de perdre sa bienveillance, l'inquiétude de déplaire à un citoyen aisé qui donne de l'ouvrage & du travail, la peur d'être augmenté lui-même par ceux qu'il prévoit devoir le remplacer, en un mot tous les motifs de passions & d'intérêt doivent combattre dans son cœur les sentimens de justice qui devroient le guider; ce combat peut d'autant plus faire pencher la balance contre la justice, que la base sur laquelle il opere est dans les ténèbres. Personne ne sait au juste la richesse de son voisin, ni la proportion précise de cette richesse avec celle d'un autre voisin : ainsi le Collecteur est un appréciateur au milieu des ténèbres. La justice distributive ne se contente pas d'une approximation vague lorsqu'il s'agit de porter un poids.

Le Collecteur n'a nulle raison à donner aux plaignans, que son opinion personnelle. S'il en veut donner des preuves à ce plaignant, chacune de ses allégations est un sujet de dispute ; & cependant il faut qu'il sorte de cette dispute & de ces obscurités une décision précise. L'opinion seule du Collecteur doit la former, & nous ne hasarderons rien de trop en disant qu'il est plus que probable que dans le choc de ces disputes & de ces passions humaines, la partie la plus indigente du peuple est toujours la victime.

La nécessité de ne pas laisser en souffrance les recettes publiques, afin que les dépenses nécessaires du Gouvernement ne soient pas arrêtées, a forcé de rendre les Collecteurs responsables des deniers qu'ils sont obligés de lever. Si quelques non-valeurs leur sont allouées dans la suite par des motifs de justice, ce n'est qu'après des longueurs de forme ; ils n'en sont pas moins obligés de faire l'avance de la totalité de leur rôle, soit pour ces non-valeurs, soit pour le retard des cottes assez nombreuses qui sont toujours arriérées.

Il résulte de cette obligation trois inconvénients majeurs ; l'un pour le Collecteur qui perd ordinairement pendant deux ans la moitié de ses journées à courir de porte en porte chez les contribuables en retard, & qui perd encore finalement une partie des cotes arriérées, faute de pouvoir en obtenir légalement le rejet sur la paroisse. Les six deniers pour livre qui lui sont accordés pour son travail, ne le dédommagent pas de ses pertes d'argent, bien moins encore de ses sollicitudes & de ses peines.

Le second inconvénient est que le Collecteur qui veut diminuer les pertes qu'il redoute, penche naturellement à grossir les cotes des payeurs exacts au profit de celles des payeurs négligens ; fon intérêt perfonnel fait taire alors la juftice diftributive. Le payeur exact qui s'apperçoit de la punition infligée à fon exactitude, devient auffi négligent à fon tour. Il va fouvent jufqu'à fe faire contraindre par des procédures coûteufes, quoi-qu'il ait fon argent dans fon coffre. Il préfere le paye-ment des contraintes à la crainte de voir fon exacti-tude punie par une augmentation de taille dans les années fuivantes.

Le troifieme inconvénient eft que les pertes qui en réfultent pour les Collecteurs, jointes aux autres dé-goûts qui accompagnent la collecte, ont fait regarder cette fonction comme une charge que tout le monde a voulu fecouer. Ce dégoût général & légitime a pro-duit la Loi qui force tous les Contribuables à faire la collecte chacun à fon tour. Ainfi, le foin important de la juftice diftributive fur l'impôt de la taille & de la capitation eft confié tous les ans à un nouveau Col-lecteur, fans aucun égard à fes qualités perfonnelles du cœur & de l'efprit. Ainfi, un citoyen mal-famé, un taillable ignorant doit exercer à fon tour cette fonction de juftice & d'intégrité.

La confection des rôles fe reffent du caractere de ceux qui les font, & des motifs qui les animent. Le Collecteur y imprime fes craintes, fes foibleffes, fes vertus ou fes vices.

Un de ces Collecteurs répréhenfibles avoit reçu le rôle fur lequel il y avoit à la marge de plufieurs Contri-buables les foulagemens qui leur avoient été accordés fur leurs tailles, pour des vimaires qu'ils avoient éprouvés ; quand le Collecteur alloit chez les Contribuables qui ne fçavoient pas lire, il leur préfentoit le chiffre qui fignifioit foulagement, comme fignifiant un accroiffement fur leur cote, & il le leur faifoit payer.

Nous ne devrions pas citer ici ce fait, ni plufieurs autres qui lui reffemblent, parce qu'ils font un vice perfonnel de l'homme ; mais nous avons cru néceffaire de vous donner un exemple des vices perfonnels qui tiennent par un fil à la méthode même. C'eft la méthode en effet qui force à confier la collecte aux ames vicieufes & ignorantes, comme aux ames honnêtes & éclairées. Elle eft donc en partie refponfable des vices de l'homme.

Un ignorant qui ne fçait pas lire le rôle précédent, ni écrire le nouveau, va chercher quelqu'un du voifinage qui remplit pour lui cette tâche. On a vu de ces Collecteurs honnêtes, mais ignorans, rapporter des rôles avec des fommes différentes de celles qu'ils avoient dictées aux Ecrivains qu'ils avoient choifis. C'étoient des vengeances ou des faveurs de l'Ecrivain, & en tout des injuftices & des infidélités de fa part. Mais c'étoit la méthode qui forçoit un ignorant à faire un perfonnage où fa probité feule ne fuffifoit pas pour bien opérer.

Les Loix ont voulu mettre un frein à ces injuftices, en établiffant des Tribunaux qui puffent les réparer. Leur intention eft refpectable, mais l'effet ne peut pas y répondre. La plûpart des cotes font de fi petite valeur ; les Contribuables font fi ineptes en procédures ; les diftances des lieux des Tribunaux, foit dans la

Province, soit à Paris, sont si grandes; les frais des formalités sont si onéreux; l'honoraire seul des Procureurs est si fort, que ce seul article surpasse communément la valeur des surtaux dont le simple peuple est obéré. Quel gain feroit-il à plaider ? ou plutôt quelle perte ne fait-il pas, même en gagnant, par les autres frais énormes qu'il ne peut pas éviter ?

L'humanité du Gouvernement lui a dicté, dans l'année actuelle, une nouvelle loi sur les procédures en fait de taille, par laquelle plusieurs formalités onéreuses sont ôtées. De simples mémoires doivent être reçus aux Tribunaux des Elections sur ces contestations. C'est un soulagement dont il faut louer & respecter le principe; mais il n'empêche pas la nécessité du voyage au lieu de l'Election, & par appel à Paris. Si le plaignant ne veut pas s'absenter, il doit payer celui qui travaillera pour lui.

Mais quand même ces frais seroient nuls, quelle base peut avoir l'intégrité des Juges ? Il s'agit pour eux de décider si la cote d'un tel est inégale avec celles des autres Contribuables. Comment décideront-ils la proportion des facultés relatives, lorsque ces facultés sont un point d'obscurité ? Comment pourront-ils discerner dans la dispute entre le Collecteur & le Taillable, la fausseté & la vérité des allégations que chacun fera contradictoires ? Les facultés de la plûpart des Taillables n'ont rien de net aux yeux du Public. Ce n'est que par conjecture qu'on peut les évaluer. C'est cependant sur ces conjectures que le Juge doit prononcer. S'il prend pour regle la profeſſion, le genre de travail du Taillable, il n'en acquiert point une plus grande certitude. Ces profits des profeſſions & du travail varient autant que les individus.

Nous ne vous préſenterons pas, Meſſieurs, comme un remede à ce mal, les Commiſſaires que MM. les Intendans envoyent quelquefois dans les Paroiſſes, pour faire les rôles ; ni les taxes d'offices qu'ils font obligés de faire par équité, pour fouſtraire quelques Taillables à la haine & à l'injuſtice des autres habitans.

L'uſage de ces remedes locaux n'a lieu que lorſque le mal eſt à un certain excès : leur pratique n'eſt qu'un remede paſſager & partiel : & enfin leur néceſſité n'eſt qu'une preuve de plus des inconvénients qui naiſſent de la méthode abandonnée à elle-même. Nous allons vous repréſenter ces inconvénients ſous quelques articles ſéparés.

Le premier effet de la méthode uſitée a été de forcer le Gouvernement à laiſſer de côté le vœu de nos Ordonnances, qui n'appeloient à la répartition des impôts que les gens les plus vertueux & les plus éclairés du canton. Le tour de rôle, établi néceſſairement par le dégoût & par les pertes que la méthode occaſionne, admet à cette geſtion importante d'une juſtice diſtributive, les cœurs vicieux & les hommes ineptes, comme les ames épurées & les têtes judicieuſes.

Second effet. L'opinion que les Collecteurs peuvent avoir de la richeſſe des Contribuables, eſt la ſeule regle de leur répartition. Cette opinion ne peut avoir
aucune

aucune base visible, & ne peut être fondée que sur des conjectures. De telles obscurités ouvrent un champ libre aux passions humaines. La faveur, la pauvreté, l'intérêt, la crainte de choquer un successeur, l'inquiétude de déplaire à un protecteur, peuvent diminuer des taxes, au préjudice d'autrui. Les sentimens de la haine & de la vengeance peuvent au contraire en aggraver d'autres ; & toutes ces différentes sources d'injustice sont derriere un voile presqu'impossible à lever.

Troisieme effet. Les loix dictées par la justice de nos Rois, & le zele des Tribunaux pour les faire exercer, peuvent rarement atteindre à l'injustice pour la reformer. Le souffrant préfere la douleur de la supporter, aux dépenses plus grandes encore que lui coûteroit la protection de la loi. Cette loi d'ailleurs ne peut donner aucune regle fixe à un Juge, pour son application, puisque l'opinion de la richesse des Contribuables est aussi conjecturale pour les Juges que pour les Collecteurs.

Quatrieme effet. Un Taillable exact dans ses payemens, craint de voir, l'année suivante, son exactitude punie par une augmentation. L'industrie craint encore plus cette punition. Il en résulte que tout Taillable redoute de montrer ses facultés ; il s'en refuse l'usage dans ses meubles, dans ses vêtemens, dans sa nourriture, & dans tout ce qui est soumis à la vue d'autrui. Cette honte basse, que la crainte d'une légere augmentation occasionne, énerve l'ame du citoyen. Elle lui

K

ôte cette heureuse élévation de sentimens qui fait le plus bel ornement de l'esprit humain. Nul de ceux-là ne rougit de faire le pauvre, & de se soumettre à l'humiliation qui accompagne les couleurs de la pauvreté. On leur entend toujours tenir le langage affligeant de la plainte, & prendre le ton de la misere. L'attitude de la dépendance & du besoin remplace cette noble sécurité, qui chérit la soumission aux loix, & qui repousse la dépendance de ses égaux. Si cet avilissement de l'ame ne paroît qu'une vaine déclamation, personne ne peut nier qu'un désordre politique est l'effet de la crainte de montrer sa richesse ; cette crainte étouffe en partie le goût du travail & les efforts de l'industrie. On travaille, mais c'est pour satisfaire les premiers besoins. Rien au-delà ; tous les motifs ordinaires de l'industrie sont étouffés par la crainte d'en montrer les jouissances. Nous dirions vainement au peuple que le produit de son industrie excéderoit encore des neuf dixiemes le surcroît de taxe qu'il redoute : la crainte de payer un écu de plus, fait négliger au commun des hommes un profit qui seroit quadruple.

Nous ne vous assurerons pas que l'industrie énervée par cette crainte, soit la cause unique de la misere du Paysan dans sa vieillesse ou dans ses infirmités, & de l'affluence de ceux qui frappent à la porte des hôpitaux ; mais nous affirmerons avec certitude que la crainte de montrer au jour ses jouissances, a beaucoup d'influence sur cette inertie qui se borne au jour le jour, & qui ne veut que le stricte nécessaire. Qui de nous ne connoît pas cette expreſſion triviale, par laquelle l'indolence du Taillable ſe juſtifie ? *Si je gagnois davantage, ce ſeroit pour le Collecteur.*

Excuſez, Meſſieurs, notre prolixité ſur les effets funeſtes de la méthode actuelle de la répartition de la taille. Nous n'avons pas prétendu vous les apprendre; nous n'avons même pas prétendu préſenter au Gouvernement un tableau qui lui fût inconnu. L'arrêt du Conſeil de votre établiſſement vous avertit qu'il les connoît à fond, & que c'eſt le déſir ſeul de les anéantir, qui donne naiſſance à votre aſſemblée.

« Sa Majeſté, dit l'article IV, attend du zele de
» cette aſſemblée, qu'elle s'occupera inceſſamment des
» meilleurs moyens à propoſer pour écarter l'inégalité
» & l'arbitraire, & pour établir la plus grande juſtice
» dans les répartitions, & la plus grande économie
» dans les recouvremens ».

Voilà votre loi, Meſſieurs; écarter l'arbitraire & l'inégalité, économiſer dans les recouvremens. Ne vous flattez pas d'y parvenir ſans éprouver des obſtacles, ſans ſurmonter des difficultés, & ſans laiſſer encore ſubſiſter des inconvéniens. Nous n'avons pas voulu que la vue des inconvéniens qui ſeront dans toute nouvelle méthode, arrêtât vos tentatives. Nous avons cru que la peinture détaillée des effets funeſtes d'une méthode exiſtante, vous donnera le courage d'en adopter une nouvelle, malgré la crainte des inconvéniens qui l'accompagneront, malgré même les reproches que le peuple vous fera quelque jour de ces inconvéniens nouveaux, auxquels vous l'aurez expoſé; attendez-vous à ces reproches, lorsque le peuple aura perdu de vue ceux sous lesquels il gémit à présent, & dont vous l'aurez délivré. Ainsi la moindre masse en inconvéniens ; voilà votre regle : le sage sçait renoncer à la perfection.

Nous omettons, Messieurs, l'énumération de plusieurs abus, accessoires fâcheux qui sont venus à notre connoissance dans la répartition & le recouvrement des impôts. Ils ne sont point uniformes par-tout, & nous avons reconnu la possibilité d'y porter remede, lorsqu'une administration plus rapprochée des Contribuables, & plus intéressée avec eux, pourra veiller de plus près à leurs intérêts.

Tels sont, par exemple, l'usage universel dans quelques cantons de faire payer à tous les Contribuables exacts ou non exacts quinze sols par chaque cote, sous le prétexte des frais de poursuite : les promenades accumulées & vexatoires de plusieurs Huissiers des tailles ; la valeur inégale, excessive même & souvent injuste, des huit ou dix commandemens qui sont faits tous les ans à chaque Collecteur ; ces abus, & plusieurs autres pareils sont faciles à élaguer : nous vous en indiquerons les remedes, si vous devez vous en occuper un jour. Plût à Dieu que la bienfaisance du Souverain & la vôtre pussent être satisfaites par la seule extirpation de quelques accessoires défectueux ! Le but seroit bientôt atteint.

Nous ne pouvons pas vous en donner l'espoir ; la nécessité d'une nouvelle méthode nous a frappé ; nous avons dû vous en dire les motifs, en examinant la méthode seule dans sa propre nature, & sans aucun retour sur les vertus ou sur les défauts des individus qui la mettent en exécution. Nous avons mis pareillement de côté tous les défauts accessoires qui ne sont pas liés essentiellement avec la méthode même, comme cause & effet : tout ce qu'on peut reformer, sans toucher à une méthode, n'est point un motif pour la changer.

Nous n'avons pas, Messieurs, des considérations aussi frappantes à vous présenter sur l'impôt du vingtieme. Sa répartition & son recouvrement ont des suites beaucoup moins fâcheuses. Nous ne détaillerons pas devant vous la qualité des objets sur lesquels cet impôt est établi, la marche des Directeurs & Contrôleurs dans les estimations qu'ils font ou qu'ils doivent faire, conjointement avec les Contribuables. Vous êtes tous propriétaires, Messieurs, puisque c'est ce titre qui vous attire ici ; & vous sçavez par conséquent ce que c'est que le vingtieme, & quelle est la marche de ceux qui le fixent.

Nous avons lu les loix qui sont données par le Gouvernement aux préposés du vingtieme ; les vues de sagesse, de douceur & d'humanité de ces loix nous ont frappés ; & vous le seriez de même, si vous y lisiez les sentimens de justice & de bienfaisance que nous y avons reconnus.

Nous ne pouvons pas vous dire avec la même certitude que l'exécution y ait répondu. Nous n'en faisons pas un crime aux préposés ; l'impossibilité d'une exécution précise de la loi les justifie. Cette loi, dictée par l'esprit de l'équité, a voulu que les préposés du vingtieme fissent par paroisse un registre de tous les biens-fonds, par leur contenance & par leur valeur; qu'ils en connussent les productions par un récensement exact des différentes denrées; qu'ils fissent une évaluation moyenne de toutes ces différentes denrées, suivant le prix des marchés & suivant l'usage habituel du lieu; qu'ils se fissent représenter les baux à ferme, s'il y en avoit; que, faute de baux à ferme, ils fissent comparaison des biens-fonds non affermés avec ceux qui le sont, pour estimer la valeur inconnue des uns par la valeur connue des autres; qu'ils se transportassent sur le terrein avec des habitans instruits, pour asseoir avec plus de sûreté l'évaluation de chaque fonds; que le résumé de leur travail fût lu en présence des plus expérimentés de chaque paroisse; & enfin, que l'évaluation de chaque bien-fonds pût être contredite en la présence desdits experts par le propriétaire du fonds.

 Ces ordres du Législateur tendent tous à écarter d'une telle évaluation, l'injustice & l'arbitraire. Ils ont pour but de rendre au contribuable, le poids d'un impôt nécessaire, aussi léger qu'il est possible. Mais dans le fait, ces dispositions de la loi ne peuvent pas avoir une entiere exécution. Dix personnes, qui sont destinées à ce travail, n'y sauroient suffire dans l'étendue de toute la province. Le tems n'est pas physiquement assez long pour qu'ils puissent remplir cette tâche, quand même ils n'auroient que la difficulté de la chose à éprouver. Mais si l'on joint à cette premiere difficulté, toutes celles que font naître les propriétaires dans l'évaluation de leurs fonds, vous ne serez pas surpris que ce travail soit au-dessus des forces d'un nombre beaucoup plus considérable d'agens que celui qu'on y destine.

L'excès des précautions produit souvent le contraire de son objet, de même que l'excès des peines criminelles produit l'impunité. Lorsqu'un agent, auquel on donne une commission, est surchargé d'entraves & de loi qui rendent sa commission impossible à remplir, il laisse de côté tous ces détails qui lui sont prescrits, & ses seules lumieres deviennent sa regle.

Rien ne paroît plus facile au premier coup d'œil que la fixation du vingtieme sur les biens-fonds affermés en argent, & cependant cette partie demande souvent de très-longs détails. Elle fait même naître des procès devant M. l'Intendant, & par appel devant le Conseil. Un propriétaire produit des baux fictifs, ou réputés tels par le Contrôleur : voilà une dispute ouverte. Un bail à prix d'argent contient souvent des réserves en denrées, en services de voitures, & autres objets pareils : nouvelle occasion de dispute pour l'évaluation de ces réserves. Ces biens-fonds ont des réparations indispensables à supporter, que la justice exige de prélever sur le revenu avant que d'en exiger le vingtieme; mais la quotité de ces réparations varie dans chaque objet de biens-fonds : troisieme occasion de dispute. Certaine nature de biens, comme bois-futaie, jardins, bois épars, pacage, bruyeres & autres, ne présentent aucune base sensible à l'expérience pour les évaluer : autre occasion interminable de dispute. Le défaut enfin d'un arpentage géométrique laisse flotter l'incertitude dans les mesures arbitraires de chaque portion de terrein, dont le revenu s'évalue à tant la boisselée de labour, tant l'arpent de pré & tant la journée de vigne.

Il résulte de la multitude de ces embarras, que le préposé se voit forcé de faire une évaluation par ses seules lumieres, & que dans sa premiere opération l'arbitraire seul dicte ses décisions. Si le Contrôleur estimable & integre se voit forcé de décider arbitrairement, après avoir pris toutes les précautions que sa probité lui dicte, que doit-on espérer d'un Contrôleur moins attentif, moins patient & moins assuré dans ses principes de droiture ? L'impatience d'ailleurs est naturelle à tout homme, lorsqu'il se voit entouré d'embarras, sans appercevoir aucun jour pour en sortir ; ou il renonce alors à l'ouvrage, ou s'il doit donner une décision, il passe par-dessus toutes les considérations qui le font flotter dans l'incertitude, & il décide au hazard. Comment vouloir en effet que ce préposé puisse appercevoir la vérité, au milieu des cris confus d'une foule de petits propriétaires de fonds, si son évaluation devoit être faite en présence de tous les habitans ? Le principe d'incertitude & de la décision arbitraire est encore plus marqué sur l'évaluation de plusieurs genres de mobiliers, comme bestiaux & autres, par l'usage que des Contrôleurs ont illégalement introduit dans quelques cantons, de les taxer aux vingtiemes.

Ainsi l'impôt du vingtieme est nécessairement arbitraire dans sa premiere fixation, malgré le desir, les
ordres

ordres & les précautions du Législateur. Il le feroit même, malgré la plus grande droiture & les plus grandes lumieres des préposés de cet impôt.

Il n'en eſt pas moins vrai, Meſſieurs, que malgré cet arbitraire dans ſa premiere fixation, l'impôt du vingtieme eſt infiniment moins onéreux au peuple que l'impôt de la taille & de la capitation des campagnes : deux conſidérations feront ſentir certe prodigieuſe différence.

L'impôt du vingtieme porte ſur un objet viſible à l'œil, dont le produit eſt connu de tout le monde par approximation, & par conſéquent les diſputes entre les Contribuables & le prépoſé ont des principes plus décidés, que ne peuvent en avoir le Collecteur & le Taillable ; dans le vingtieme, le Contribuable n'a à ſe défendre que contre les erreurs, l'impatience ou la dureté du Contrôleur ; il eſt rare que celui-ci puiſſe avoir des ſentimens particuliers de vengeance, de haine ou d'intérêt contre les Contribuables ; ſi ſon ame eſt ſuſceptible de douceur & d'indulgence, ce ſentiment tourne au profit du Contribuable, tandis que chez le Collecteur toute faveur au-delà de la juſte proportion, eſt au détriment d'un tiers. Si le Contrôleur du vingtieme peut trouver un intérêt perſonnel dans l'accroiſſement de l'impôt par les gratifications que cet accroiſſement lui occaſionne, c'eſt un intérêt dont l'effet reflue à la vérité ſur le général des Contribuables ; mais cet intérêt n'a pas l'odieux de celui qui dirigeroit un Collecteur contre chaque individu taillable.

L

La seconde considération qui rend le vingtieme infiniment moins fâcheux que l'impôt de la taille, est que la cote une fois fixée, le propriétaire n'a point à craindre cette variété annuelle, qui fait le poison de la taille. Si l'évaluation a été arbitraire dans son origine, cet arbitraire ne se renouvelle pas tous les ans; & le Contribuable peut sans crainte donner tout l'effort qu'il veut à son industrie; il peut laisser paroître sans inquiétude les jouissances que son travail & son industrie lui ont procuré. Il est libre enfin de ces craintes qui le forcent à paroitre misérable au milieu de l'abondance.

On nous objectera, Messieurs, à cette considération que les vérifications des rôles du vingtieme renouvellées à différentes époques, ont fait réitérer souvent l'inquiétude de cet arbitraire. Cela est vrai pour quelques occasions; mais il est également vrai que cette vérification, réitérée même sur la base de l'arbitraire, est encore bien éloignée de l'arbitraire, de l'injustice & de l'inégalité, qui sont inséparables de l'impôt de la taille, à chaque changement de Collecteur. Malgré cette différence qui est à l'avantage du vingtieme, vous devez désirer de fixer les rôles des vingtiemes d'une maniere plus durable. C'est ce que nous aurons l'honneur de vous proposer, & les promesses que le Gouvernement fait dans son arrêt du 12 juillet, vous en donnent l'espérance.

Nous avons cru, Messieurs, devoir diriger notre travail sur le seul vingtieme des biens-fonds, attendu la modique valeur de celui qui porte sur l'industrie & sur les offices & droits

LE TOTAL du vingtieme de 1778, monte
à . . . . 643,522 l. 10 f. 9 d.

Le vingtieme d'In-
  duſtrie monte à . 5654 l. 1 f. " ⎫
Le vingtieme des   ⎬ 10,911 l. 17 f. 10 d.
  Offices & Droits
  monte à . . . . . 5257 l. 16 f. 10 d. ⎭

Reſte pour le vingtieme des Biens-fonds... 632,610 l. 12 f. 11 d.

    Ainſi le vingtieme réuni de l'induſtrie & des offices & droits, n'eſt que la ſoixante-quatrieme portion du vingtieme total. Nous vous occuperons de cette variété, lorſque Sa Majeſté vous chargera de faire la répartition du vingtieme.

    Ce que nous venons de vous lire, Meſſieurs, n'eſt que la partie la moins difficile du travail que vous nous avez confié. Les inconvéniens d'une méthode exiſtante s'apperçoivent aiſément ; ceux d'une méthode à introduire ne ſe dévinent pas de même. Tout changement en amene avec ſoi qu'on n'a pas pu prévoir ; à plus forte raiſon amene-t-il ceux qui ſont liés à l'eſſence du nouvel établiſſement propoſé, & qu'on n'a pu connoître d'avance. Nous avons lu tous les mémoires & tous les projets qu'on a voulu remettre au bureau ; nous avons écouté toutes les idées neuves que chacun de nous a voulu ſoumettre à la diſcuſſion. Si quelqu'autre Membre de l'aſſemblée avoit voulu nous éclairer de ſes lumieres, il étoit prévenu que nous les recevrions avec reconnoiſſance ; & quoique notre travail tende à ſa fin, nous avons encore les oreilles ouvertes

L ij

pour recevoir toutes les penſées heureuſes que le zele du bien public pourra ſuggérer. Nous avons même voulu diſcuter entre nous les plans que nous avons cru d'une voix unanime impoſſibles à exécuter. La diſcuſſion d'une erreur ne nous a pas paru un temps perdu, pour parvenir à la vérité.

Nous n'avons pas cru pourtant devoir vous rapporter les plans, dont vous auriez décidé du premier coup d'œil l'impoſſibilité. Nous vous épargnerons auſſi la lecture des diſſertations éloquentes, dans leſquelles chaque auteur d'un projet démontre les inconvéniens & même l'impoſſibilité de tout autre projet que le ſien. L'éloquence qui détruit, eſt plus facile à acquérir que celle qui édifie. Auſſi nous n'avons pu trouver qu'un petit nombre de plans à vous mettre ſous les yeux.

Les tourmens, les malheurs & les conſéquences fâcheuſes de l'arbitraire ont frappé de tout temps les Adminiſtrateurs publics. La difficulté ſeule des remedes a retenu leur zele; cependant il y a eu des tentatives différentes, faites de temps à autre. M. Dupré, ci-devant Intendant de cette Province, en fit une en 1767 & 1768, après en avoir long-temps médité les détails, & les avoir clairement expoſés dans une inſtruction imprimée, que nous vous mettrons ſous les yeux, ſi vous nous en donnez l'ordre.

Cette inſtruction diviſe les Contribuables de chaque paroiſſe en quatre claſſes; le journalier, l'artiſan ou commerçant, le fermier ou métayer, & le propriétaire de fonds qui fait valoir lui-même. Elle évalue le produit de chacune des claſſes à des ſommes annuelles qui font au-deſſous de la réalité. Ainſi, par exemple, elle ne compte le ſalaire annuel du ſimple journalier, que ſur le pied de deux cens journées par an, à raiſon de ſept ſols & demi par jour. Elle fixe au centieme de ce revenu la part de ce journalier, pour le premier brevet de la taille. Elle fixe également le centieme du revenu de chacune des autres claſſes & des différentes graduations dans chaque claſſe, pour la part de chaque Contribuable.

La ſomme provenante de cette taxation fixe, ne devant pas ſuffire pour payer la taille de toute la paroiſſe, le ſurplus devoit être rejetté ſur les biens-fonds de la paroiſſe. Pour parvenir enſuite à une répartition proportionnelle ſur ces biens-fonds, l'inſtruction exige une évaluation des revenus annuels de ces mêmes fonds.

Les précautions indiquées pour parvenir à l'évaluation du revenu des fonds, pour claſſer les individus de la paroiſſe, & pour leur aſſigner la profeſſion ſous laquelle ils ſeroient taxés, ces précautions, dis-je, ſont de faire procéder à ce travail par l'homme le plus éclairé du canton, en préſence de tous les habitans duement appelés.

Il n'eſt pas douteux que la fixation de la ſomme payable par chaque citoyen dans chaque claſſe & profeſſion où il ſeroit placé, n'éloignât de l'impôt de la taille cet arbitraire effrayant qui en eſt le plus grand vice. Le zele de M. Dupré pour l'exécution d'un plan que l'équité & l'humanité lui avoient dicté, le porta de plus à l'entreprendre lui-même dans la paroiſſe de Givaudin, pour en donner l'exemple dans la Généralité.

Il y employa deux jours entiers en préfence des habitans ; mais il trouva tant de confufion & tant de contrariété dans les affertions qu'il entendoit de toutes parts, qu'il renonça par cette premiere épreuve à donner de la fuite à fon plan.

Quelques-uns de fes Subdélégués jugeant les embarras de cette opération, le prierent de les en difpenfer. M. Desbeauxplains, l'un de vos coopérateurs, eut la patience de donner un mois de fon temps à réalifer ce plan dans une paroiffe de fa fubdélégation. Il nous a dit qu'à la fin de ce mois de travail, il ne put finir que la huitieme partie de fon ouvrage pour cette paroiffe. Il nous a dit encore que les connoiffances du local acquifes dans ce premier mois lui firent préfumer que peut-être il auroit fini toute la paroiffe dans l'efpace de trois mois. Il n'alla pourtant pas plus loin ; parce qu'il vit la néceffité d'un travail de plufieurs années, pour completter une pareille entreprife dans la Généralité.

Ces épreuves nous difpenfent, Meffieurs, d'entrer dans un plus grand détail de cette inftruction. La poffibilité de réduire un plan en pratique, en eft une des conditions effentielles. Nous n'efpérerions pas vous offrir des exécuteurs plus zélés & plus éclairés.

Vous avez entendu, Meffieurs, dans vos premieres féances la lecture d'un mémoire que vous fit M. le Comte du Buat ; nous l'avons prié dans le bureau de vouloir bien nous le détailler de nouveau, & de nous permettre de le difcuter avec lui. Comme vous pouvez ne pas avoir préfent l'enfemble de fon projet trouvez bon que nous vous en remettions un précis sous les yeux.

Le mémoire distingue dans chaque paroisse trois sortes de revenus ; le revenu foncier des terres & des maisons, le revenu mobilier, & le revenu industriel.

Le revenu foncier est le produit de tous les fruits de la terre dans la quantité reçue par le propriétaire, déduction faite de la part des fruits que les frais d'exploitation absorbent.

Le produit est facile à fixer dans tous les terreins affermés à prix d'argent. Dans ceux qui sont cultivés par des colons partiaires, on peut connoître à peu près la quantité que le colon en donne tous les ans au propriétaire ; on peut ensuite en évaluer le montant à prix d'argent, sur la valeur commune de chaque denrée. Quant au terrein cultivé par le propriétaire lui-même, ou par ses valets à gage, on peut calculer la portion absorbée par les frais d'exploitation qui doit être immune, & la portion dominicale qui doit être soumise à l'impôt, par une comparaison faite avec les terreins de valeur pareille, dans lesquels le cultivateur est séparé du propriétaire.

Le revenu mobilier est le produit de tous les bestiaux dont l'utilité n'est pas bornée à la culture. Tels sont les moutons, les vaches, les jumens poulinieres, les bœufs à engraisser, les chevaux même de labour, qui seroient un objet de profit, les cochons, les dindes, les oies, les abeilles & autres semblables.

Vous sçavez, Messieurs, que tous ces objets sont un article de revenu plus ou moins grand ; vous sçavez aussi qu'ils sont sujets à des accidens très-fâcheux, & le mémoire veut qu'on n'évalue leur produit qu'au plus bas prix, en compensant les bonnes & les mauvaises années.

On connoîtra le second genre de revenu, dit mobilier, par l'énumération de tous les bestiaux existans dans la paroisse, & par la somme totale de leur évaluation.

Le troisieme revenu, dit industriel, est le profit que chaque Contribuable fait par le travail de ses bras, ou par son intelligence particuliere, sans aucun égard à ses propriétés foncieres & à ses propriétés mobiliaires. Cette classe comprend tous les genres d'industrie, depuis le plus riche négociant jusqu'au dernier journalier.

Le mémoire ne présente pas pour l'évaluation de ce revenu industriel des bases aussi visibles, que pour les deux autres genres de revenus. Il a pu fixer une évaluation pour le profit du simple journalier & de l'artisan pour chacun an ; mais son auteur avoue que dans certain genre de commerce & de fabrication, il a de la peine à pouvoir indiquer une regle uniforme d'évaluation : ce seroit le cas où il faudroit s'en remettre à l'arbitrage des évaluateurs, qui se feroient seconder par l'opinion des autres habitans.

Si ce point unique d'arbitraire existe encore dans ce plan dont nous vous rendons compte, on auroit du moins la consolation de voir cet arbitraire éloigné, dans la très-grande partie des autres objets. Ainsi les évaluations fixées pour chaque genre de revenu seroient une base immuable pendant un long espace de tems

tems. Ce feroit un grand foulagement pour les contribuables qui vivent toujours à préfent fous la crainte d'une opinion arbitraire, pour la totalité de leurs facultés.

Lorfque les évaluations feroient faites dans les trois genres de revenu foncier, mobilier & induftriel, on procéderoit à l'énumération des beftiaux & des différentes induftries, pour avoir le revenu total de la paroiffe. La répartition de l'impôt par cote taillable ne feroit plus alors qu'une opération d'arithmétique.

Nous omettons, Meffieurs, des articles moins importans du projet, par lefquels le mémoire énonce plufieurs efpeces de denrées confommées fur les lieux, qui feroient exemptes de l'impôt. Ce fera l'objet d'un examen plus détaillé, fi ce plan eft adopté. Le foulagement que le Contribuable y trouveroit, en fe voyant délivré du fléau de l'arbitraire, nous feroit défirer de pouvoir vous préfenter des facilités pour fon exécution. Mais la multitude des évaluations à fixer, l'incertitude de quelques-unes, & le nombre des évaluations à renouveller tous les ans, feroit craindre des embarras & une confufion trop grande de la part des Contribuables. Ceux-ci craignent toujours que la clarté & la vérité ne deviennent un mal pour eux; c'eft par ce motif qu'on les trouve fouvent oppofés à ce qu'on veut faire pour leur propre avantage. Nous n'ofons pas vous répondre que cette oppofition n'exifteroit pas dans l'exécution du plan que nous venons de vous expofer. Nous ajouterons feulement que fi les habitans fe portoient

90   *Assemblée Provinciale*

d'eux-mêmes à le demander dans leur paroisse, leur bonne volonté le rendroit praticable.

    Le désir de proposer une méthode qui fût agréable aux peuples, a reveillé le zele d'un citoyen de Provence, pour nous faire participer aux avantages qu'il assure exister dans plusieurs endroits de sa Province. Son mémoire nous fit naître à la lecture le desir de pouvoir l'adopter; & jusqu'à ce que la vue des difficultés de l'exécution eût diminué en nous cette premiere impression, nous avions joui de l'espoir de vous présenter une consolation pour le peuple. Nous crumes devoir vous lire ce mémoire dans l'assemblée, long-temps avant que vous dussiez en délibérer, pour vous prier d'y réfléchir d'avance; nous vous communiquâmes aussi toutes nos objections.

    Il nous suffiroit sans doute de vous prier de vous rappeler cette premiere discussion, si l'importance de la matiere ne permettoit pas de réitérer souvent le même examen. Nous emprunterons les termes du mémoire, pour détailler les avantages de sa méthode: c'est celle d'une imposition en fruits.

    « On appelle, dit le mémoire, une imposition en
» fruits, la perception d'une quantité quelconque de
» grains, fruits ou denrées, qui est faite sur le champ
» du Contribuable. Dans la Provence où cette forme
» d'imposition est très en usage, il est des Commu-
» nautés qui imposent les unes la dixieme partie des
» fruits, d'autres la quinzieme & même une moindre
» portion. On annonce par des affiches que cette

[note marginale : Impôt en nature]

» portion de fruits fera affermée par des encheres à
» des perfonnes folvables, qui verferont le prix de
» leur ferme dans les mains du Receveur de la vigue-
» rie ». L'auteur du mémoire actuel, qui a fait une
étude particuliere de l'Adminiftration municipale de
fon pays, y a obfervé que les Communautés qui fe
trouvoient autrefois les plus obérées, font devenues
les plus riches par le moyen de la préférence qu'elles
ont donnée à l'impofition en fruits ou en nature, &
que le peuple y eft plus content & plus heureux.

« Les avantages de cette impofition font évidens.

» 1°. Il ne faut ni livre-terrier, ni arpentage, ni
» évaluations, ni déclarations d'habitans. On trouve
» d'abord à épargner toutes les dépenfes & toutes les
» longueurs infinies qu'entraînent à leur fuite ces opé-
» rations. La maniere d'impofitions en fruits peut donc
» être exécutée fur le champ.

» 2°. Il ne peut jamais y avoir lieu à des procès,
» ni même à aucune plainte de la part des contribua-
» bles, parce que l'égalité eft la bafe de cette impo-
» fition.

» 3°. Elle eft très-douce. Le propriétaire eft libé-
» ré fur le champ. Il ne craint pas de voir accumuler
» des intérêts, ni de fouffrir des frais de faifie, exé-
» cution & collocation ; il ne peut jamais être arriéré:
» il ne paye jamais au-delà de fes forces. La récolte
» eft le thermometre de l'impofition des fruits. Dans
» une récolte abondante le contribuable paye un tribut
» plus fort, & il fe croit encore très-heureux. Dans

» une recolte médiocre il donne peu, & dans une
» année de stérilité absolue de son champ, il ne paie
» rien.

» Cette maniere de percevoir l'impôt est la plus
» ancienne & la plus conforme à la nature. Dans l'ori-
» gine des sociétés, elle a été adoptée par le Sacer-
» doce & par l'Etat. Si elle existe encore pour le Sa-
» cerdoce, pourquoi ne pourroit-elle pas encore avoir
» lieu pour l'Etat ? Ce seroit une dîme de plus que
» l'on payeroit en remplacement de la taille. Et qui
» ne voit pas combien il y auroit à gagner à cet
» échange ? Jamais la dîme n'a ruiné personne : au
» contraire la taille même réelle a causé la ruine d'une
» infinité de familles. Combien de cultivateurs acca-
» blés par les intérêts & les frais accumulés de leurs
» tailles arriérées, ne se sont-ils pas vus expulsés du
» patrimoine de leurs peres par des Trésoriers avides ?
» Ces malheurs ne sont que trop fréquens sous l'em-
» pire de la taille personnelle & réelle, qui attaque
» la liberté des personnes, & leur propriété.

» Dans les pays heureux où regne l'imposition en
» fruits, la propriété est sacrée, la liberté est assurée.
» Jamais l'impôt ne peut mordre ni sur le fonds, ni
» sur les meubles, ni sur la personne; il ne prend qu'une
» modique portion des fruits. Au contraire dans une
» année de disette, la taille emporte tout, & laisse
» encore le propriétaire & le citoyen arriérés envers
» l'Etat.

» La taille personnelle ou réelle est une vraie im-
» position sur la personne & sur le fonds, puisqu'elle

» est prise non sur ce qu'on récolte, mais à propor-
» tion de ce qu'on possede en fonds, ou de ce qu'un
» Collecteur imagine qu'on possede.

» Les Administrateurs nouveaux de la Province du
» Berri ne sçauroient donc rien faire de mieux, que
» de donner la préférence à l'imposition en fruits. Ils
» pourroient du moins en faire l'essai dans les pre-
» mieres années. On peut leur en assurer le succès,
» d'après l'expérience de la Provence où les Commu-
» nautés qui vivent sous l'imposition en fruits, pros-
» perent beaucoup plus que celles où la taille réelle
» est en usage ».

Voila, Messieurs, le précis du mémoire que nous vous avons lu dans son entier. Vous pouvez vous rappeler qu'après sa lecture nous vous fîmes part des objections qui avoient été examinées dans le Bureau, pour que vous jugeassiez entre les avantages & les inconvéniens. Nous allons vous les répéter en peu de mots, en y joignant les réflexions qui peuvent les balancer.

Premiere objection. Embarras de la perception. L'impôt devant être supporté par toutes les portions de revenu, il y a des genres de fruits qui se recueillent chaque jour, & même à chaque heure. Tels sont le produit des arbres fruitiers, les herbages & les fruits du jardin; il y a des parties impossibles à diviser par parties égales, dont le partage seroit embarrassant.

Réflexions sur cette objection. Le produit des arbres fruitiers & du jardinage est un petit objet de revenu dans le général des paroisses. Il y est presqu'uniquement destiné à la consommation du propriétaire. Il n'y auroit aucun inconvénient à l'exempter de la dîme. Si dans quelques paroisses du Royaume en très-petit nombre, le jardinage, les pommes, les poires & les fruits rouges font le gros revenu des habitans, on peut conserver pour ces paroisses l'usage de la taille réelle ou personnelle; mais il n'est pas juste qu'un embarras qui n'intéresse qu'un petit nombre, fasse obstacle pour toutes les paroisses qui trouveroient de l'avantage dans la dîme, sans en être embarrassées.

Quant aux parties indivisibles, l'usage généralement observé dans le Royaume pour le partage d'un effet qui ne peut être divisé, seroit suivi dans le cas présent. L'un estimeroit la valeur de l'effet, & l'autre choisiroit à son gré d'en demander en argent la quotité qui lui revient, ou de garder l'effet, en donnant à l'estimateur la part qui lui appartient.

Seconde objection. L'impôt porteroit sur les frais dexploitation comme sur le produit net : ce qui est une vexation sur l'agriculture.

Réponse. De tout temps la subsistance du laboureur & ses frais de culture ont été la premiere chose prélevée sur les récoltes. Quelque charge qu'on mette sur le bien-fonds ou sur les récoltes, le cultivateur fera toujours ses conditions, pour avoir sa subsistance assurée ainsi que ses frais. Sans cette base imperturbable, il n'y auroit pas de culture; ainsi toute charge porte sur la portion du propriétaire.

Troisieme objection. Crainte de vexation de la part des Dîmeurs Royaux. On ne sçait que trop la facilité qu'ont les Receveurs des revenus publics, pour obtenir des réglemens favorables pour eux, dont le Contribuable eft extrêmement grevé. Dans le cas de la dîme, un propriétaire de grains, de fourage & autres fruits, pourroit être gêné par le fermier pour la levée de fes denrées. Tout le monde fçait que, dans les temps de récolte, les momens font précieux pour les enlever & pour les ferrer.

Réponfe. L'autorité publique pourroit feule réfoudre cette objection, en donnant toute faveur au propriétaire de la denrée décimable fur les dîmeurs.

Quatrieme objection. Le gain du fermier feroit un furcroît d'impofition.

Réponfe. Cela eft vrai ; mais la ceffation des contraintes & des frais des Huiffiers de la taille peut compenfer en partie cette augmentation de l'impôt.

Cinquieme objection. L'incertitude du produit de la dîme ne permettroit pas d'affurer le payement exact des deniers publics, qui ne doivent fouffrir ni retard, ni diminution.

Réponfe. On remédieroit à cette incertitude, en fixant la fomme due au tréfor royal par la paroiffe, & en donnant la dîme au rabais à celui qui fe contenteroit de la moindre quotité des fruits, pour payer la fomme fixée.

Derniere objection. L'injuftice & l'inégalité de cet impôt. Deux terreins produifant une même quantité de récolte exigent des frais d'exploitation inégaux ; par conféquent la dîme étant levée à une quantité égale des deux récoltes, elle surchargeroit plus un terrein que l'autre.

Nous ne connoissons pas de réponse directe à cette objection. Nous avons seulement observé que tous les contrats des colons partiaires avec leurs propriétaires, sont uniformes dans les cantons & paroisses pour le partage des récoltes, quoique dans le même canton & dans la même paroisse il y ait des terreins qui exigent, relativement à leurs récoltes, des frais de culture qui paroissent très-inégaux. Il est probable que la réalité ne répond pas à cette grande apparence d'inégalité, puisque les colons n'imaginent pas dans leurs conventions volontaires, d'exiger des différences de partage dans la récolte, par le motif de l'inégalité des frais de culture.

En peu de mots, Messieurs, les objections contre la dîme sont, l'embarras de sa perception dans plusieurs objets de revenu; la crainte de la vexation par les faveurs que le fermier du fisc obtiendroit; le surcroît de l'imposition à raison des gains & des frais du fermier; l'incertitude de son produit pour faire face à un impôt fixe, & enfin son injustice pour son inégalité.

Les réponses à ces objections sont la possibilité de parer à une partie de ces frayeurs; l'usage de la dîme ecclésiastique & des colons partiaires; la prospérité des Communautés de Provence, qui ont préféré la dîme; le payement fait dans le moment de l'abondance; la charge non sentie; point de prison; point d'Huissier des tailles; point de vente de meubles; point de familles ruinées.

Nous

Nous allons vous rendre compte maintenant de plufieurs méthodes différentes, qu'on peut comprendre toutes fous le terme générique d'impôt fur les fonds ou de taille réelle en argent. Nous ne vous les détaillerons pas l'une après l'autre, telles que plufieurs Provinces de France & plufieurs Royaumes étrangers les mettent en ufage. L'énumération en feroit trop longue & même inutile pour votre objet; fi la curiofité vous donne le défir de les connoître, nous vous communiquerons les ouvrages imprimés où vous les trouverez. Quelque variété qu'on y rencontre dans les noms, comme ceux de fouage, centieme, compoids, cadaftre, livre cadaftral, allivrement, florins, &c. le réfultat fe rapproche toujours d'un point ; c'eft de faire fupporter l'impôt à chaque bien-fonds, à proportion de fa valeur : c'eft ce qu'on appelle taille réelle. Comme les évaluations une fois décidées ne varient plus, on détruit abfolument l'incertitude funefte d'un arbitraire qui fe renouvelle tous les ans. Cet avantage feul fuffiroit pour lui donner la préférence fur la taille perfonnelle ; mais l'introduction en eft hériffée d'épines. La taille réelle exige d'abord une connoiffance préalable de la valeur des fonds, ou de la valeur de leurs revenus, pour déterminer la part de l'impôt que chaque fonds doit fupporter.

Un premier moyen d'y parvenir, eft d'exiger de la part des propriétaires une déclaration de leurs fonds ou de leurs revenus, & de foumettre enfuite leurs déclarations à la révifion des vérificateurs. C'eft ce qui fe pratique pour la répartition du vingtieme. Vous en avez tous les jours la manutention fous les yeux, & vous êtes à portée d'en dire votre avis par votre propre expérience.

Un second moyen est de faire faire un arpentage général & une évaluation générale de toutes les paroisses de la Province. Cette opération que nous voyons avoir été faite en Angleterre dans le siecle dernier, fous le nom de taxe fur les terres; en Languedoc, il y a plus de cent ans, fous le nom de compoids; en Agenois fous le nom de cadastre; en Provence fous le nom de feu; cette opération, dis-je, annonce dans son début des difficultés effrayantes, & un travail de quinze à vingt années. Si nous voulions remonter à la maniere dont elle eut lieu dans son origine, dans ces différens endroits, & vous exposer les plaintes & les critiques qu'on en fait encore depuis sa premiere exécution, tant de son incertitude que de son inégalité, vous seriez peu frappés du motif, tiré de la prétendue expérience de ces Provinces, pour lui donner votre approbation. Nous vous dirons pourtant que l'usage d'un cadastre même vicieux seroit moins onéreux que celui de la taille personnelle. Nous vous dirons, à plus forte raison, qu'il seroit fort à désirer qu'un cadastre général & éxact existât; mais nous n'osons vous proposer de l'entreprendre.

Ainsi nous ne vous dirons pas de commencer par chercher la proportion qui existe entre l'étendue & les facultés de chaque paroisse. Vous devez pourtant désirer de parvenir à la connoître, & nous n'avons pas imaginé d'autre moyen que de commencer par établir cette proportion respective entre les Contribuables de chaque paroisse séparément. Lorsque cette proportion de justice distributive sera décidée dans l'intérieur de chaque collecte par l'épreuve de quelques années, vous pourrez facilement prendre connoissance par arrondissement, de la proportion qu'il y auroit entre la valeur des fonds & la quotité de l'impôt dans chaque paroisse. Cette proportion connue dans toutes les paroisses de l'arrondissement vous donnera le moyen de rétablir, par une simple opération d'arithmétique, la proportion qui doit exister dans l'impôt de paroisse à paroisse.

C'est donc sur cette proportion respective dans chaque paroisse, que nous vous proposerons de borner vos premiers efforts. Vous y pouvez faire procéder par l'évaluation des fonds, à la décision des prud'hommes ou experts nommés par les habitans, tels que M. Dupré les avoit désignés dans son instruction, ou tels que M. le Comte du Buat les désire dans son mémoire.

Nous ne devons pas vous déguiser que toute évaluation, soit de fonds, soit de revenus en livres, sols & deniers, jettera de la défiance & de l'effroi parmi le peuple. Celui-ci n'imagine jamais qu'aucune opération ait pour but son soulagement: il croit toujours que ce n'est qu'un moyen d'augmentation d'impôt. Vous avez pu même vous appercevoir que votre établissement avoit fait naître des craintes parmi les citoyens d'une classe plus éclairée que ne peut l'être le commun du peuple.

Ne croyez pas au reste que nous vous proposions

cette défiance populaire, comme un obstacle qui dût vous arrêter dans une opération que vous auriez jugée vraiment utile ; mais elle doit être comptée, si elle peut influer sur le succès de l'opération. Les évaluations en revenus de tous les fonds ne se peuvent faire que par l'assurance que les prud'hommes & les principaux habitans ne concourront pas à masquer la vérité. C'est ce concours, à dire la vérité, que nous n'osons pas vous promettre.

C'est donc le cas où la prévention mal fondée du peuple force un sage administrateur à user de ménagement. Cette conséquence nous a fait désirer qu'on ne parlât point d'évaluation ni de fonds, ni de revenus en livres, sols & deniers. Il a été proposé de faire un autre genre d'évaluation, sous un nom qui n'eût point de signification précise dans notre langue, & de ne demander aux évaluateurs que de fixer la proportion relative d'un fonds à un autre, dans la même paroisse, sans aucune rélation à sa valeur en monnoie connue.

Ainsi, par exemple, les estimateurs désignés enregistreroient un fonds, à côté duquel ils écriroient le mot *dix onces* ou *dix florins*; & un autre fonds qu'ils estimeroient le double en valeur, seroit coté par le mot *vingt onces* ou *vingt florins*.

Cette méthode pratiquée dans plusieurs Communautés d'une Province enclavée dans la France, rend l'impôt très-facile à lever; elle donne moins de prise que les précédentes à la défiance populaire que nous voulons éloigner, s'il est possible. Mais ce seroit toujours une *nouveauté*, & le mot nouveauté effraye les imaginations du vulgaire. Quelque fimple qu'elle puiffe paroitre à ceux qui l'ont vu mettre en pratique, ou qui l'auront réfléchie, elle n'entrera pas avec la même facilité dans la tête des évaluateurs & des habitans qui devront coopérer à l'évaluation. Un mot inconnu, un mot qui n'a pas de fignification précife, fera pour eux un embarras prefqu'auffi grand que le feroit un projet embrouillé & une idée obfcure.

Voila bien du temps, Meffieurs, que nous occupons votre attention par le détail de différens projets, lefquels aboutiffent tous à vous préfenter des obftacles à la fin de chaque difcuffion de plan. Il ne nous refte plus qu'une idée à vous propofer, après laquelle, fi vous la rejettez ainfi que les précédentes, nous n'avons qu'à vous faire l'aveu de notre infuffifance & de notre perte de temps.

Cette idée étoit auprès de nous : elle étoit au milieu des peuples. C'eft la méthode des répartitions ufitées pour les réparations des Eglifes & des Presbyteres. On dit aux habitans : voila la fomme qu'il faut payer ; les deux tiers en doivent être fupportés par les biens-fonds, & l'autre tiers par les domiciliés. Faites-en la répartition entre vous.

Les peuples connoiffent déja cette méthode de répartition. MM. les Subdélégués font accoutumés à cette méthode : ils croient qu'on peut facilement l'appliquer au genre d'impôt que vous voudrez faire percevoir de cette maniere. Les hommes fuivent volontiers & avec succès une route connue, lorſqu'on la leur préſente comme bonne à ſuivre.

Nous ne vous propoſerons pas de l'appliquer d'abord aux trois genres d'impôt, Taille, Capitation & Vingtieme, dont la direction vous eſt confiée. Une marche moins précipitée dans le début n'en eſt que plus aſſurée pour la ſuite. Il faut vous donner le temps d'applanir certains embarras que les priviléges de la Nobleſſe, des Exempts & des Privilégiés pourront vous donner. Il vous faudra trouver des moyens pour les conſerver; nous eſpérons vous en propoſer, lorſque vous voudrez appliquer à l'impôt de la taille & de la capitation la maniere de répartition que nous ne vous propoſons aujourd'hui d'eſſayer que ſur l'impôt du vingtieme. Nous vous propoſerons auſſi pour lors des moyens pour que les Capitaliſtes non propriétaires ſupportent auſſi leur part de l'impôt général, conjointement avec les propriétaires de fonds. Nous n'occuperons pas ici votre temps à l'examen d'une queſtion abſtraite, fort débatue parmi les auteurs qui ont écrit ſur les impôts : pluſieurs d'entr'eux prétendent que, quelque nuance qu'on donne à l'impôt, quelqu'expédient qu'on prenne pour l'aſſeoir ſur les Capitaliſtes en argent, ou ſur les conſommations, il retombe infailliblement ſur les propriétaires de fonds; & que ceux-ci finiſſent toujours par payer tout l'impôt, ſous quelque terme qu'on le lui déguiſe. En admettant cette hypotheſe, ſur laquelle nous n'entendons pas prononcer, il n'en eſt pas moins vrai que nous ne le perſuaderons pas au commun des Contribuables ; & que si, par une conséquence de cette opinion, on plaçoit tous les impôts sur les fonds, on entendroit s'élever une voix générale, qu'on exempte de l'impôt les Capitalistes en argent qui sont les plus en état de les supporter. Ainsi vous devez aux propriétaires la satisfaction de leur faire croire que les Capitalistes non propriétaires supportent leur part de l'impôt.

Dans le cas présent, toutes les difficultés provenantes des Privilégiés & des richesses des Capitalistes, Commerçans, Fabricans & autres Domiciliés non propriétaires, n'auront pas lieu. L'impôt du vingtieme ne porte que sur les biens-fonds : aucun n'en est exempt. Le Roi vous donne un moyen de le faire répartir par les Contribuables eux-mêmes, sans leur donner aucune inquiétude : il vous annonce par son arrêt qu'il fixera la quotité du vingtieme de la Province à la somme qui aura été perçue en la présente année mil sept cent soixante-dix-huit : vous vous ferez représenter les rôles qui désignent la somme de chaque paroisse ; vous fixerez également cette somme par paroisse. vous ordonnerez aux habitans propriétaires duement appelés, de nommer trois prud'hommes ou experts, qui présideront à la répartition faite sur chaque bien-fonds, en présence des propriétaires ou autres habitans qu'on y appelera.

Nous ne vous proposerons aucune regle à leur prescrire, aucune méthode à leur conseiller. Laissez-les agir suivant leurs lumieres, leur intérêt & leur équité. Il est à présumer qu'ils y porteront plus d'attention à cause de la durée de la taxe, que dans les sommes levées pour la réparation des Eglises & des Presbyteres, qui n'ont lieu que de loin à loin.

Nous ne vous répondrons pas cependant que quelques propriétaires n'éludent une partie de la charge qu'ils doivent supporter; mais ces craintes existent aujourd'hui & existeront toujours dans toute méthode de répartition des impôts. Le moyen le plus efficace, & peut-être le seul de prévenir cette injustice d'un propriétaire peu équitable, est de lui donner pour contradicteurs tous ceux du lieu qui connoissent les biens-fonds, & sur lesquels une diminution accordée injustement, devroit refluer en surcharge.

En laissant aux habitans propriétaires le soin de répartir, suivant leurs lumieres & volontés, la somme fixée qui représentera le vingtieme, vous facilitez l'opération. On leur dira de répartir cette somme entre eux, comme ils le croiront plus juste.

Nous aurions bien désiré, Messieurs, vous proposer la même méthode pour la taille & la capitation, puisque c'est la partie dont le vice est plus fâcheux. Le soulagement du Taillable nous tenoit plus à cœur que celui des simples propriétaires; mais les difficultés des Privilégiés, & les embarras de la répartition sur les Capitalistes, nous ont paru trop pénibles à terminer dans notre premier début. On ne parvient à surmonter le difficile, qu'après avoir commencé par le plus aisé.

C'est cette seule considération, Messieurs, qui contrarie nos desirs sur l'impôt de la taille & de la capitation. Nous pourrions peut-être dès-à-présent vous proposer

propoſer quelques vues ſur leur aſſiètte & leur perception, mais nous croyons prudent de différer. Ainſi vous laiſſerez, ſi vous croyez que nous avons penſé juſte, les paroiſſes continuer la répartition de la taille & de la capitation, ſuivant l'ancienne méthode. Vous pourrez, ſi vous le jugez à propos, établir un conſeil de paroiſſe, nommé par les habitans, pour veiller à la confection des rôles. Si l'établiſſement d'un conſeil vous déplait, vous pourrez donner aux habitans l'ordre de nommer trois d'entr'eux ou trois experts du voiſinage, pour faire le rôle de la taille. Vous pourrez enfin laiſſer ſubſiſter par proviſion l'uſage d'un Collecteur à tour de rôle, qui fît lui-même la répartition.

 Les derniers réglemens à faire vous ſeront propoſés, Meſſieurs, ainſi que quelques autres articles, lorſque vous aurez décidé, après l'approbation du Roi, quel eſt le plan que vous voulez adopter. Nous vous avons mis ſous les yeux tous ceux qui ont été propoſés dans le Bureau. Si quelqu'un de vous en a des meilleurs, il nous fera grand plaiſir de nous les donner à examiner, ou de vous les préſenter directement. Nous ne tenons à aucun en particulier, nous avons cru de notre devoir de parcourir tous les plans qui nous ont été propoſés, avant que d'arriver au plus ſimple qui eſt connu de vous tous. Vous êtes aſſemblés maintenant, non pour décider, mais pour examiner & propoſer ; nous croyons en conſéquence que vous devez préſenter un certain nombre de moyens, parmi leſquels l'autorité choiſira ; & vous vous bornerez ſeulement à lui déſigner quels ſont ceux qui ont réuni le plus de suffrages parmi vous. C'est pour vous mettre à portée d'avoir une opinion, que nous vous avons fait lecture du résultat de notre travail. C'est dans cette vue aussi, que nous allons vous en faire une courte récapitulation.

Le seul impôt réel de cette Province est celui du vingtieme. C'est sur celui-là seul que nous vous proposons de commencer une méthode de répartition que vous pourrez étendre dans la suite aux autres impôts, si l'essai vous contente.

Nous finissons, Messieurs, ce rapport par une observation d'humanité, qui est dans tous vos cœurs. Une classe de gens tremble pour son existence dans la Province. Vous devez les rassurer: il seroit trop contradictoire que la formation d'une assemblée, dictée par le désir de soulager, fût la ruine de gens honnêtes & estimables, qui subsistoient d'un travail autorisé par la loi. Loin de vous, Messieurs, ces aversions populaires que toute demande d'argent reveille contre celui qui est chargé de le recevoir. Si vos plans doivent rendre inutiles quelques-uns des préposés aux impôts, vous leur tendrez une main secourable, vous leur accorderez votre protection pour obtenir d'autres emplois, vous leur procurerez du moins des dédommagemens & des consolations: nous anticipons les temps, il est vrai, mais il est toujours humain de prévenir le tourment de l'inquiétude. Débutez par faire du bien à ceux qui tremblent à la vue de votre assemblée; ce sera un pronostic heureux pour ceux qui en conçoivent de grandes espérances.

Du Mardi 24 de relevée.

L'assemblée s'est occupée du rapport qui lui a été fait dans la séance du matin ; & après avoir entendu les diverses réflexions proposées par MM. les Députés, le Bureau de l'impôt a demandé qu'il fût sursis à délibérer jusqu'à ce qu'il eût été fait à l'assemblée un second rapport qui sera mis incessamment sous ses yeux.

Cette proposition a été agréée, & la séance a été remise au lendemain.

Du Vendredi 27 Novembre 1778, cinq heures du soir.

L'assemblée ayant pris séance, le Bureau des impositions a fait un second rapport dans lequel, après avoir mis de nouveau sous les yeux de l'assemblée tout ce qui concerne la nature, l'assiette & la répartition des différens impôts, a présenté diverses réflexions sur l'utilité dont pourroient être les conseils d'arrondissement, pour aider à établir une plus grande égalité dans la répartition, & sur l'idée de substituer aux Collecteurs pris dans chaque paroisse, des Receveurs particuliers choisis dans les villes & bourgs principaux où se tiennent les marchés, qui jouiroient des mêmes remises attribuées aux Collecteurs, & auxquels les Contribuables des paroisses voisines jusqu'à la distance de deux lieues ou environ, seroient obligés de porter leur contribution.

Le Bureau a observé, qu'en s'occupant de ces différens objets, il lui avoit paru que l'assemblée ne pouvoit pas prendre prochainement de délibération fixe au sujet de la taille, à raison de sa connexité avec plusieurs difficultés qu'il étoit convenable de prévoir; qu'il auroit désiré d'entrer dans ses vues, en lui proposant des moyens qui la missent à portée de s'occuper, dès-à-présent, du soulagement des taillables; mais que l'impôt des vingtiemes portant sur des bases plus faciles à saisir que celles qui peuvent déterminer l'assiette de la taille dans l'état actuel, il avoit cru que les opérations de l'Administration devoient se diriger d'abord sur les vingtiemes, & qu'il pourroit en résulter dans la suite des moyens de faire cesser également l'arbitraire dans la répartition de la taille.

Le Bureau s'est ensuite occupé dans ce rapport, de la discussion des avis qui avoient été proposés pour séparer les rôles des vingtiemes des Nobles & Privilégiés, d'avec les rôles ordinaires des paroisses; il a observé que cette séparation, qui avoit eu lieu pendant long-temps, n'existoit plus depuis que l'intention du Gouvernement étoit de circonscrire l'imposition par paroisse, & que l'abonnement des vingtiemes, désiré par l'assemblée, emporte une idée de solidité qu'il seroit difficile de concilier avec la distinction des rôles.

L'assemblée, après avoir entendu les rapports du Bureau de l'impôt & les avoir examiné, rejettant quant à présent les plans détaillés dans lesdits rapports, à l'exception de ce qui suit, a délibéré:

1°. De solliciter la fixation de chaque vingtieme de la province, par forme d'abonnement, à la somme qui se percevra dans la présente année, pour en être le paiement continué tant que chacun de ces vingtiemes subsistera.

2°. De proposer également que les vingtiemes de chaque paroisse soient fixés, quant à présent, à la somme portée dans les derniers rôles.

3°. De confier aux contribuables des vingtiemes dans chaque paroisse, sous le bon plaisir du Roi, le pouvoir d'en faire la répartition, & de nommer à cet effet trois d'entr'eux, ou trois experts du voisinage à leur choix, sans distinction de condition, lesquels seront chargés de dresser les rôles & d'imposer les biens proportionnellement à leur valeur respective.

4°. Quant à la taille & à la capitation taillable, l'assemblée ne pouvant pas dès-à-présent procurer aux contribuables les soulagemens qu'elle desireroit, a arrêté d'en continuer la répartition sur le plan actuel, & néanmoins elle propose à Sa Majesté d'autoriser les paroisses à nommer annuellement trois experts au moins, cinq, ou sept, & au plus neuf, suivant leur étendue, sachant lire & écrire, soit de la paroisse, soit du voisinage à leur choix, pour faire la répartition de la taille & de la capitation.

5°. Enfin l'assemblée supplie Sa Majesté de lui accorder les pouvoirs dont elle aura besoin pour remplir les objets de son institution, s'en rapportant à sa sagesse & à sa bonté sur les moyens de concilier lesdits pouvoirs avec ceux qui existent & qui devront encore exister à l'avenir : sur lesquels objets elle prie M. l'Archevêque de Bourges, son Président, de conférer avec le conseil de Sa Majesté.

Du Mercredi 25 Novembre 1778, dix heures du matin.

<small>Travaux publics.</small>

L'assemblée ayant pris séance, MM. les Commissaires pour la confection & entretien des chemins ayant pris le Bureau, ont dit :

MESSIEURS,

La partie des travaux publics que vous nous avez chargé d'examiner, pour avoir l'honneur de vous en rendre compte, nous a paru présenter un champ très-vaste à notre zele. Nous y trouvons l'entretien des chemins faits, la perfection de ceux qui sont commencés, l'ouverture de ceux qui seront jugés nécessaires, & enfin tout ce qui peut faciliter la communication intérieure de la Province, & ses débouchés au-dehors, tant par la voie des chemins, que par celle de la navigation. Nous n'entrerons pas, Messieurs, dans l'énumération des raisons qui prouvent que les communications, dans un grand Etat, sont un besoin politique de premiere nécessité ; vous le sçavez tous mieux que nous, & depuis quelques années, le Gouvernement paroît s'être porté à les mettre sous les yeux de la Nation, comme s'il avoit voulu l'exciter à lui exprimer son vœu sur les moyens les plus faciles d'en obtenir. Nous ne vous dirons pas non plus ce que votre expérience vous apprend tous les jours, combien cette

Province, plus que toute autre, a le besoin le plus urgent d'acquérir la possibilité d'exporter ses productions.

On nous a assuré qu'elle languissoit souvent au milieu de ses richesses, & que souvent elle étoit réduite à regarder l'abondance comme un fléau. Avant de se livrer à l'esprit de détail, éclairé par la connoissance des lieux, sur les besoins de la Province dans cette partie, le Bureau a cru devoir s'occuper à rechercher quel moyen il seroit plus utile d'y employer pour l'exécution des travaux qui seront jugés nécessaires.

Une grande question s'est d'abord présentée. Faut-il employer la corvée, faut-il la rejetter ? Peut-on la rejetter en partie, & en partie l'admettre ? Peut-on enfin en écarter les abus au point de la rendre une institution bonne, & qui n'excite plus la tendre & juste pitié de l'humanité.

Dans l'examen de ces différentes questions, nous devons discuter des opinions diverses que nous avons vu appuyées par les autorités les plus respectables & les lumieres les plus imposantes. Pendant quarante ans le feu Roi & tous ses Ministres crurent la corvée nécessaire. M. de Trudaine sçut la faire applaudir par le succès qu'il en obtint. En effet, Messieurs, c'est par ce moyen que cet Administrateur estimable créa, pour ainsi dire, cette chaîne immense de communications, qui unit tous les points de la France, & verse dans son sein les richesses de ses voisins, en échange des produits de son sol fertile, qui excedent sa consommation. C'est par elle que ses partisans croient voir fleurir des Provinces que la nature fembloit avoir condamnées à être privées des bienfaits du commerce & de la circulation. Tous les avantages qu'apportent les communications multipliées & faciles, c'est à elle qu'ils croient les devoir, & ils penfent que, fans cette inftitution précieufe, la France feroit encore dans la langueur où elle eft reftée pendant des fiécles, & dont elle eft fortie en peu d'années fous fes aufpices. D'autres croyant voir une forte d'injuftice dans la répartition de cette charge fur la claffe des citoyens qui y étoient affujettis, émus par cette tendre & eftimable pitié qui fouffre de voir fouffrir fon femblable, accuferent la corvée de tous les maux qu'ils lui virent produire ; & en confondant fa nature & fes abus, prononcerent fa condamnation au Tribunal de l'humanité. Leurs cris arriverent jufqu'au trône, & l'autorité croyant s'être trompée pendant quarante ans, eût la noble franchife de l'avouer. La corvée fut détruite. La fenfibilité porta cette loi, l'expérience força de revenir fur fes pas. Cependant avec la corvée on vit reparoître fes abus. Le pauvre gémit encore fous la même tâche que le riche qui la fent à peine. Son efpoir, Meffieurs, fe ranime en ce moment dans cette Province ; il efpere, fous votre adminiftration paternelle, voir tous fes maux adoucis ; il efpere qu'embraffant l'univerfalité des biens que votre fageffe & votre juftice peuvent lui procurer, vous vous occuperez de lui alléger au moins ce fardeau focial que la loi lui a impofé. Dans la difcuffion d'un objet fi intéreffant, nous n'avons pas prétendu le confidérer relativement

à

à l'Adminiftration générale du Royaume; fçachant nous réduire aux pouvoirs qui nous font confiés, nous ne l'avons examiné que rélativement à cette Province. Nous avons pris pour principe que la corvée, foit en nature, foit en argent, étant un impôt, il ne nous appartient ni de l'ôter, ni de le tranfporter fur d'autres citoyens que ceux que l'autorité légiflative y a défignés impofables. Le répartir entr'eux de la maniere la plus équitable, & le percevoir par les moyens qui leur feront le moins à charge, voila quel doit être le feul but de nos travaux. Réduite à ce point, l'importance de cette queftion nous a encore paru telle que plufieurs de nous qui ne s'en étoient jamais occupés, furent effrayés d'avoir à juger une caufe fur laquelle les Adminiftrateurs les plus confommés ont porté des jugemens contraires. Nous avons fenti que, pour former une opinion digne de vous être préfentée, elle devoit être fondée au moins fur une étude ancienne & réfléchie de cette matiere. Animés plutôt que découragés par les difficultés, nous avons cherché à recueillir partout les lumieres qui pouvoient nous manquer. Plufieurs mémoires inftructifs nous ont été remis par M. le Préfident. Nous les avons lu avec foin. Nous nous fommes procuré fur les corvées le plus de réglemens qu'il nous a été poffible. Un mandement récent de M. l'Intendant d'Orléans a fixé notre attention par les fuccès qu'il a obtenus. Après avoir tout examiné, nous balançons encore : c'eft dans cet état d'incertitude que nous vous propofons la lecture d'un mémoire qui nous a paru profond & inftructif, fur l'objet qui vous occupe.

P

Nous fouhaitons qu'il prépare vos vœux fur une queftion de fi grand intérêt.

Lecture a été faite de ce mémoire dans lequel il a été expofé que toutes les méthodes connues peuvent fe réduire à deux : celle qui fait les chemins par le travail des Corvéables ; celle qui les fait avec leur argent : que parmi ceux qui préferent le travail en nature, les uns le regardant comme un devoir perfonnel qui doit être acquitté par ceux à qui on a droit de le demander, veulent qu'il foit réparti à raifon du nombre des Corvéables, & à raifon du nombre des bêtes de charge & de trait. D'autres croyant qu'on ne doit charger les hommes qu'à raifon de leurs facultés, veulent que le travail à faire foit impofé & réparti entre les Corvéables, au marc la livre de la taille ; que c'eft dans cet efprit que M. de Montrocher, Ingénieur de cette Province, penfe qu'on pourroit 1°. prendre pour terme d'évaluation des travaux à faire chaque année, le tiers du premier brevet de la taille des paroiffes qui, n'étant qu'à quatre lieues des routes, font fubordonnées à leurs travaux ; 2°. répartir le travail entre les Corvéables au marc la livre de ce premier brevet ; 3°. adoucir le fort de toutes les paroiffes appelées aux travaux par une remife fur la taille ; 4°. Impofer le montant de cette remife fur les paroiffes qui ne feront chargées d'aucuns travaux. Que parmi les partifans du travail en nature, les uns veulent qu'après avoir marqué aux paroiffes les tâches qu'elles doivent exécuter, on adouciffe au moins leur fort en leur permettant d'opter pour le travail, pour le rachat, ou pour l'impofition & l'adjudication; les autres, au contraire, rejettent l'option comme illufoire & dangereufe, & fujette à beaucoup d'inconvéniens.

Que parmi ceux qui veulent qu'on faffe les chemins à prix d'argent, les uns croient qu'après avoir fait le devis des ouvrages, on doit en impofer le montant fur les feules paroiffes qui font dans les diftances fubordonnées aux befoins des routes, afin que le fardeau de leur confection ne foit fupporté que par ceux à qui elles font profitables: que d'autres, pour le rendre plus léger, veulent que l'impofition foit répartie fur tous les Corvéables de la Généralité: que quelques-uns croyant qu'il vaudroit mieux deftiner à ce genre de travail une claffe particuliere d'hommes, voudroient lever un corps de Pionniers, dont la force feroit proportionnée aux travaux d'entretien & de conftruction qu'on voudroit exécuter annuellement dans la Province; que ce projet conforme à l'ordonnance rendue par M. de Saint-Germain en 1776, & même à ce qui s'exécute dans la Généralité de Paris, a été adreffé par des propriétaires du Berri à l'affemblée qui, quand même elle ne croiroit pas devoir l'adopter, du moins quant à préfent, l'accueillera avec bienveillance, & appelera toujours avec plaifir l'attention de la propriété fur les objets mêmes qu'elle adminiftre pour elle: qu'une fi grande diverfité dans cette partie de l'adminiftration venoit fans doute de la facilité qu'avoit chaque Intendant de choifir une méthode pour fa Généralité, & cette facilité venoit elle-même de ce que le Gouvernement n'avoit jamais rien déterminé à ce fujet:

que la France vit ses travaux publics dirigés pendant quarante ans sous des régimes différens : que cependant il est vrai de dire que ces quarante années sont celles pendant lesquelles on a vu sortir du cahos nos grandes routes, par les soins d'un homme de génie qui porta ses lumieres dans cette partie de l'administration : que ce ne fut qu'au commencement du présent regne que le Gouvernement crut devoir faire enfin une loi pour les travaux publics ; qu'en février 1776, Sa Majesté donna un édit qui supprimoit les corvées, & ordonnoit la confection des routes à prix d'argent, en expliquant avec bonté à ses sujets dans le préambule les motifs qui ont déterminé cette loi, & qui tous annonçoient des vues paternelles pour leur bonheur : que malgré la vénération due aux motifs de cette loi, elle essuya de la part des Cours de fortes réclamations, fut révoquée par un édit du mois d'août 1776, qui rétablit par provision l'ancien usage observé pour la réparation des grands chemins, & que la discussion fut plus forte que jamais.

Que les adversaires de la corvée lui reprochoient son injustice, sa dureté, la lenteur de ses travaux & ses abus.

Que ses défenseurs soutenoient qu'une classe particuliere de la société, partageant les avantages de toutes les autres, pouvoit être justement soumise à une portion de la charge publique : qu'en répartissant la corvée par tâches, l'intérêt du travailleur & celui du travail devenoient le même, & qu'en les assignant par paroisse, les abus, les vexations devenoient moindres :

que quant à la lenteur des travaux, les ouvrages superbes faits par le travail en nature dans beaucoup de Généralités, disculpoient la Corvée des reproches de ses adversaires : que l'Orléanois avec 40,000 journaliers avoit fait ou entretenu 500 lieues par la Corvée, tandis qu'avec 50,000, d'autres Généralités, qui ont préféré la méthode de l'imposition, en ont à peine construit 80 lieues depuis quinze ans.

Que les avantages qui peuvent se rencontrer dans les travaux à prix d'argent, sont capables d'émouvoir la sensibilité de l'assemblée, lorsqu'elle les opposera au spectacle d'un atelier couvert de corvoyeurs malheureux, dont le travail est nécessaire chaque jour, pour nourrir chaque jour une famille entiere; mais qu'elle trouvera sans doute un moyen, pour que les charges publiques n'ajoutent pas aux maux particuliers : qu'elle épiera avec soin les jours de repos forcé des cultivateurs & des artisans, pour les consacrer aux travaux publics ; que l'Administration examinera à quelle privation il faudra donner la préférence, en demandant au corvéable une portion de son temps ou une portion de son argent ; qu'elle croira peut-être qu'avant de se décider à détruire la Corvée, pour la remplacer par un impôt, il faut d'abord l'envisager telle qu'elle doit être, c'est-à-dire, dégagée des vices qui s'y étoient introduits contre le vœu du Gouvernement, & que ce seroit peut-être se faire illusion, que de comparer cet impôt pour les chemins avec le travail de ces chemins en nature, tel qu'il est actuellement, au lieu de le comparer avec ce même travail mis dans l'état de perfection auquel il peut & doit être amené : qu'après qu'elle aura donné à l'importance de la matière l'attention qu'elle exige, peut-être ramenera-t-elle cette grande question à deux termes assez simples.

Quels seront les moyens que procurera l'impôt ?

Quels seront ceux que donnera la Corvée ?

Que la contribution en argent varie dans sa proportion avec le premier brevet de la taille; mais que les recherches faites à cet égard ont fait connoître que dans aucune Généralité elle n'en excéde le tiers : qu'en suivant cette proportion, la contribution en argent fournira en Berri une ressource de 274,000 l. " "

Que par les détails qui ont été fournis à l'Administration par l'Ingénieur en chef, il porte à 600 liv. l'entretien de la lieue de 2000 toises, & sa construction à 40,000 liv. & que comme par les états qu'il a remis, il y a 92 lieues perfectionnées, leur entretien demandera une dépense de . . . . 55,200 l. " "

Et il resteroit en conséquence, pour les constructions nouvelles, une somme de . . . . 218,800 l. " "

Laquelle, à raison de quarante mille livres par lieue, fait connoître qu'on pourroit construire par an cinq lieues & demie de routes nouvelles, sauf à déduire par la suite ce que coûteroit l'entretien de chaque lieue perfectionnée : que, d'après cela, l'assemblée reconnoîtra encore que les 184 lieues qui restent à ouvrir ou à perfectionner, suivant les états de M. de Montrocher, ne demanderoient pas moins qu'un espace de près de quarante ans : que comme dans les 517 paroisses aujourd'hui commandées, il y a 40,000 manœuvres, 12,000 voituriers, 24,000 chevaux ou paires de bœufs, & que l'usage antique du Berri est de huit jours de corvée par an, la voie du travail en nature procurera 320 mille journées de manœuvres, 96 mille journées de voituriers, 192 mille journées faites par un cheval ou paire de bœufs, le tout, sans comprendre les forces des 200 paroisses restantes : que c'est maintenant à l'assemblée à peser la valeur qu'offrent les deux méthodes, & à accorder une préférence éclairée à celle qui lui paroîtra la mériter.

Du Vendredi 27 Novembre 1778, dix heures du matin.

L'assemblée a pris séance, & après plusieurs discussions relatives aux rapports qui lui avoient été faits sur l'objet important des travaux publics, frappée de la nécessité de ne pas laisser languir ceux qui ont été commencés dans la Province, d'augmenter même les communications qui peuvent seules en vivifier les différentes parties; vivement émue de la malheureuse situation des Corvéables qu'on arrache à leurs domiciles & à leurs travaux, pour les conduire sur les chemins où ils sont souvent livrés à toutes les rigueurs de l'indigence; considérant que ces corvées regardées comme un impôt, ont été jusqu'à présent réparties par tête, sans égard aux facultés respectives des Corvéables; & que la maniere d'exiger les corvées ajoute souvent à leur dureté, en ce qu'elles sont demandées dans les temps les plus précieux pour la culture des terres ; pénétrée de douleur en apprenant qu'un fardeau si accablant par lui-même, a été souvent aggravé par des infidélités ou une rigueur dont il est désirable de ne pas laisser subsister de vestiges ; affligée de ne pouvoir se décider à l'interruption des travaux commencés, ni prendre un parti définitif en pleine connoissance de cause sur la suppression des corvées, non plus que sur les moyens d'en prévenir les abus & la rigueur; elle a délibéré 1°. que les routes existantes dans la Province seroient entretenues, & les routes commencées continuées en 1779 par le moyen de la corvée; mais en la distribuant par tâches aux différentes Communautés, pour être lesdites tâches réparties entre les individus suivant les anciennes formes, & en laissant aux Communautés la liberté de faire faire lesdites tâches par tels moyens qu'elles aviseront ; 2°. Que la prochaine assemblée s'occupera, dès le commencement de ses séances des moyens les plus efficaces à prendre, relativement à la situation de la Province, ou pour supprimer totalement la corvée, ou pour n'en laisser subsister que ce qui se pourra concilier avec les principes de justice & de bienfaisance, qui ont déterminé le Roi à établir des Administrations provinciales.

Du Mardi premier Décembre 1778, dix heures du matin.

<small>Agriculture & Commerce,</small> L'assemblée ayant pris séance, MM. les Commissaires pour l'agriculture & le commerce ont pris le Bureau, & ont fait un rapport dans lequel ils ont exposé

exposé l'état actuel de l'agriculture & du commerce dans la Province, les inconvénients qui peuvent s'opposer aux progrès de l'un & de l'autre ; & ont développé des vues utiles tendantes à donner à ces deux branches importantes l'encouragement & l'activité nécessaires.

Ensuite Mgr. l'Archevêque de Bourges a proposé à l'assemblée de procéder, conformément à l'article III de l'arrêt du 12 juillet, à la nomination des Membres qui doivent composer le Bureau d'Administration intermédiaire, & que, si l'assemblée l'agréoit, il y seroit procédé par la voie du scrutin, suivant les regles adoptées pour les élections ; ce qui ayant été agréé par l'assemblée, M. Terminet, M. de la Rochechevreux, MM. Trotignon & Grangier ont été priés de faire la fonction de scrutateurs. On a été au scrutin, & les suffrages se sont réunis sur M. l'Abbé de Velard, M. de Barbançon, M. de Bonneval, M. de Crosses, M. Desserrand, M. de la Varenne, & M. Geoffrenet Desbeauxplains ; lesquels ont remercié l'assemblée de la marque de confiance qu'elle vouloit bien leur donner, & l'ont assurée du zele qu'ils mettroient à justifier ce choix.

L'assemblée a terminé ses séances le 2 Décembre 1778.

Q

L'ASSEMBLÉE de 1779 *ouvrit ses séances le* 16 *du mois d'Août, & fut composée,*

POUR LE CLERGÉ, de

MOnseigneur l'Archevêque de Bourges, Président.
M. de Véri, Abbé de St. Satur.
M. de Béthizi, Abbé de Barzelles.
M. de Séguiran, Abbé du Landais.
M. de Lacoux-Menard, Abbé du Chapitre de Notre-Dame & de St. Martin de Châteauroux.
M. de Velard, Chanoine de l'Eglise de Bourges.
M. Blanchard, Prieur de l'Eglise Collégiale & Séculiere de Notre-Dame de Sales.
M. Terminet, Prieur de l'Eglise Collégiale & Séculiere de Notre-Dame de Graçay.
M. de Lestang, Chanoine de l'Eglise Collégiale de St. Cyr d'Issoudun.
M. de Boizé, Prieur Titulaire du Prieuré simple de St. Hilaire près Linieres.
M. Barbier, Chanoine & Chantre de la Collégiale de Leré.

POUR LA NOBLESSE, de

M. le Comte de Barbançon, Seigneur de Contremoret.
M. le Comte de Poix, Seigneur de Marecreux.
M. le Comte le Groing de la Romagere.

Q ij

M. le Marquis de Lancofme.

M. le Marquis de Bloffet, Seigneur de Bloffet.

M. le Comte de Chabrillant, Seigneut du Magny.

M. le Marquis de Lufignan.

M. le Comte du Buat, Seigneur de Neuvy-fur-Barenjon.

M. le Duc de Charoft.

M. le Marquis de Sancé, Seigneur d'Azay-le-Feron.

M. le Marquis de Bonneval, Seigneur de Bannegon.

M. de Courault, Comte de la Rochechevreux.

M. le Baron d'Efpagnac, Seigneur de Sancerre.

M. * * *

Pour les Députés des Villes & des Campagnes dans le Tiers - Etat, de

M. Soumard, Ecuyer, Seigneur de Croffes, ancien Maire de Bourges.

M. Defferrand, de la Ville de Bourges.

M. Robert, d'Iffoudun.

M. Guimon de la Touche, de Châteauroux.

M. de la Varenne, de Vierzon.

M. Geoffrenet Desbeauxplains, de St. Amand.

M. Belleau, du Blanc en Berri.

M. Fermet des Mornieres, de Châtillon-fur-Indre.

M. Bernot de Congy, de la Charité.

M. Grangier, de Sancerre.

M. Abicot, d'Aubigny.

M. Terraffe, de Châteauneuf-fur-Cher.

M. Rebiere de Lizieres, de la Souteraine.

*** M. le Marquis de Bouthillier, abfent pour le fervice du Roi.

du Berri, 1779.

M. Ferrand de Saligny, de Bengy-sur-Cran.
M. Dupertuis, d'Argenton.
M. Alabonne de l'Enclave, de St. Benoît-du-Sault.
M. Bonneau, de Buzançois.
M. Baucheton, de Maffay.
M. Poifle Defgranges, de Cluis-deffus.
M. Trotignon de l'Epiniere, de Levroux.
M. Rappin de Chevenet, de Donzy.
M. Thabault d'Archis, de la Châtre.
M. Dufour, de Cerilli.

Procureurs - Syndics.

M. de Bengy.
M. Dumont.

Secrétaire.

M. Merle de la Brugiere.

M. Feydeau de Brou, Intendant de la Généralité, & Commiffaire de Sa Majefté, fit l'ouverture des féances par un difcours dans lequel il fit connoître à l'affemblée que le Roi étoit fatisfait du zele avec lequel elle s'étoit occupée en 1778, des divers objets d'adminiftration confiés à fes foins; que Sa Majefté avoit auffi vu avec fatisfaction le projet de réglement qui lui avoit été propofé, mais qu'ayant établi de femblables adminiftrations dans d'autres Généralités, elle ne feroit connoître fes intentions définitives, que lorfque le concours des différentes opinions l'auroit mife à portée de déterminer en pleine connoiffance de caufe la loi qui pourroit donner à ces établissemens la consistance la plus solide & la plus avantageuse pour ses peuples. M. le Commissaire annonça en même temps à l'assemblée les favorables dispositions de Sa Majesté sur la demande qui lui avoit été faite en 1778, d'abonner les vingtiemes de la Province.

Du 17 Août.

Il fut formé trois Bureaux :

Le premier pour les Impositions ;

Le second pour les Travaux publics ;

Le troisieme pour l'Agriculture & le Commerce ;

Dans lesquels furent distribués les divers Membres de l'assemblée.

Du 18 Août.

L'assemblée délibéra de faire solliciter auprès du Roi par la voie de M. le Président, la permission de porter aux pieds du trône, par une députation, les témoignages de la reconnoissance dont elle est pénétrée, de ce que Sa Majesté, en se déterminant à établir des Administrations provinciales, a choisi le Berri pour lui faire ressentir les premiers effets de cette institution bienfaisante (*).

(*) Le Roi ayant favorablement répondu la demande de l'assemblée, M. le Marquis de Lancosme, & M. Desbeauxplains furent élus pour composer la députation avec M. l'Archevêque de Bourges.

du Berri, 1779.

Du Vendredi 20 *Août.*

Impôts.

Messieurs les Commissaires pour la répartition & le recouvrement des impôts ayant pris le Bureau, firent un rapport détaillé des dispositions contenues dans les instructions de Sa Majesté, touchant la demande qui lui avoit été faite d'accorder l'abonnement des vingtiemes. Ils proposerent en même temps à l'assemblée les différens points de discussion & d'examen auxquels ces instructions donnoient lieu, & lui firent sentir la nécessité de s'expliquer sur plusieurs questions pratiques, qui se trouveroient essentiellement liées à ce nouvel ordre de choses, & à la forme de répartition & de recouvrement qu'il entraîneroit.

L'assemblée ayant pris en considération les différens objets de ce rapport, & pénétrée de leur importance, renvoya la délibération au jour suivant.

Du Samedi 21 *Août.*

Le rapport fait le jour précédent fut lu de nouveau, & après avoir balancé les considérations qu'il présentoit & les réflexions qu'il fit naître, il fut arrêté d'accepter avec reconnoissance l'abonnement des vingtiemes que Sa Majesté étoit disposée à accorder à la province, en le fixant à la somme qui sera versée au trésor royal, pour la présente année 1779, & l'assemblée se résumant ensuite sur les opérations de détail auxquelles ledit abonnement doit donner lieu, convint de supplier Sa Majesté de permettre 1°. que le montant des vingtiemes de chaque paroisse demeurât fixé à la somme imposée en 1779, en laissant aux propriétaires le soin de le répartir entr'eux, sauf à changer dans la suite cette fixation, lorsque l'assemblée croira pouvoir s'y déterminer par la connoissance des forces respectives des paroisses.

2°. Que la répartition à faire entre les contribuables, en conformité de l'article précédent, fût renouvellée pendant trois années consécutives, de maniere que le rôle de 1782 serve ensuite de regle pour six ans, & qu'à leur expiration les contribuables aient la liberté de continuer ou de changer ledit rôle pour six autres années.

3°. Que tous les contribuables puissent prendre communication du rôle & même copie, sans déplacer, sur l'expédition qui seroit remise à cet effet entre les mains du Syndic de chaque paroisse.

4°. Que les terres & autres héritages répandus dans différentes paroisses, & cependant réunis sous une même exploitation, soient imposés dans la paroisse où sont situés les bâtimens ou chef-lieu de ladite exploitation.

5°. Que les rôles soient faits par des répartiteurs pris dans l'étendue de chaque Paroisse ou au-dehors, & nommés au nombre de trois au moins, & de neuf au plus, dans une assemblée de propriétaires convoquée à cet effet.

6°. Que l'Assemblée provinciale ou sa Commission intermédiaire juge toutes les contestations en matiere de vingtieme, en lui accordant à cet effet les pouvoirs ci-devant attribués au Commissaire départi, &
que

que des Délégués nommés par l'Administration puissent vérifier les rôles, & les rendre exécutoires par leur signature.

7°. Que la totalité de la somme imposée cette année à titre de vingtieme, continue de l'être à l'avenir, pour être employée à fournir au tresor royal les fonds qui doivent y être versés, & le surplus à faire face aux frais ordinaires de recouvrement, non-valeurs, décharges & modérations.

Du Mardi 24 Août.

L'assemblée ayant entendu ses Commissaires sur quelques objets relatifs à sa délibération du 20 de ce mois, relativement aux vingtiemes, crut devoir y ajouter 1°. que dans le cas où il y auroit diversité d'opinion entre les Contribuables d'une paroisse sur la question de sçavoir si le rôle des vingtiemes devroit être changé ou continué après la révolution de six ans, le vœu du tiers des délibérans suffiroit pour conclure au renouvellement.

2°. Que nul propriétaire ne pourroit être représenté dans l'assemblée des Contribuables d'une paroisse, s'il n'en donnoit pouvoir par écrit.

M. Feydeau de Brou, Intendant de la Généralité, & M. Godard de la Verdine, Trésorier de France, étant entrés dans la salle des séances, remirent à l'assemblée les commissions des tailles pour les sept Elections de la Généralité; & eux retirés, lesdites commissions furent remises à MM. du Bureau de la répartition de l'impôt, pour en faire le rapport.

R

Dans les séances du 25 & du 26, MM. les Commissaires du Bureau des impositions firent leurs rapports à l'assemblée, tant sur les commissions qui leur avoient été remises dans la séance du 24, que sur les objets compris au second brevet de la taille, & sur la capitation. Il fut arrêté en conséquence ;

1°. Que l'exécution des commissions des tailles seroit confiée au Bureau intermédiaire, pour faire le département de l'Election de Bourges, avec le pouvoir de choisir deux de ses Membres pour y procéder dans les chefs-lieux des six autres Elections.

2°. Que ladite Commission intermédiaire feroit également la répartition des impositions comprises dans le second brevet, ainsi que de la capitation des Taillables, & adresseroit au Conseil les états ou projets de répartitions de la capitation des Nobles & Privilégiés, le tout conformément aux usages observés jusqu'à présent.

Du Mercredi premier Septembre.

Il fut lu différens mémoires sur la Gabelle, le Contrôle des actes, la Marque des fers, les Aides & Droits réservés.

Des 26, 27, 28, 30 Août.

Travaux publics. Il a été fait par un de MM. les Députés lecture d'un mémoire dans lequel il a été exposé que si l'amour du bien public fait désirer de multiplier les routes comme moyen de vivification générale, l'humanité doit faire craindre d'aggraver le joug des malheureux : qu'il seroit bien inutile, pour fe décider entre ces deux extrêmes, de remonter à l'origine de la corvée, ni d'examiner fi elle fait partie de ce régime féodal fur lequel la fageffe du Légiflateur fçait faire influer la douceur de nos mœurs : que des differtations hiftoriques de ce genre feroient inutiles au bonheur des peuples auquel l'affemblée doit entiérement le temps de fes féances : que la loi qui avoit abrogé les corvées, fût-elle prématurée, méritoit la reconnoiffance des ames fenfibles, en même temps qu'on devoit refpecter l'édit qui, en y dérogeant, avoit rétabli *par provifion* l'ancien ufage obfervé pour les chemins, loi où le Souverain en la rendant, & fes Cours en l'enregiftrant, ont paru s'abftenir de prononcer le mot de corvée, comme s'ils avoient craint de confacrer légalement un ufage qui n'a peutêtre dû fa perpétuité qu'au défaut de méthodes préférables.

Que la fageffe de l'affemblée ne lui permettra pas fans doute de perdre de vue les moyens de préparer une réforme heureufe en ce genre, & de la concilier avec tous les droits & tous les intérêts : que ce ne fera point la premiere des Adminiftrations paternelles établie dans le Royaume, qui prendra fur elle de rendre permanent un poids dont le vœu du Monarque femble être de décharger fes peuples; & que fi de puiffans motifs l'obligent de marcher pas à pas vers ce but digne de fes foins, elle s'occupera sûrement, en attendant, d'alléger le fardeau de la Corvée, qu'elle feroit forcée de laiffer encore fubfifter.

Que fans vouloir prévenir le vœu général de l'afsemblée, il croit devoir dans ce moment lui développer les motifs qui peuvent faire pencher pour le parti de pourvoir à la confection & à l'entretien des chemins à prix d'argent : que cette méthode, plus douce & moins onéreuse, n'est pas moins utile en général, ni moins possible à employer dans cette Généralité, que celle du travail en nature : que par une contribution en argent, on fera concourir, soit directement, soit indirectement, à la confection & à l'entretien des chemins, toutes les classes qui doivent en profiter, sans blesser aucun des privileges qui demandent d'être respectés, même à titre de justice.

Que de cette maniere on procurera aux bras qui sollicitent leur subsistance en la méritant, des travaux qui rempliront le double objet d'accélérer les communications de la province, & d'en secourir les indigens sans enlever à la culture les bras qui lui sont nécessaires.

Que par ce moyen, on pourra plus aisément suivre les travaux pendant un plus long espace de temps non interrompu, porter à une ou plusieurs grandes routes un nombre plus considérable de travailleurs, qui l'avanceront bien plus que quelques journées de corvées éparses dans deux saisons de l'année : que des colons de la province, aux connoissances desquels il a eu recours, l'ont assuré que du 15 avril au premier juillet, il sera facile de rassembler des journaliers & des voitures : que dans cette province, qui contient beaucoup de vignobles, il y a peu d'intervalle entre les moissons & les vendanges ; qu'espérer à cette époque des bras volontaires, feroit une attente vaine, & qu'en arracher par force à la culture, que des Adminiſtrateurs doivent protéger, encourager, perfectionner, feroit pour eux une efpece de crime dont l'aſſemblée eſt bien loin de vouloir fe rendre coupable; que quand même, dans les commencemens, on feroit obligé de commander les voitures en les payant, ce feroit toujours un adouciſſement confidérable pour ceux qui feroient dans le cas de les fournir.

Qu'en prenant le parti de ne pas fe priver des talens des Ingénieurs des Ponts & Chauſſées, l'aſſemblée croira peut-être devoir établir, à l'inſtar d'autres provinces qui furveillent elles-mêmes leurs travaux, des Commiſſaires chargés de ce foin, & que la délicateſſe des Ingénieurs leur fera fûrement fouhaiter de n'avoir plus à l'avenir aucun détail pécuniaire.

Que 12,000 journées & 5000 voituriers fuffifent pour la conſtruction d'une lieue de chemin.

Que l'évaluation des forces de 517 paroiſſes, comme l'aſſemblée l'a vu en 1778, monte 320,000 journées, qui peuvent être évaluées fur le pied de 15 fols. . . . . 240,000 l. » »

96,000 voitures à 4 liv. . . 384,000 l. » »

Que par conféquent le fardeau de la Corvée fe monte pour la province, fans même y comprendre environ 200 paroiſſes, non appellées aux routes, à une maſſe de travaux répondante à une fomme de . . . . . 624,000 l. » »

& que l'expérience atteſte que chaque année, malgré l'étendue de cette reſſource, elle n'a jamais produit dans cette Généralité, outre l'entretien, plus de deux ou trois lieues entiérement neuves, & au plus trois ou quatre réparées dans certaines années ; qu'un pareil tableau paroît mériter toute l'attention d'une Administration paternelle ; qu'au contraire, en adoptant le parti de la contribution en argent, & prenant un terme moyen entre l'évaluation de l'Ingénieur en Chef, qui porte le prix commun de chaque lieue à 40,000 liv. & celle de 24,000 liv. auquel l'évaluent M. le Marquis de Bonneval & M. Desbeauxplains, qui se sont livrés avec le plus grand zele à des recherches intéréssantes sur ces détails, & portant à 30,000 liv. au plus chaque lieue neuve, on en pourroit faire par an, au moins six, pour . . . . 180,000 l. ,, ,,

Et destinant en outre à l'entretien des routes faites, une somme de	70,000 l. ,, ,,
La province n'auroit à supporter qu'une charge de	250,000 l. ,, ,,
Au lieu d'une de	624,000 l. ,, ,,

Qu'elle seroit par conséquent soulagée d'un fardeau de 374,000 livres par an.

Que l'Administration verra s'ouvrir & s'achever, dans l'espace de trente années, les 184 lieues qui lui paroissent les plus instantes à terminer.

Qu'elle n'aura plus à s'affliger des moyens qu'elle mettra en œuvre pour vivifier la Province, & qu'elle emploiera encore avec avantage à ce but les 50,000 livres que Sa Majesté lui accorde pour les atteliers de charité, qu'elle dirigera de la maniere la plus utile,

& distribuera dans les lieux où les secours les plus abondans lui seront offerts.

Ensuite les deux commissions formées dans le Bureau des travaux publics, pour s'occuper séparément des moyens de parvenir à la confection & à l'entretien des routes, ont fait successivement le rapport de leur travail. La premiere, après un tableau de la situation actuelle de la Province, relativement aux chemins, l'exposition des moyens qui y ont été jusqu'à présent employés, de leurs effets & de leurs abus, a proposé le plan d'une corvée mixte, suivant lequel les Communautés continueroient d'être commandées pour les travaux; mais avec cette modification qu'il seroit attribué un salaire de 6 sols par jour pour les manœuvres, & de 25 sols pour une voiture attelée de deux chevaux ou de quatre bœufs. Elle a montré par des calculs faits sur le nombre des manœuvres & des voitures actuellement employés sur les routes, que la somme dstinée à ces salaires seroit d'environ 225,000 livres par an, & qu'en conservant ainsi la grande masse des forces que la corvée présente pour les travaux, on pourroit construire & perfectionner en dix ans les chemins nécessaires & désirables en Berri.

Pour former le fonds de ces salaires, elle a indiqué la voie d'un emprunt annuel, remboursable en 50 ans, & l'établissement d'un octroi sur les consommations, le bled & la petite boisson exceptés, dans toutes les villes & bourgs de la Province; lequel feroit face aux intérêts & aux remboursemens des capitaux empruntés.

Cette méthode laissant subsister la distribution des

travaux en nature, la Commiſſion a été d'avis de la faire par tâches proportionnelles aux forces reſpectives des Communautés en hommes & en voitures, avec la liberté de les exécuter par tel moyen qui paroîtroit plus doux & plus convenable, à la charge toutefois que chaque Communauté feroit folidaire pour la tâche qui lui feroit départie.

La feconde Commiſſion, après avoir diſcuté les principes qui peuvent appeler les diverſes claſſes de citoyens à contribuer aux travaux des routes, & recherché quelle feroit la meſure la plus juſte de cette contribution, a balancé les procédés connus & ſuivis pour faire les chemins dans les différentes Provinces du Royaume, & a ſucceſſivement mis en comparaiſon la corvée, la contribution pécuniaire, le parti moyen de payer les manœuvres & de commander gratuitement les voitures, les emprunts, & enfin les tâches proportionnées tant à la population des paroiſſes, qu'aux facultés des individus. Elle a établi que cette derniere forme ne retiendroit de la corvée que le travail en nature, & qu'elle en écarteroit la répartition par tête, qui aſſimile le pauvre & le riche dans leurs fardeaux, quelle que ſoit la différence de leurs moyens.

En ſuivant les développemens de ce procédé, elle a eſſayé de déterminer quelle ſomme de travaux il étoit poſſible d'ordonner chaque année, relativement aux forces de la Province, comment elle pouvoit être répartie entre les paroiſſes, & diſtribuée enſuite entre les individus. Elle a propoſé ſur tous ces objets différentes vues, & a préſenté le tableau d'un tarif correſpondant aux facultés

facultés respectives des Contribuables, en fixant les cotes ou par des journées de travail, ou par des valeurs qui les représentent. Elle a enfin agité si les paroisses considérées jusqu'à présent comme trop éloignées des routes pour être appellées à leur construction, devoient l'être à l'avenir, & suivant quelles regles elles devoient y concourir. La conclusion a été qu'avant d'abroger le travail en nature, il falloit s'assurer par des essais s'il n'étoit pas possible de conserver la corvée en la rectifiant, en détruisant ses abus, sur-tout en divisant les tâches avec ces nuances diverses que la fortune a mis dans le sort des Contribuables.

Ces deux rapports ont été discutés dans les séances suivantes, & examinés sous tous les points de vue qu'ils présentent pour le bien des peuples; & MM. les Députés pénétrés de la circonspection avec laquelle ils devoient procéder dans une question de si grand intérêt, & ne voulant prendre de parti qu'avec la plus grande connoissance de cause, ont arrêté 1°. que toute délibération définitive sur cet objet seroit seroit remise à la prochaine assemblée. 2°. Que vû les intentions du Roi, qui a prescrit à l'Administration de s'occuper de la construction & de l'entretien des routes, & vû aussi la nécessité urgente d'y travailler, on suivroit provisoirement l'ancien usage pour les travaux publics, jusqu'à la prochaine tenue. 3°. Que les Ingénieurs, sur les ordres de l'Administration, donneront à chaque Communauté sa tâche, en lui laissant la liberté de la faire de la maniere qu'elle jugera la plus convenable & la plus analogue à sa situation.

S

Dès 31 Août & 2 Septembre.

MM. les Commiffaires pour l'Agriculture & le Commerce entretinrent l'affemblée de diverfes vues de bien public relatif à l'objet de leur commiffion.

Dans un fecond rapport, ils propoferent à l'affemblée quelques points de réglement concernant les atéliers de charité, tendants à procurer l'emploi le plus utile des fonds que Sa Majefté y deftine, & à prefcrire les conditions qui pourroient déterminer la préférence dans la diftribution de ces fonds, & l'affemblée touchée de la néceffité de favorifer l'ouverture des chemins vicinaux & de communication, fi néceffaires & fi rares en Berri, arrêta, fous le bon plaifir du Roi, 1°. qu'il feroit accordé, avant toute chofe, des fecours pour cette claffe de chemins. 2°. Que pour obtenir un atélier de charité, il faudroit offrir une fomme au moins égale à celle qui feroit demandée, ou une contribution équivalente de travail en nature. 3°. que dans la concurrence on prefereroit les offres qui fe trouveroient proportionnellement les plus avantageufes, & les demandes des Communautés à celles des particuliers. 4°. Que la Commiffion intermédiaire pourroit difpofer, fans exiger de contribution correfpondante, d'une fomme de 5000 liv. pour procurer du travail aux habitans des villes & des campagnes, qui auroient éprouvé des malheurs particuliers.

Du 2 Septembre.

L'affemblée ayant entendu le rapport d'une Commiffion particuliere, formée pour avifer aux moyens de pourvoir aux frais inévitables d'adminiftrations, aux dépenfes communes qu'elles entraînent, & aux penfions de retraite que l'intention du Roi eft d'accorder aux prépofés des vingtiemes, fur les fommes ci-devant employées aux frais de régie, n'a pas cru devoir former un vœu fur les honoraires de MM. de la Commiffion intermédiaire, attendu les difpofitions qu'ils ont témoigné de donner gratuitement leurs foins aux affaires de l'Adminiftration, & la convenance qu'elle a trouvé à laiffer Sa Majefté prononcer fur cet objet. Elle a enfuite arrêté 1°. qu'il feroit propofé d'attribuer à chacun des Procureur-Syndics 4000 liv. par an; au Secrétaire-Greffier 2400 liv.; à fon principal Commis 1200 liv. 2°. Que les frais communs du Greffe feroient payés de trois en trois mois fur les états & mémoires qui feroient fournis par le Greffier, & arrêtés par la Commiffion intermédiaire. 3°. Que ladite Commiffion traitera, au meilleur prix poffible, du loyer d'une maifon convenable pour l'établiffement des Bureaux, Archives & Greffe de l'Adminiftration. 4°. Que Sa Majefté feroit fuppliée de vouloir bien ftatuer par elle-même fur les penfions de retraite qu'elle croiroit dans fa fageffe devoir accorder aux prépofés des vingtiemes.

L'affemblée a terminé fes féances le quatre feptembre.

PROCÈS-VERBAL
DES SÉANCES
DE L'ASSEMBLÉE PROVINCIALE
DU BERRI,
TENUE A BOURGES
dans les mois de Septembre & d'Octobre 1780.

Du 22 Octobre 1780, cinq heures du soir.

AUJOURD'HUI vingt-deux octobre mil sept cent quatre-vingt, cinq heures du soir, dans la ville de Bourges, au lieu des séances de l'Administration provinciale du Berri, se sont trouvés

POUR LE CLERGÉ,

Monseigneur l'Archevêque de Bourges, Président.
M. de Véri, Abbé de St. Satur.
M. de Séguiran, Abbé du Landais.

M. de Lacoux-Menard, Abbé du Chapitre de Notre-Dame & de St. Martin de Châteauroux.

M. de Velard, Chanoine de l'Eglise Métropolitaine de Bourges.

M. de Boizé, Prieur Titulaire du Prieuré simple de St. Hilaire près Linieres.

M. Blanchard, Prieur de l'Eglise Collégiale & Séculiere de Notre-Dame de Sales.

M. de Lestang, Chanoine de l'Eglise Collégiale & Séculiere de St. Cyr d'Issoudun.

M. Barbier, Chanoine & Chantre de l'Eglise Collégiale & Séculiere de St. Martin de Leré.

POUR LA NOBLESSE,

M. le Comte de Barbançon, Seigneur de Contremoret.

M. le Comte de Poix, Seigneur de Marecreux.

M. le Comte le Groing, Seigneur de la Romagere.

M. de Savary, Marquis de Lancosme.

M. le Marquis de Blosset, Seigneur de Blosset.

M. le Comte de Chabrillant, Seigneur du Magny.

M. le Marquis de Lusignan, Seigneur du Châtelier.

M. de Bethune, Duc de Charost, Seigneur de Mareuil & Meillant.

M. de Bethizi, Evêque d'Uzès; M. l'Abbé de Hercé, M. Terminet, M. le Comte du Buat, M. de Sancé, M. de la Rochechevreux, M. Taillandier Dupleix, M. Belleau, M. Bonneau & M. Trotignon se sont excusés sur divers motifs de se rendre à l'assemblée.

M. Dufour de Cerilli mort depuis l'assemblée de 1779.

M. le Marquis de Bonneval, Seigneur de Bannegon.
M. le Marquis de Bouthillier, Seigneur des Aix-d'Angilon.
M. Sahuguet d'Espagnac, Seigneur de Sancerre.

Pour les Députés des Villes & des Campagnes dans le Tiers-Etat,

M. Soumard, Ecuyer, Seigneur de Crosses, ancien Maire de Bourges.
M. Robert, d'Issoudun.
M. Guimon de la Touche, de Châteauroux.
M. de la Varenne, de Vierzon.
M. Terrasse, de Châteauneuf-sur-Cher.
M. Rebiere de Lizieres, de la Souteraine.
M. Ferrand de Saligny, de Bengy-sur-Cran.
M. Dupertuis, d'Argenton.
M. Desserrand, de la Ville de Bourges.
M. Geoffrenet Desbeauxplains, de St. Amand.
M. Fermet des Mornieres, de Châtillon-sur-Indre.
M. Bernot de Congy, de la Charité.
M. Grangier, de Sancerre.
M. Abicot, d'Aubigny.
M. Alabonne de l'Enclave, de St. Benoît-du-Sault.
M. Baucheton, de Massay.
M. Poisle Desgranges, de Cluis-dessus.
M. Rappin de Chevenet, de Donzy.
M. Thabault d'Archis, de la Châtre.

Tous Députés à l'assemblée provinciale indiquée à ce jour, en vertu des ordres de Sa Majesté, & encore

MM. de Bengy & Dumont, Procureurs-Syndics, & le sieur Merle de la Brugiere, Secrétaire:

Suit la teneur de la lettre du Roi.

Mons. l'Archevêque de Bourges, mon intention est que vous vous rendiez à Bourges pour le 22 octobre prochain, que vous convoquiez pour ce même jour les personnes que j'ai ci-devant approuvées pour Députés à l'assemblée de l'Administration provinciale du Berri, & que vous preniez de concert les mesures convenables pour l'exécution des objets que j'ai confiés à cette Administration, tant par arrêt de mon conseil du douze juillet 1778, que par mes lettres-patentes vérifiées en mes Cours de Parlement & des Aides de Paris. Le surplus de mes intentions vous sera notifié, ainsi qu'à l'assemblée, par le Commissaire que j'en aurai principalement chargé ; sur ce je prie Dieu qu'il vous ait, Monsf. l'Archevêque de Bourges, en sa sainte garde. Ecrit à Versailles le onze Septembre mil sept cent quatre-vingt. Signé, LOUIS: Et plus bas, GRAVIER DE VERGENNE.

La souscription est conçue en ces termes:

A Monsf. l'Archevêque de Bourges.

MM. les Députés ont pris rang & séance dans l'ordre accoutumé.

L'assemblée ayant été avertie de l'arrivée de M. le Commissaire du Roi, il a été nommé une députation pour l'aller recevoir.

M.

M. Dufour de Villeneuve, Conseiller du Roi en ses conseils, Maître des Requêtes, Intendant de justice, police & finances de cette Généralité, Commissaire de Sa Majesté, étant entré & ayant salué l'assemblée, a dit :

MESSIEURS,

« L'intention du Roi, en vous réunissant aujourd'hui, est de vous mettre à portée de connoître les opérations faites depuis votre derniere assemblée, les avantages & les inconvéniens qui en ont pu résulter, de reprendre l'examen des objets qui ont éprouvé une sorte d'indécision, & d'examiner ceux qui, n'ayant point encore été discutés, pourroient présenter des vues utiles à la Province.

Sa Majesté, par arrêt de son Conseil du 27 Novembre dernier, a fixé, conformément à vos desirs & aux espérances qu'elle vous en avoit données précédemment, le montant des vingtiemes de la Généralité à la somme qui rentroit chaque année dans son trésor royal; Elle a expliqué les motifs qui la portoient à cet acte de bonté.

Elle n'a mis aucune condition à ce bienfait, sinon d'en user pour faire disparoître les disproportions qui pouvoient exister entre les Contribuables, & pour former la base d'une répartition plus juste.

La Commission intermédiaire n'a rien négligé dans ses premiers essais pour répondre à la confiance du Roi, & se conformer aux dispositions de cet arrêt.

L'instruction qu'elle a publiée, a obtenu l'approbation de Sa Majesté; mais en faisant connoître sa satisfaction, Sa Majesté a recommandé la prudence & la circonspection.

Le Roi desire que vous vous fassiez rendre compte des travaux qui ont été faits, & de ceux qui sont préparés pour l'avenir; vous devez en connoître les progrès & les difficultés; vous devez examiner, d'après une expérience que vous n'aviez point encore, si les moyens que vous avez indiqués, si ceux que Sa Majesté a approuvés, sont les seuls que l'on puisse employer pour parvenir à l'égalité & à la proportion si désirables, & qui, une fois établies, doivent délivrer les peuples des inquiétudes & des peines que leur donneroient de nouvelles opérations & de trop fréquentes recherches.

Le Roi a vu avec satisfaction que dans les assemblées de 1778 & 1779, vous vous êtes occupés des travaux publics comme d'un objet qui méritoit de votre part le plus sérieux examen; & la difficulté que vous avez eue à vous résumer sur cette importante matière, lui a paru l'effet naturel de l'application & du zele qu'elle se promet de vous dans tous les temps, pour ce qui intéressera le bonheur des peuples.

Sa Majesté veut bien encore soumettre à la discussion, le choix des moyens qui seront jugés les plus convenables pour y parvenir. Elle me charge cependant de vous faire observer que le maintien des corvées qui obligent si souvent de recourir à l'autorité, seroit bien difficile à concilier avec l'esprit d'une Administration provinciale qui doit singuliérement s'occuper du plus grand avantage des peuples.

En même temps le Roi a cru nécessaire de vous faire connoître ses intentions sur la maniere d'établir la contribution destinée à la confection des routes.

Le projet d'y fournir par une imposition accessoire aux vingtiemes, ne répondroit pas aux vues de justice qui dirigent Sa Majesté, parce que les frais de confection & d'entretien des routes retomberoient alors en entier sur les propriétaires seuls, tandis que toutes les autres classes de ses sujets partageroient avec eux les avantages qui en résultent.

La capitation, personnelle de sa nature, suit la résidence des Contribuables; la mesure en est quelquefois déterminée par leur qualité plus que par leur fortune, & prise pour base de la contribution aux chemins, elle n'atteindroit pas sûrement les propriétaires en raison de leurs propriétés, ni dans les lieux où elles sont situées. Cet impôt ne peut donc servir de regle pour l'imposition des campagnes, & ne deviendroit utile que pour fixer la répartition dans les villes franches où les particuliers sans biens-fonds établissent ordinairement leur séjour.

La taille affecte les propriétés & les personnes, de même que les chemins donnent plus de valeur aux biens & à l'industrie; elle est supportée directement par les simples citoyens, & indirectement par les Ecclésiastiques, les Nobles & les exempts qui la paient sous le nom de leurs fermiers, & contribuent actuellement aux chemins.

T ij

Ces différentes considérations ont fait juger à Sa Majesté qu'une imposition additionnelle à la taille dans les campagnes, & à la capitation dans les villes de Bourges & d'Issoudun devroit être préférée à toutes les autres, pour fournir aux frais de construction & d'entretien des routes, parce que s'étendant sur un plus grand nombre de Contribuables, elle adoucira le fardeau en le divisant davantage.

Cet ordre de choses ne présente d'exceptions réelles qu'en faveur d'un petit nombre d'Ecclésiastiques, de Nobles & d'exempts qui feroient valoir leurs biens par eux-mêmes dans les limites, & suivant la nature de leurs priviléges.

Sa Majesté a déja manifesté son desir de diminuer le nombre des exempts dans toute l'étendue de son Royaume, & Elle attend du zele connu du Clergé & de la Noblesse, qu'ils dédommageront le reste des Contribuables du vuide produit dans l'imposition des chemins par l'exercice de leur privilége, soit en ajoutant dans les différens cantons qu'ils habitent, des secours volontaires aux fonds que Sa Majesté elle-même destine aux atteliers de charité ; soit en se livrant aux autres objets d'utilité publique qui leur seroient indiqués par le besoin des peuples & l'état de la Province.

Le Roi m'ordonne de vous recommander la concorde & l'union qui préparent les délibérations sages, & obtiennent la confiance des peuples.

Sa Majesté me charge enfin de vous assurer, Messieurs, de toute sa protection pour l'exécution des plans qui pourront se concilier avec l'intérêt de l'Etat & celui de la Province ».

M. le Président a répondu à M. le Commissaire du Roi, & a exprimé les sentimens de respect, d'attachement & de fidélité de l'assemblée envers Sa Majesté.

M. le Commissaire du Roi s'étant retiré, M. l'Archevêque de Bourges a dit que, si l'assemblée l'agréoit, il célébreroit demain lundi la Messe solemnelle du St. Esprit dans l'Eglise Métropolitaine, & tous MM. les Députés sont convenus d'y assister.

Ensuite M. le Président ayant rendu compte à l'assemblée des difficultés qu'avoit éprouvée la Commission intermédiaire dans l'exécution des détails qui lui avoient été confiés, & des efforts qu'elle avoit faits pour les vaincre, a dit en même temps que c'étoit avec satisfaction qu'il pouvoit annoncer les nouvelles ressources qui se présentoient à la Province pour développer ses moyens de prospérité : que le Chapitre de l'Eglise Métropolitaine l'avoit chargé d'offrir à l'assemblée une somme de 3000 livres payable en six ans, pour être employée à tel objet d'utilité publique qu'elle jugeroit convenable : que si le Chapitre, en offrant ce don, avoit fait la réserve de ses droits & immunités, il ne l'avoit d'ailleurs fait dépendre que de l'existence & de la conservation de l'Administration provinciale, ce qui fait assez connoitre combien cet établissement flatte l'espoir & l'attente des peuples : que plusieurs Eglises Collégiales, Communautés, Abbés Commendataires, Prieurs & Curés de la Généralité s'étoient empressés d'imiter cet exemple, en adoptant, quant à la forme du don, la délibération de l'Église Métropolitaine : que ces différentes offres réunies montent déja à plus de 68,000 livres : que plusieurs Gentilshommes de la Province, au premier signal de zele & de bien public, avoient fait à l'envi des offres particulieres, sous les mêmes réserves & conditions, & qu'il étoit chargé d'offrir de leur part une somme de 17,000 liv. formée en moins de 24 heures : que tout annonce des secours encore plus abondans, déterminés par le desir de seconder les premiers efforts de l'Administration, & que, si l'assemblée le jugeoit à propos, elle pourroit dès à présent accepter les sommes qui lui sont offertes comme un témoignage flatteur de confiance, & surseoir à délibérer sur leur emploi.

M. l'Archevêque a de plus rendu compte à l'assemblée de la députation dont il avoit été chargé par elle auprès de la personne du Roi, conjointement avec M. le Marquis de Lancosme & M. Geoffrenet Desbeauxplains, pour remercier Sa Majesté de l'établissement d'une Administration provinciale en Berri, & lui porter l'hommage de la reconnoissance des peuples. Il a instruit l'assemblée que la députation avoit été reçue avec tous les honneurs qui ont coutume d'être accordés aux Députés des Provinces : qu'elle s'étoit rendue à l'audience du Roi avec tous les Gentilshommes & Ecclésiastiques distingués de la Généralité qui s'étoient trouvés à Paris, & qui avoient été invités à se joindre à elle : qu'elle y avoit été conduite par le Maître des cérémonies, reçue dans l'appartement du

Roi par M. Bertin, Secrétaire d'Etat ayant le département du Berri, & préfentée à Sa Majefté par S. A. S. Monfeigneur le Prince de Conti, Gouverneur de cette Province : qu'après un difcours dans lequel il avoit tâché de rendre les fentimens de l'affemblée, Sa Majefté avoit chargé MM. les Députés d'affurer fa Province du Berri de la protection qu'Elle lui accorderoit dans tous les temps : que M. Desbauxplains avoit dreffé du tout un procès-verbal qui feroit dépofé au Greffe de l'Adminiftration, fi l'affemblée le trouvoit à propos.

L'affemblée a témoigné fa fatisfaction du compte qui venoit de lui être rendu ; a arrêté que le procès-verbal dreffé par M. Desbeauxplains, feroit dépofé aux archives de l'Adminiftration, & a remercié MM. les Députés, M. le Préfident en particulier de la maniere dont il a rendu dans fon difcours au Roi les fentimens de l'affemblée. Délibérant enfuite fur les offres faites par différens Membres du Clergé & de la Nobleffe de la Province, elle a été d'avis de les accepter, & de furfeoir à en déterminer l'emploi.

Du Lundi 23 Octobre 1780, dix heures du matin.

L'affemblée a affifté à la Meffe du St. Efprit qui a été célébrée par Mgr. l'Archevêque.

Du même jour Lundi 23 Octobre, de relevée.

Il a été formé quatre Bureaux :

Pour la répartition des Impofitions ;

Pour les Travaux publics ;

Pour l'Agriculture & le Commerce ;

Pour la Comptabilité ;

Dans lesquels ont été distribués les divers Membres de l'assemblée, en se conformant, autant qu'il a été possible, aux proportions établies entre les trois Ordres.

M. le Président a aussi proposé à l'assemblée de former deux commissions ; l'une pour la révision du procès-verbal, l'autre pour la visite & inspection des papiers & de l'état du Greffe ; ce qui a été agréé.

M. le Président a dit ensuite que M. Dufour de Villeneuve, Intendant de la Généralité, avoit adressé le 18 de ce mois à la Commission intermédiaire le brevet arrêté au Conseil le 11 juillet dernier, pour la levée & imposition de la taille, des impositions accessoires d'icelle, ainsi que de la capitation, y compris les 4 s. pour liv. & les impositions établies au marc la livre de la capitation, pour l'année prochaine 1781, ainsi que les commissions des tailles des sept Elections de la Généralité : que la briéveté du temps qui s'étoit écoulé depuis la réception de la lettre de M. l'Intendant jusqu'à l'ouverture des séances de la présente assemblée, n'avoit pas permis à la Commission intermédiaire de s'occuper de l'exécution des commissions des tailles : qu'elle avoit regardé cette circonstance comme une occasion précieuse de recourir aux lumieres de tous MM. les Députés ; qu'en conséquence MM. les Procureurs-Syndics venoient de remettre sur le bureau la lettre d'envoi, le brevet général & la commission des tailles des sept Elections de la Généralité.

Lecture

Lecture faite desdites pieces, elles ont été remises à MM. les Commissaires pour la répartition de l'impôt, qui ont été priés d'en faire leur rapport.

Ensuite un de MM. les Députés a lu sur la Navigation de la Province, le Mémoire qui suit:

Mémoire sur la Navigation.

TELLE est, Messieurs, la position particuliere du Berri, qu'il ne peut obtenir que par une navigation bien établie ces débouchés sûrs, faciles & permanens, qui mettroient ses biens en valeur, & le génie de ses habitans en activité. Aucune ville distinguée par une population florissante ne forme ni dans la Province, ni dans son voisinage, un de ces rendez-vous immenses, qui encouragent à la réproduction des denrées, parce qu'il n'y manque jamais de consommateurs. Si la ville de Bourges atteignit autrefois en partie cette destination brillante, il y a long-temps que des malheurs trop connus lui ont enlevés ses richesses, & qu'on n'apperçoit pas même dans son enceinte les traces de son ancienne grandeur. Il n'y a dans l'état présent que les besoins des Provinces voisines qui donnent quelquefois du prix à nos bleds. Si la Touraine ou le Limousin n'éprouvent pas le fléau de la disette, nous tombons dans la stagnation, & tout languit parmi nous au milieu de l'abondance. Nos vins, à la réserve de ceux de Sancerre, n'ont peut-être pas assez de corps pour être transportés dans des Provinces éloignées, & ne seroient pas assez bons pour balancer ceux de Bourgogne, du Beaujolois, d'Orléans & de Blois. Nos fers, nos chanvres, nos laines elles-mêmes perdent par la cherté des transports la préférence qui leur est due; & la Hollande ou les villes d'Allemagne viennent nous la disputer au cœur de la France, par le mérite des bas prix. Il faut donc, Messieurs, nous ouvrir par nos efforts les débouchés qui nous manquent, & trouver l'art plus utile encore de nous y conduire à peu de frais. Il faut que la mer, les fleuves, les villes puissantes par leur population & leur commerce, deviennent les tributaires du Berri, & la construction des canaux pourra seule lui procurer ces avantages.

Cette vérité frappe, depuis trois siécles, les regards de la Nation. Les Etats généraux assemblés à Tours en 1484, énoncérent leur vœu pour la construction d'un canal en Berri. Le projet en fut arrêté depuis & approuvé en 1545, 1554, 1587, 1603. Sully & Colbert porterent tous deux fur cet objet le coup d'œil pénétrant du génie, & reconnurent que cette Province centrale ne pouvoit être convenablement vivifiée que par un canal qui la perçant de part en part, iroit fe perdre d'un côté dans l'Allier, pour nous joindre au Bourbonnois & à l'Auvergne; de l'autre, dans le Cher, pour nous conduire à l'Océan. Un fentiment héréditaire appelloit M. le Duc de Charoft à fuivre les vues de Sully. Il les reprit en 1765 avec ce zele patriotique qui prend chez lui toute la chaleur d'une paffion, fans en avoir les dangers. On vit même fe former à cette époque une compagnie par les foins de M. de Provigné. D'autres citoyens ont auffi poftérieurement fourni différens mémoires, & propofé des moyens d'exécution. Si les malheurs des temps, fi des obftacles fans nombre ont, malgré ces foins, retardé notre effor vers la profpérité, c'eft fans doute, Meffieurs, pour qu'elle devînt votre ouvrage.

Le defir de feconder votre zele a déterminé en conféquence à la recherche des principes qui doivent décider la conftruction des canaux, & des regles à fuivre dans la répartition des dépenfes. On a même ofé, en balançant dans ce mémoire les divers objets d'utilité publique qu'il eft poffible d'exécuter en Berri, fe fixer fur la préférence qu'ils peuvent respectivement mériter. C'eft de ce travail que l'hommage vous eft offert. S'il n'a pas, pour vous intéreffer, le mérite des mémoires précédemment lus fur cette matiere, vous appercevrez au moins qu'il eft dicté par le même efprit.

PREMIER PRINCIPE.

Les Canaux ne doivent être entrepris qu'avec une évidente utilité.

Quelque grands que foient les avantages du commerce qui fe fait par la navigation, fur celui qui fe fait par terre, on n'en pourroit pas conclure fans danger qu'il faut ouvrir tous les canaux poffibles. Plus les fpéculations préfentent de rapports avec le bonheur public, plus elles doivent être fagement dirigées par la comparaifon des profits & des dépenfes, puifque cette comparaifon décide du mérite des réfultats; & s'il eft libre à des particuliers ou à des compagnies de s'égarer dans des vues de cupidité mal entendue, il ne l'eſt pas à des Adminiſtrateurs d'opérer avec incertitude, parce que leurs reſſources ſont priſes ſur celles du peuple, & qu'ils lui ſont comptables de leurs erreurs. Ainſi, Meſſieurs, en convenant que le commerce multiplieroit à l'infini par les canaux, ſes objets, ſes débouchés & ſes moyens; que lent & borné ſur la terre, il vole ſur les eaux; que la navigation lui ſoumet l'univers entier par la facilité d'en embraſſer les beſoins; que la France en particulier, n'atteindra les bornes de ſa grandeur poſſible, que quand des canaux en rapprocheront toutes les parties par des liens réciproques, & donneront une valeur dans l'intérieur des terres à tant de productions inconnues ou juſqu'à préſent négligées; il n'eſt pas moins permis de dire avec aſſurance que les canaux, comme les routes, doivent avoir leur objet, & que cet objet doit être d'autant plus frappant dans ſes effets, qu'il eſt ſouvent plus onéreux par ſes dépenſes.

Comment donc s'aſſurer par des ſignes certains que des canaux projettés répondront toujours aux vues utiles qu'on ſe propoſe? Voila, Meſſieurs, ce que les combinaiſons même les plus profondes ne montrent quelquefois qu'à travers un nuage; mais ce que la multitude des rapports, les beſoins du commerce, la poſition des lieux, l'abondance des denrées, la facilité des débouchés conduiſent ſouvent à déterminer. Ainſi le canal de Briare, ce monument de la gloire d'Henri IV & de Sully, préſentoit pour fin principale l'approviſionnement de Paris; pour moyen, les beſoins de ceux qui l'habitent; pour aliment, les denrées ſurabondantes du Nivernois, d'une partie du Berri, du Bourbonnois, du Forez & de l'Auvergne.

Ainſi le canal de Languedoc, ſi brillant par ſon objet, ſi renommé par le génie de ſon auteur, joignit à l'avantage de lier l'Océan à la Méditerranée, celui de procurer des reſſources précieuſes pour la défenſe du Royaume, & de concentrer dans l'intérieur des terres le commerce difficile pendant la paix, ſouvent impoſſible ou dangereux pendant la guerre, qui ſe faiſoit jadis par le détroit de Gibraltar. Ainſi le canal de Givors entrepris ſur une ſpéculation plus bornée, & pourtant auſſi ſûre, approviſionnera la ville de Lyon de charbons de pierre néceſſaires à ſa conſommation journaliere, avec un bénéfice ſenſible pour le public, & conſidérable pour l'entrepriſe. Ainſi la Hollande, car ce peuple célebre eſt ici notre modele, a formé ſur l'ouverture des canaux tout le méchaniſme de ſon empire, & ses travaux incroyables ont tout à la fois vivifié le sol qu'elle occupe, & défendu sa consistance contre un élément toujours prêt à l'engloutir. Mais qu'il s'en faut que tous les canaux n'offrent à nos regards une si brillante perspective ! A côté des succès on apperçoit malheureusement des fautes : des canaux entrepris dans le dernier siécle, & continués dans celui-ci sur des parties de la Seine, de la Marne & de l'Aube, qui précédemment n'étoient pas navigables, n'offrent déja plus que d'affligeantes ruines. Les droits dont ils étoient surchargés, n'ayant pu ni dédommager les entrepreneurs, ni suffire aux frais d'entretien, ces travaux sont devenus plus onéreux qu'utiles. Le canal même de Picardie, entre la Somme & l'Oise, alloit être abandonné en 1766, son terrein & ses matériaux vendus, si le Roi n'en eût fait l'acquisition pour en prévenir la perte.

Concluons, Messieurs, que la nature n'est pas uniforme dans sa marche; c'est dans sa magnificence qu'elle accorde à certains pays ces débouchés immenses qui mettent tout en valeur, qui donnent l'essor à l'industrie, qui remuent les hommes par l'espoir des profits. Tantôt plus sobre, elle limite ses bienfaits & nos jouissances. Il est affligeant sans doute de penser que des marchandises doublent de prix dans certains pays par les frais de transport; que les Provinces du midi de la France échangent aujourd'hui leurs denrées contre celles des Provinces septentrionales avec une perte de 10 pour cent de part & d'autre; que 200 hommes & 600 chevaux traînent à peine sur les routes de terre ce que deux mariniers conduiroient sans effort à travers les eaux; qu'un cheval de trait consomme la dépouille de huit arpens de terre qui fourniroient à la subsistance de huit personnes; que l'agriculture s'appauvrit ainsi des moyens que le commerce absorbe : mais seroit-il juste d'épuiser les peuples par des dépenses immenses, sans leur assurer des profits proportionnés; d'ouvrir des canaux qui n'ameneroient pas des richesses nouvelles, car c'est ainsi que les extrêmes se touchent; & s'il falloit sur cet objet important proposer une regle aussi simple que sûre, ne pourroit-on pas dire : Concevons des canaux utiles, & des compagnies entreprenantes en épargneront les frais.

SECOND PRINCIPE.

Les canaux destinés au commerce doivent être construits sur les profits qu'on en peut attendre.

C'est le principe de justice que plusieurs Etats de l'Europe ont adopté pour les chemins, en les faisant payer par les voyageurs qui s'en servent. Il ne s'est pas introduit en France, par la crainte sans doute où qu'il ne devînt obstacle à la multiplication des routes, ou qu'il ne surchargeât le commerce déja trop grévé par les transports. Les canaux à construire ne présentent pas les mêmes difficultés. Un droit quelconque sur les marchandises qui y seront transportées, paroît d'autant plus juste, que son produit doit être le signe démonstratif des bons effets qui en seront résultés. Si les canaux sont vraiment utiles, les droits les plus modiques suffiront aux dépenses de construction & d'entretien; s'ils sont même médiocrement fréquentés, le commerce y fera encore des profits immenses, & il est dans l'ordre que recueillant les profits, il fournisse aux dépenses. S'ils nécessitent à des droits trop forts, on en concluera sûrement qu'il ne faut pas les entreprendre. Car, quoiqu'il soit impossible de calculer tous les effets particuliers dont le commerce par eau peut être l'occasion ou la cause, il est de toute certitude que ces effets se manifestent par une fréquentation plus ou moins vive, & qu'elle conduit à les juger sans crainte d'erreur. Aussi la meilleure maniere peut-être d'apprécier le mérite ou le démérite des canaux, seroit de constater le vœu du commerce. Toujours éclairé sur ses intérêts, il ne se trompe pas sur les directions qui lui sont avantageuses. Son œil perçant voit dans l'avenir toutes les révolutions possibles, & des calculs infaillibles lui en soumettent les résultats.

Vainement on diroit que faisant entrer les droits de route & les gênes qu'ils entraînent, en diminution des profits, le commerce rejettera comme inutiles des canaux qui, sans ces entraves, eussent opéré le plus grand bien. Il seroit aisé de répondre qu'il faut distinguer ces droits de peage, restes honteux de la barbarie féodale, ces droits fondés sur celui du plus fort, d'avec les droits exigés comme salaire ou remboursement d'une avance quelconque. L'humanité s'offense de voir des satellites intercepter sur des rivieres le cours d'une navigation dont la nature a fait les frais. La raison avoue que les ouvrages de l'art doivent être payés par ceux qui en profitent. Si des commerçans particuliers sont avides, le commerce en général n'est pas injuste. Instruit que les propriétaires recueillent avec de grandes dépenses les fruits de la terre qu'ils exploitent, il n'aspire point à des bénéfices sans frais. Si des canaux ne lui paroissent désirables qu'avec l'exemption de tous droits, c'est qu'ils ne fournissent à ses spéculations que des ressources bornées, & par conséquent la dépense en excéderoit les profits.

Les faits s'accordent avec ces principes. Les Pays-Bas Autrichiens & François ne se sont embellis de tant de canaux qui les percent de toutes parts, qu'en formant dans l'origine des emprunts dont les fonds ont été repris sur les droits d'importation, après la construction faite. Le canal de Briare, entrepris d'abord par le Gouvernement, ne devint enfin navigable que quand Louis XIII en fit don à deux particuliers, & leur accorda, pour s'indemniser de leurs frais, un tarif qui subsiste encore. C'est avec les mêmes ressources qu'on s'occupe aujourd'hui du canal de Nimes ; & si les Etats de la Province ont prescrit un terme à la durée du tarif accordé aux Entrepreneurs, c'est que leur prévoyance habile a sçu tenir un juste milieu entre la nécessité d'aiguillonner l'industrie, & les moyens d'assurer la liberté publique.

Il faut pourtant convenir que la regle stricte de faire supporter au commerce les frais des canaux qui lui sont destinés, peut être souvent tempérée par des exceptions légitimes. Toute navigation présente par elle-même une fin si brillante pour la décoration des Empires ; il est si facile de les faire concourir à leur défense militaire ; des canaux ouverts, même à grands frais, peuvent tellement influer sur l'organisation d'un Royaume, en lier si heureusement toutes les parties, établir entr'elles une telle réciprocité de moyens & de secours, qu'il peut devenir convenable & juste de répartir sur les forces publiques une dépense destinée à leur conservation. C'est alors que le chef de l'état, guidé par les idées d'ensemble, & les conciliant avec tous les droits & tous les intérêts, les fait tous concourir au bien commun par les moyens qui leur sont propres ; on reporte sur chaque partie les charges qu'elle doit acquitter. La noble idée de la jonction des mers détermina peut-être les secours abondans de Louis XIV, pour le canal de Languedoc. La facilité des transports militaires sur le canal d'Aire à S. Omer, a fait employer à la construction & les sueurs de nos soldats & les fonds des fortifications Mais ces circonstances particulieres ne détruisent point le principe ; & tout canal qui n'aura que le commerce pour objet, doit être fait aux dépens du commerce.

TROISIEME PRINCIPE.

Les Canaux de desséchement & d'arrosage doivent être faits aux dépens des pays intéressés à l'arrosage & au desséchement.

Ces ouvrages supposent une confédération expresse ou tacite entre des individus liés par le même intérêt. A quel titre pourroient-ils appeller à leur secours des étrangers qui ne partageroient pas leurs bénéfices ? quoique l'Etat ne forme, sous de certains rapports, qu'une grande famille, cependant il présente dans les détails une multitude d'intérêts pleinement distincts & souvent opposés. Le maintien de l'harmonie générale est le seul motif qui puisse les rapprocher ou les confondre ; & ce motif ne peut pas s'appliquer ici. Cependant s'il existoit des pays qui ne pussent s'élever à une grande opulence que par des travaux au-dessus de leurs forces, l'Etat leur devroit des secours avec d'autant plus de justice, que leur prospérité particuliere ameneroit tôt ou tard une répartition plus douce des charges publiques ; mais ces secours ne seroient que par forme d'avances, & les emprunts y suffiront toujours.

Il y a long-temps que l'équité de ces vues a frappé les bons esprits, & qu'on s'y est même conformé dans la pratique. M. le Maréchal de Vauban qui joignit à des talens militaires du plus grand éclat, le goût & l'étude des matieres d'Administration, vouloit que les riverains concourussent à la construction des canaux, en raison directe de leur proximité, c'est-à-dire, que l'imposition se graduât sur les avantages plus ou moins immédiats qu'on retire des ouvrages, de même qu'il vous fut proposé l'année derniere de donner des tâches plus fortes sur les routes, aux Communautés qui en sont plus voisines. Il existe en Provence un canal d'arrosage & un canal de desséchement. Le premier qui communique de la Durance à la mer, fut commencé en 1554, & fini en 1558 par Adam de Crapone dont il porta le nom. Cet homme célebre conçut qu'un canal conduit fur une étendue de quarante milles, dont les eaux ferviroient au méchanifme de plufieurs moulins, & feroient vendues pour le droit d'arrofage, devoit lui faire une fortune immenfe. Son calcul étoit jufte : mais trop borné dans fes reffources, preffé de vendre à vil prix certaines parties pour en achever d'autres, il fe ruina en enrichiffant fon pays. Quoiqu'il en foit, le canal fubfifte, & les propriétaires des eaux fourniffent aux dépenfes d'entretien. C'eft dans la plaine d'Arles à la mer qu'a été ouvert le canal de defféchement fur une longueur de 30 milles. Des Hollandois s'offrirent en 1642, à cette utile entreprife, & convinrent d'être payés par la conceffion des deux tiers des terres fubmergées. Après l'ouvrage fait, les propriétaires s'eftimerent fort heureux de racheter les terres qu'ils avoient peut-être trop libéralement concédées, & les Hollandois rapporterent chez eux le prix de leur travail & de leur induftrie.

Vous concluerez de tous ces détails, Meffieurs, qu'un canal qui ferviroit tout-à-la-fois aux opérations du commerce, au defféchement dans certaines parties, à l'arrofage dans d'autres, préfenteroit un enfemble de moyens & de reffources qui décideroit à des procédés infaillibles. Effayons de déterminer fi la fituation de cette Province lui en préfente l'occafion, en faifant fur les ouvrages qu'on y peut exécuter, l'application des principes qui viennent d'être établis

La furface du Berri préfente trois rivieres principales & à-peu-près paralleles ; la Creufe qui prend fa fource dans la Marche, l'Indre qui fe forme dans les environs d'Aigurande, & le Cher qui nous arrive du Bourbonnois. La Creufe fe jette dans la Vienne, affluent de la Loire, au port de Pilles ; les deux autres vont fe perdre dans la Loire même, en fe rapprochant l'une de l'autre, & joignent ce fleuve après qu'ayant tourné une grande partie de la Province à l'Orient & au Septentrion, il a pris une direction plus droite par le couchant à la mer. Ces circonftances font remarquables par leur défavantage, en ce que nos trois rivieres, aboutiffant prefqu'à un feul point, circonfcrivent l'importation qui, faire des mêmes lieux, ne peut pas fi facilement varier fes tranfports, & pourvoir à tous les befoins. Aucune de ces trois rivieres n'eft fufceptible de devenir navigable dans toute fon étendue : les projets

les

les plus brillans n'ont fait remonter qu'à Argenton la navigation de la Creufe, qu'à Châteauroux celle de l'Indre, & n'ont porté au-deffus de Vierzon celle du Cher qu'en le joignant à l'Eure pour la conduire à Bourges. Les denrées d'importation n'arriveroient donc qu'à la portée de la moitié de la Province au plus, & ne fe conduiroient ailleurs qu'avec des frais & des tranfports à peu-près auffi pénibles que fi nous les tirions du côté oriental de la Loire. D'ailleurs les canaux ne s'alimentent pas par le tranfport des denrées de même confommation. Il leur faut des matieres encombrantes, des bois, des bleds, des vins, des huiles, des fers, des laines, des chanvres. Nous ne tirerons que bien rarement du dehors la plûpart de ces objets, puifque, fi l'on en excepte les huiles d'olive qui nous manquent, nous avons abondament tous les autres. L'importation en Berri ne fera donc jamais bien confidérable dans l'état actuel, & cette vérité affligeante fous de certains rapports, a pourtant cet afpect confolant, que la nature nous a donné le néceffaire.

L'exportation nous préfente plus d'avantages. La navigation de la Creufe eft depuis long-temps defirée. On y flotte des merrins. Un citoyen d'Argenton a fait defcendre des bateaux jufqu'à Nantes, avec un courage & des travaux qui méritent des éloges. Le rapport fait par un de vos fous-Ingénieurs, l'année derniere, donne même lieu d'efpérer que les obftacles actuels s'applaniront à peu de frais. Si des nivellemens bien exacts & des calculs bien juftes s'accordoient avec cette conjecture, votre attention ne manqueroit pas de s'éveiller fur cet objet. Il ne faut pourtant pas vous diffimuler qu'Argenton & les vignobles qui l'entourent, attendent leur profpérité d'un autre principe. Il leur faut une route pour conduire en Marche leurs vins, qui n'entreroient pas fur la Loire en concurrence avec ceux d'Anjou. Ces vins fe vendent affez bien dans les années médiocres, parce que le befoin furmonte tous les obftacles; mais les vins groffiers d'Angoumois font préférés, lorfqu'ils abondent, à raifon de la facilité des tranfports. La route indiquée n'en devient que plus néceffaire, & ne feroit pas coûteufe, fi l'on s'aidoit dans les premieres lieues de celle du Limoufin.

La navigation de l'Indre préfente des travaux plus confidérables. Elle parcourt 90 milles depuis Châteauroux jufqu'à fon embouchure. Il faudroit en plufieurs endroits faire fauter des rochers,

X

couper des gués, construire des portes & pratiquer par-tout un chemin de hallage, singuliérement dans des parties marécageuses, qu'il seroit indispensable d'exhausser. M. de Villedieu, qui suivoit avec chaleur ce projet en 1728, évaluoit les travaux à 1,500,000 livres, & les prix sont bien changés depuis cette époque. L'exportation seule dédommageroit difficilement de tant de dépenses: mais l'Indre seroit en même temps canal de desséchement. En resserrant & captivant la riviere, on arracheroit à l'état de stagnation de riches & d'immenses paturages; les mortalités des bêtes à laine, si ruineuses pour le Berri, en deviendroient plus rares; & ces objets d'utilité se prêtent réciproquement une grande force. Les moyens même d'exécution s'y trouvent liés, en ce que les négocians & les propriétaires riverains seroient ainsi contribuables, les uns par la voie du tarif, les autres par celle de l'impôt; & ce concours ameneroit des succès, s'il en est de possibles.

La navigation du Cher réduit à ses seules forces, ne peut pas amener de grandes révolutions. En la poussant un peu plus haut que Vierzon, on épargneroit quelques frais de transport. On vivifieroit un petit nombre de paroisses, mais la surface de la Province ne seroit pas renouvellée, à moins qu'on ne se livrât à des travaux immenses, pour rendre cette riviere navigable dans toute son étendue. L'Eure & l'Auron qui se jettent dans le Cher, étoient autrefois navigables jusqu'à Dun-le-Roi, on dit même jusqu'au Pont-d'Ix. Pourquoi cette direction de commerce est-elle tombée d'elle-même? C'est qu'apparemment le pays en tiroit de foibles ressources. Dire que les anciens malheurs de la ville de Bourges en ont été la cause, ce seroit se faire illusion; car ces malheurs remontent à près de trois siécles; & la navigation n'est interceptée que depuis moins de cent ans. Les écluses & portes marinieres subsistent encore sur la riviere d'Eure, & si les vannes des moulins ont pris sur l'Auron la place des bateaux, c'est que les moulins donnent des produits, & que les bateaux n'en donnoient pas de sensibles. La vraie cause de la décadence est que toute navigation prise au centre du Berri ne peut s'alimenter ni par des retours, ni peut-être par une exportation réguliere ou suffisante, & finit par être onéreuse.

C'est donc par le génie des Colbert & des Sully que notre régénération doit être opérée. Recourons à leurs vues, joignons le Cher à l'Allier, ouvrons-nous dans tous les sens des débouchés utiles. Libre alors dans fa courfe, le commerce volera par-tout où le befoin l'appelle : fûr de fes fuccès, il voudra bientôt remonter l'Arnon & le Theol jufqu'à Iffoudun ; & les productions du centre de la Province iront chercher dans l'univers entier la valeur qu'elles doivent atteindre. Quelqu'éblouiffant que cet efpoir paroiffe, il n'a rien de chimérique & d'exagéré. La poffibilité de joindre le Cher à l'Allier par l'Auron & le Lurey, eft clairement établie, fur-tout par le procès-verbal que M. Bouché, Infpecteur des ponts & chauffées, fut chargé d'en dreffer en 1772. Le point de partage fe préfente de lui-même aux fources de la riviere de Lurey, près des étangs confidérables qui couvrent ce territoire. Il s'y trouve heureufement placé à 138 pieds au-deffus du Cher, & 130 au-deffus de l'Allier. La totalité du canal embraffe une longueur de 62 milles, dont 10 font à parcourir fur le Lurey, en traverfant le Bourbonnois, & 52 par l'Auron & l'Eeure jufqu'au Cher. Les travaux font déterminés dans le plus grand détail ; l'eftimation en eft faite, & s'éleve à un peu plus de 3,000,000 de livres. Cette fomme eft confidérable, fans doute ; mais un fimple coup d'œil fur l'état des lieux montre que ce canal fervira au deffèchement d'un pays immenfe, aujourd'hui fubmergé par des eaux marécageufes & mal faines ; qu'ailleurs il arrofera des terres arides qui s'ouvriront dès-lors à de riches moiffons, enforte que, s'il réunit tous les avantages, il fournit auffi tous les moyens.

Près du point de partage le Roi poffede la vafte forêt du Tronçais, qui recevra du nouveau cours des eaux un accroiffement de valeur. Des infinuations bienfaifantes nous font regarder fon exploitation comme applicable à un objet d'utilité publique, & nous la comptons fous ce point de vue parmi nos reffources ; car quel emploi plus digne de fa couronne notre augufte Monarque feroit-il de ce don ?

Le projet d'un canal de l'Allier au Cher eft donc celui qui nous paroît digne de préférence fur tous les autres, & le feul peut-être qui prépare de grands effets. Que de développemens il promet à notre grandeur future ! Bourges déja rapprochée de Paris & des Provinces feptentrionales par la route de Gien, placée au centre des nouvelles eaux, ouvrant aux denrées du couchant, du nord & du midi de la France des entrepôts commodes, fourniffant au commerce un rendez-vous pour fes échanges, lui donnant le choix de toutes les directions : nos bois, nos fers, nos bleds, nos chanvres s'acheminans, suivant les besoins, du côté du midi par l'Allier, au couchant par l'Auron & le Cher, une fréquentation immense au centre de la Province, produite par la facilité qu'auront l'Auvergne, le Forez, la Bourgogne, le Bourbonnois, le Nivernois, de se rendre à l'océan par une route plus abrégée & plus sûre que la Loire ; & la Bretagne, l'Anjou, le Poitou, le Maine de s'élever à nous par la même voie.

Il ne nous reste dans cet état qu'à déterminer comment les différentes contributions se balanceroient les unes les autres, conformément aux principes exposés dans ce mémoire ; quel tarif seroit arrêté pour le commerce, de maniere que, sans être surchargé d'entraves, il fournît son contingent des frais ; dans quelles proportions on y feroit concourir les terres arrachées à la submersion ou à la séchereffe, de sorte que l'augmentation des produits assurât aux propriétaires un ample dédommagement de l'impôt. S'il étoit permis de proposer ici sur cet important objet les partis qu'il seroit expédient de prendre, voici la marche qui paroîtroit la plus simple à tenir.

1°. Arrêter, sous le bon plaisir du Roi, l'ouverture d'un canal de l'Allier au Cher par le Lurey, l'Auron & l'Eure ; supplier Sa Majesté de vouloir bien sacrifier à cet utile projet la dépouille de la forêt du Tronçais, en considération du bien général qui en résultera pour le Royaume.

2°. Statuer que le surplus des frais sera pris partie sur le commerce, à l'aide d'un tarif modéré sur les marchandises, partie sur les propriétés, à raison des terres que le canal arroseroit ou dessécheroit dans son cours : qu'à cet effet des experts-ingénieurs seront nommés pour, en présence des Commissaires de l'Administration, désigner les terres imposables, & préparer par ce moyen la fixation de la quotité possible de l'impôt relativement aux distances & aux profits.

3°. Inviter l'Administration provinciale du Bourbonnois à joindre son suffrage au nôtre, en faveur d'une entreprise dont elle doit partager avec nous les dépenses ainsi que les bénéfices, & lui faire passer à cette fin tels mémoires, pieces & renseignemens qui seroient jugés utiles & propres à l'éclairer sur tous les détails de l'objet.

4°. Après des devis estimatifs des ouvrages, des affiches & publications accompagnées des formes les plus solemnelles, faire adjuger en totalité ou par parties les travaux, par des Commissaires pris dans les deux Administrations, à la compagnie ou aux particuliers qui feroient la condition meilleure, soit à raison du prix qui seroit donné pour l'exploitation de la forêt du Tronçais, soit & principalement à raison des réductions qui seroient consenties ou sur l'impôt ou sur le tarif des marchandises.

Si ces détails, Messieurs, vous paroissent prématurés, si vous appercevez de l'indiscrétion à marcher ainsi au-devant de vos vues, attribuez-la au desir vif que nous partageons tous de hâter le bonheur public. Ce sentiment sert tout à la fois de motif & d'excuse. La plus légere improbation de votre part nous circonscrira dans la sphere des soins qu'il vous plaira de nous confier, & nous verrons avec joie le bien s'opérer par d'autres mains que par les nôtres.

L'assemblée ayant entendu la lecture de ce Mémoire, a arrêté qu'il seroit renvoyé au Bureau de l'Agriculture & du Commerce, pour le prendre en considération, & inféré au Procès-verbal.

Du Mardi 24 Octobre 1780.

Les Procureurs-Syndics ont rendu compte des différentes opérations de la Commission intermédiaire depuis la derniere assemblée, concernant les impositions & les travaux publics, & les pieces relatives à ces deux objets ont été renvoyées aux Bureaux qui en doivent connoître.

Du Mercredi 25 Octobre.

MM. les Commissaires pour la répartition des impositions ayant pris le Bureau, ont dit:

MESSIEURS,

Nous avons pris connoissance, suivant vos ordres,

du brevet de la taille, de ses accessoires & de la capitation pour 1781.

La taille monte à la somme de	821,921 l.	2 s. »
Les impositions accessoires à celle de	448,431 l.	18 s. 1 d.
La capitation à celle de ..	562,392 l.	» 9 d.
TOTAL	1,832,745 l.	» 10 d.

Vous savez, Messieurs, que les commissions des tailles ne sont parvenues à la Commission intermédiaire que le 18 de ce mois; elle n'auroit donc pu procéder au département avant votre réunion : il s'agit aujourd'hui d'en déterminer le moment sous le plus bref délai, puisque le premier paiement à faire par les paroisses est exigible au mois de décembre. Le Gouvernement en a facilité les moyens, en exprimant dans les commissions même des tailles, le pouvoir d'appeller les élections à Bourges. Vous n'aurez donc aucune peine à déterminer à cet égard la marche convenable.

Une difficulté plus réelle s'est présentée dans notre Bureau, & doit être mise sous vos yeux. Le brevet & les commissions contiennent maintenant les trois genres d'impositions. Cette réunion pourroit faire imaginer qu'il est expédient de les renfermer dans les rôles, sous une même cotte, mais après avoir balancé les motifs qui pourroient y déterminer, nous avons cru appercevoir des inconvéniens à changer la forme des rôles.

1°. Les échéances des payemens ne font pas les mêmes pour la taille & pour la capitation : 2°. Les rejets d'une année à l'autre dans chaque paroiffe ne peuvent jamais excéder, fuivant la loi, le cinquième du principal de la taille. Il faut donc connoître en quoi il confifte : 3°. L'ufage eft dans quelques cantons qu'au changement des métayers ou fermiers à la Touffaint, le laboureur fortant paie le principal de la taille affectée au domaine, & le laboureur entrant paie le fecond brevet. Il eft donc utile de diftinguer ces impôts, d'autant plus que leur réunion dans le même brevet du confeil n'empêche pas qu'ils n'y forment des articles féparé. Telles font, Meffieurs, les obfervations que nous avons cru devoir vous faire fur les commiffions qui nous ont été remifes par vos ordres; fur quoi la matiere mife en délibération, il a été arrêté :

1°. Que la Commiffion intermédiaire procéderoit au département, auffi-tôt après la clôture de l'affemblée.

2°. Que l'on continuera, comme par le paffé, l'ufage de faire par cotes féparées la répartition de la taille, des impofitions acceffoires & de la capitation.

Il a été fait enfuite lecture par un de MM. les Députés d'un mémoire fur la Gabelle.

Du Mercredi 25 Octobre 1780, cinq heures du foir.

MM. les Commiffaires des travaux publics ont pris le Bureau, & ont dit:

MESSIEURS,

Si votre zele pour la vivification de la Province ne

vous a pas permis de voir fans regret les difficultés attachées à tout parti définitif fur l'objet important des travaux publics, vous avez du moins montré par la lenteur même de vos délibérations avec quelle fageffe vous vous déciderez dans tous les tems fur ce qui touche au bonheur des peuples.

Deux queftions embarraffantes pour des Adminiftrateurs confommés fe font préfentées à vous dès vos premieres féances.

Faut-il conferver ou détruire la corvée ? S'il faut la détruire, par quels moyens convient-il de la remplacer ?

Dans l'examen de la premiere queftion, vous avez démêlé des faits & des exemples frappans pour & contre.

Des regards tombés fur le Languedoc vous ont découvert une province percée de toute part avec une magnificence & une folidité qui feroient honneur à l'ancienne Rome : c'eft l'argent, avez-vous dit, qui a fait ces chemins & non les fueurs des malheureux. Mais le Languedoc, fixé depuis long-tems fur les vrais principes de la profpérité publique, a dévancé de quarante ans le refte du Royaume dans la confection des routes, & cette efpece de primogéniture fi glorieufe pour fes adminiftrateurs, leur a donné le tems de conduire les travaux avec cette continuité qui opere infenfiblement le bien, fans furcharge pour les contribuables.

Eclairée plus tard fur fes propres avantages, la Généralité d'Auch vous a montré la corvée, l'élévant par une marche trop active peut-être, mais auffi fûre, à la plus utile de toutes les révolutions. Ses habitans fortunés,

fortunés, en vous rappellant les larmes qu'un Administrateur estimable leur fit autrefois verser par les rigueurs de la corvée, vous ont ajouté avec transport qu'ils bénissoient sa mémoire & qu'ils devoient à ses soins bienfaisans la haute valeur de leurs denrées & l'aisance qui en est la suite

A une autre extrêmité du Royaume vous avez encore vu la corvée changer la surface de la Bretagne, comme par un coup de théâtre, & des routes aussi bien dirigées pour le commerce que pour la défense militaire du pays, n'y demander plus à ses Administrateurs qu'un simple entretien.

Vous avez jugé par ces contrastes que l'argent & la corvée présentoient l'un & l'autre pour la confection des chemins, d'abondantes ressources, & que si les travaux salariés n'opéroient pas avec la même rapidité que la corvée, parce qu'ils ne fournissent pas une si grande masse de forces, la corvée aussi faisoit acheter par des sacrifices bien pénibles sur le présent, les moyens d'industrie & d'activité qu'elle assure pour l'avenir.

En cherchant à faire sur vous-mêmes l'application de ces procédés, vous avez reconnu que la corvée coûtoit depuis long-temps à la Province un travail en nature qui pouvoit être évalué à 700,000 livres par an, quoiqu'elle n'eût produit, année commune, que deux lieues de route; & vous avez regretté que de si grands efforts n'eussent conduit qu'à de si foibles résultats. D'autre part, le Berri assez riche en denrées, mais pauvre en numéraire, vous a présenté peu de

Y

moyens pour accélérer par la voie de l'impôt les communications nécessaires à la Province, s'il falloit pour y parvenir des sommes égales à celles que représentoient les anciens travaux : heureusement des calculs & des essais divers vous ont appris qu'avec 240,000 liv. par an vous feriez construire trois ou quatre fois plus de routes que la corvée n'en avoit jamais fait construire. Convaincus alors qu'il existoit pour faire les chemins, des moyens praticables autres que la corvée, vous n'avez pas balancé à la proscrire ; & s'il fut provisoirement déterminé dans vos premieres séances de conserver un travail en nature, ce fut en le dépouillant de tout ce que les formes anciennes présentoient d'odieux & d'injuste, en cherchant à le faire exécuter par les voies les plus douces, en laissant aux paroisses la liberté de faire travailler à prix d'argent. Ainsi, Messieurs, votre premier pas dans l'exercice de vos fonctions, vous a donné à jamais des droits sur la reconnoissance des peuples. Ce sentiment plus durable que les monumens érigés à la vanité sur le marbre & les métaux, se transmettra des peres aux enfans ; & si jamais votre administration paternelle leur étoit enlevée, il en resteroit ce souvenir éternel : elle a détruit la corvée.

Mais cette délibération provisoire ne fut, Messieurs, de votre part qu'un essai pour connoître le vœu des peuples ; elle vous laissoit un parti définitif à prendre sur la maniere de remplacer la corvée, en respectant toutes les formes & tous les intérêts. Il étoit difficile qu'il ne s'élevât pas sur cette question des vues différentes. L'amour même du bien devoit les faire naître. Au milieu de l'union la plus parfaite des cœurs, nous nous trouvâmes tout à coup entraînés à des opinions contraires. Leur choc parut tenir de la chaleur, tandis qu'il n'étoit que l'effet du zele. Aussi tous les vœux se réunirent sans peine sur la proposition de recourir au Souverain.

Votre confiance n'a pas été trompée ; loin d'appercevoir dans nos incertitudes une occasion de faire triompher son autorité, le Roi vous laisse la même liberté qu'auparavant sur les moyens de parvenir à la confection des chemins, & se borne à fixer vos doutes sur la maniere de vous procurer des fonds, dans le cas où la préférence seroit donnée aux travaux à prix d'argent. Il veut dans cette hipothèse qu'une imposition additionnelle à la taille des campagnes & à la capitation des villes franches, soit préférée à toutes les autres, parce que s'étendant sur un plus grand nombre de Contribuables, elle adoucira le fardeau des peuples, en le divisant davantage. Votre empressement à répondre à ces vues de bonté & de justice, vous a fait désirer que nous remissions sous vos yeux les différentes méthodes qui vous ont été ci devant proposées pour parvenir à la confection des routes. C'est l'objet que nous allons essayer de remplir dans ce rapport.

PREMIER MOYEN.

Travaux distribués aux Paroisses par forme de tâches.

Ce moyen qui fixa d'abord vos regards en 1778, ne présente pas un simple changement de forme, puis qu'il ne laisse subsister de la corvée ni la dureté d'un travail exigible par des contraintes impérieuses, ni l'injustice d'une répartition qui accableroit le pauvre d'un fardeau à peine senti par le riche ; aussi ne craignons-nous pas de vous le proposer dans le moment même où les instructions du Roi, sans proscrire formellement la corvée, vous la presentent comme peu conforme à l'esprit de votre institution. Des tâches équitablement réparties entre les Communautés de la Province & les individus de chaque paroisse, conserveroient à la vérité l'image d'un travail en nature ; mais ce seroit pour ménager aux redevables la faculté de les acquitter de la maniere la plus analogue à leur position & à leur goût : car comme il seroit aussi facile de leur tracer des regles pour le partage du travail, que pour la répartition de l'impôt qui en tiendroit la place, le seul résultat de cet ordre de choses seroit qu'en concourant, comme il est juste, par des efforts & des sacrifices à la vivification de la Province, les peuples retiendroient toute cette partie de leur liberté qui ne contrarie pas les loix générales dans son exercice ; & l'alternative de travailler ou de payer, loin de blesser leurs intérêts, ne feroit qu'annoncer de votre part un desir plus vif de rencontrer leur convenance.

Cette vérité deviendra plus sensible si l'on remonte à ces époques reculées où les signes représentatifs des valeurs n'étant encore ni universellement convenus, ni suffisamment multipliés, les tributs de toutes les nations étoient pris sur le produit réel de leur territoire. Les commencemens de notre Monarchie fournissent une multitude d'exemples en ce genre. Le fifc recevoit alors beaucoup de redevances en denrées ; nos Rois comptoient les droits de gîte parmi leurs revenus ordinaires; le fervice des armées ne fe faifoit pas par des foldats ftipendiés par le Prince ; tous les devoirs enfin s'acquittoient anciennement en nature. Vous avez vous-même reconnu la poffibilité d'y revenir, en balançant dans vos premieres féances les avantages & les inconvéniens de la dime royale, qui ne feroit autre chofe que l'impôt en nature.

Si la fimplicité du recouvrement, fi la néceffité de former un revenu public fixe & invariable ont depuis long-tems introduit l'impofition pécuniaire chez prefque tous les peuples, ce changement s'eft fait fans confulter leur convenance, & la perception ne s'eft perfectionnée qu'en aggravant la forme & le poids des tributs. A l'égard des routes, nous fommes encore, s'il eft permis de le dire, dans l'état primitif. Il faut qu'il y en ait ; mais il eft indifférent pour l'adminiftration publique qu'elles foient faites d'une maniere plutôt que d'une autre. L'option appartient aux contribuables, s'il eft poffible de la leur laiffer : elle les confolera en partie de la rigueur de la contribution. Les paroiffes voifines des routes pourront fe déterminer par goût, à donner leur travail plutôt que leur argent; celles même qui aimeront mieux payer, fe ferviront de l'alternative qui leur fera laiffée pour ramener les Adjudicataires des tâches à des prix juftes & modérés ; en un mot, il fera toujours poffible de conduire les peuples des travaux en nature aux travaux à prix d'argent; il seroit au moins très-difficile de les ramener des travaux à prix d'argent aux travaux en nature : le travail offre donc une ressource permanente & plus assurée pour la construction des chemins. Si l'effet de l'option proposée est de leur faire abandonner ce procédé, il vous sera libre & facile de vous conformer à leur goût ; mais vous serez alors sans reproche pour vous-mêmes, parce que le vœu public se sera manifesté par les faits.

Les seules objections réelles qu'on puisse faire contre cette méthode se réduisent à deux : la premiere, que les paroisses n'étant pas dirigées dans leurs travaux, ne donneront pas aux routes la solidité qu'elles doivent avoir, ne les conduiront pas selon les regles de l'art, ne procéderont pas avec l'ordre, la méthode, l'intelligence qui, en abrégeant les travaux, les rendroient aussi plus utiles. La seconde, qu'en ne convertissant pas le travail en impôt, on ne pourra donner que des tâches fort foibles aux paroisses éloignées des routes, parce qu'il faudra leur tenir compte du tems qu'elles emploieront à se rendre avec leurs bestiaux sur les atéliers, & que ce tems sera perdu pour le public & pour elles-mêmes.

Il est facile de répondre à la premiere de ces difficultés, que les routes continueront à être construites sur les devis des Ingénieurs, & les travaux à être dirigés par les Piqueurs & les Conducteurs d'ouvrages : que les préposés de ce dernier ordre, soumis à recevoir annuellement votre approbation pour l'exercice de leurs emplois, instruits par vos réglemens de l'exactitude & des détails que vous exigez d'eux, exercés à mettre en action une multitude d'hommes & de bestiaux, préviendront par leurs soins les inconvéniens d'une construction peu solide & d'un travail mal ordonné. Si les tâches s'exécutent par adjudication, les Adjudicataires ne seront déchargés qu'après avoir rempli toutes les conditions portées par les devis. Si les paroisses travaillent, elles ne seront pas plus difficiles à organiser qu'elles l'étoient ci-devant, & pourront bien faire en Berri ce qui se pratique avec succès en Champagne, dans la Généralité d'Ausch & dans plusieurs autres provinces.

Quant à la seconde objection, ne seroit-il pas naturel de penser que les paroisses éloignées des routes préféreront, sans qu'on les y force, l'adjudication au travail; qu'elles calculeront elles-mêmes le temps perdu pour se rendre à l'atelier, & la fatigue de leurs bestiaux; & si par extraordinaire elles exécutoient leurs ouvrages, n'auriez-vous pas la preuve acquise que leur intérêt & leur position les y ont déterminé ? Il est vrai que, dans le systême des tâches, elles fourniront des contingens plus foibles, à raison de leur éloignement; mais penseriez-vous que dans le plan d'une imposition générale, il fût juste d'imposer au même taux les paroisses qui, placées sur les routes, en recueillent immédiatement les avantages, & celles que leur éloignement n'en fait jouir que de proche en proche, & pour ainsi dire, par contre-coup ? Cette différence ne vous échappera pas sans doute. La Généralité de Montauban qui a depuis plusieurs années converti les corvées en argent, l'a saisie avant nous. On n'avoit assujetti dans

le principe à l'impofition des routes, dit M. le Commiffaire du Roi dans fon difcours à l'affemblée provinciale de Haute-Guienne, « que les Communautés qui
» étoient chargées du travail des grandes routes. On
» a cru devoir cette année appeler à la contribution
» toutes les autres Communautés qui par leur éloi-
» gnement étoient difpenfées de ce travail. Elles pa-
» roiffent avoir un intérêt moins direct à la formation
» & à l'entretien des grandes routes. On a en confé-
» quence fixé leur portion fur un pied plus modéré ».

N'eft-il pas jufte en effet que l'utilité des routes étant inégalement recueillie par les Contribuables, les frais de conftruction & d'entretien foient inégalement fupportés ? S'il faut admettre des proportions différentes, pouvez-vous les tirer d'un principe plus naturel que l'éloignement ou la proximité des routes ; & dès-lors l'inégalité des tâches en nature, loin de former inconvénient, ne préfentera-t-elle pas un moyen fûr d'atteindre les Contribuables en proportion de leur intérêt?

SECOND MOYEN.

Adjudications des travaux par attelier, correfpondantes à la contribution des Paroiffes qui y feront attachées.

La méthode des tâches que nous venons de foumettre à votre examen, confifte à propofer aux paroiffes un travail en nature dont elles pourroient fe libérer à prix d'argent : celle-ci confifte à leur propofer une contribution en argent, qui les libéreroit d'un travail en nature.

En

En suivant cette idée, il faudroit que les travaux des routes fussent divisés comme ci-devant par atteliers, & répandus dans les différens cantons de la Province à la plus grande proximité possible de toutes les paroisses : qu'un rôle général de répartition ayant déterminé leur contribution respective en argent, sur les principes qui vous paroîtroient les plus justes, on destinât à chaque attelier les contributions de deux, quatre ou six paroisses qui pourroient plus commodément y être attachées, en faisant exactement correspondre le prix des ouvrages au montant de leurs contributions, & que les travaux de chaque attelier fussent ensuite adjugés par vos ordres à celui ou à ceux qui feroient la condition meilleure.

Pour intéresser les paroisses à procurer les soumissions les plus avantageuses, il seroit déterminé par votre réglement général que tous les rabais obtenus par l'adjudication des ouvrages de chaque attelier, tourneroient au profit des paroisses dont les contributions y seroient appliquées ; qu'à cet effet les adjudications seroient annoncées par des affiches & publications, afin que les Syndics pussent prendre connoissance des travaux, exciter les Entrepreneurs, les mettre en concurrence, & fournir, lors des adjudications auxquelles ils auroient droit d'assister, tous les renseignemens qui pourroient être utiles. La nécessité de prévoir tous les cas, & d'embrasser toutes les hipotheses, peut à la vérité vous laisser craindre qu'on ne soit obligé d'adjuger les travaux à des prix au-dessus de l'estimation, & la douceur de vos principes résistera sûrement à vouloir que les paroisses supportent alors une furcharge quelconque, en fus de la contribution que vous auriez fixé pour elles; mais, pourquoi n'ordonneriez-vous pas que dans des circonstances femblables il fe feroit une réduction fur le travail, ou que l'affignation d'une partie du payement feroit indiquée fur les fonds de l'année fuivante. Si cette marche eft un peu moins fimple, elle affure au moins l'avantage d'affocier les paroiffes à vos fuccès par le lien de leur intérêt propre, de les y attacher par une forte d'influence, & d'oppofer aux adjudicataires un contradicteur intéreffé à faire baiffer le prix des travaux.

En réfléchiffant fur cette méthode, vous trouverez peut-être des motifs de ne pas la rejetter fans examen. Elle confolera les peuples en leur montrant l'emploi de leurs contributions; elle bannira cette méfiance & ces foupçons dont ils étoient ci-devant tourmentés, qu'on n'éternisât les travaux que pour éternifer leurs charges. Eh! comment fe feroient-ils défendus de cette crainte, en voyant que l'on changeoit fans ceffe, & fouvent fans objet, la direction des routes anciennes; que des paroiffes employées depuis 40 ans aux travaux, fe trouvoient encore à trois ou 4 lieues de tout chemin public; que les fommes immenfes données pour les rachats de la corvée n'avoient pas encore fait conftruire une lieue de route à prix d'argent. Un procédé nouveau, fuivi d'effets oftenfibles, ranimera leur confiance : authorifés à s'adminiftrer eux-mêmes, à faire verfer le montant des adjudications de la main des collecteurs ou des Syndics dans celle des adjudicataires, ils ne verront pas leurs contributions groffies par le tranfport de l'argent, les taxations des Receveurs & les frais de Bureau : l'application immédiate de leurs fonds leur montrera que, s'ils concourent au bien public par des dépenses nécessaires, on leur épargne au moins toutes les superflues. Une imposition générale leur eût fait craindre peut-être que les deniers n'en fussent un jour divertis à d'autres usages ; une imposition locale ne laissera au Gouvernement lui-même aucun moyen d'en changer l'emploi.

A ces avantages il s'en joint de plus précieux encore. Les tâches en nature ont cet inconvénient nécessaire, que les gens de l'art peuvent se tromper dans l'appréciation des ouvrages; réparties même avec justice, elles présentent à la plûpart des hommes, des termes fautifs de comparaison, parce qu'ils ne voient dans un égal nombre de toises de chemin, que des tâches égales, sans mettre en balance la nature du travail & l'éloignement des matériaux. Il pourroit donc arriver que de deux paroisses voisines, mais inégales en richesses & en population, l'une se croiroit lésée par une tâche de même étendue que la tâche donnée à l'autre, pour n'avoir pas comparé les circonstances du travail du terrein & des distances ; peut-être même verroit-on des tâches justement & proportionnellement inégales exciter des murmures & des plaintes, si les adjudications s'en faisoient à des prix disproportionnés. On ne manqueroit pas alors de mettre en parallele les prix des adjudications mal faites, & il en résulteroit une injustice apparente. Dans le système au contraire qui appellera les paroisses à fournir des sommes d'argent fur les atteliers, leurs droits respectifs & leurs rapports entr'elles paroîtront dans la plus grande évidence, parce que des sommes d'argent forment une mesure commune & clairement apperçue. La diminution éventuelle de ces contributions proportionnées aux rabais survenus dans les adjudications, ne sera que la récompense de leur zele pour le bien public, de leurs soins pour procurer des soumissions avantageuses, sans être un objet de jalousie de paroisse à paroisse. L'opposition des intérêts fera ainsi naître la plus grande chaleur dans les encheres, & il en résultera dans les travaux la plus utile économie.

Cet ordre de choses multipliera tôt ou tard dans les paroisses, des Adjudicataires particuliers & domestiques, qui, s'associant les manœuvres de chaque canton, convertiront les travaux des routes en moyen de subsistance universelle, & l'impôt des chemins regagné par chaque paroisse, deviendra dès-lors pour elle un espece de patrimoine public en faveur de l'indigence.

Les Etats de Languedoc qui, sans suivre ce procédé dans le plus grand détail, s'efforcent d'en approcher, donnent dans un Memoire présenté cette année au Roi, la préférence à cette forme de travail sur les atteliers de charité établis depuis peu dans quelques provinces. » Ces établissemens, disent-ils, ne peuvent » entrer en comparaison avec ces atteliers constans & » perpétuels que des travaux divers & non interrompus » offrent de toutes parts dans le Languedoc. C'est par » cette raison qu'au lieu de porter de fortes sommes » sur un objet particulier, on préfere de les diviser,

» pour diviser aussi les travaux ; le bienfait est alors
» sensible dans un plus grand nombre de lieux ; l'égalité
» se soutient dans le prix des salaires, & si on jouit
» moins promptement, cette économie de tems est aussi
» une économie de dépense ». C'est donc la perfection
de ce qui se pratique en Languedoc que nous avons
l'honneur de vous proposer ici, aussi-bien que le moyen
sûr d'attirer l'argent dans la province par l'action du
commerce, & de le retenir dans chaque canton par
l'action du travail.

Au lieu d'attribuer aux paroisses la faculté de payer
l'Adjudicataire général, & de faire tourner à leur
profit tout ce que les adjudications procureroient de
bénéfice sur les devis estimatifs, on a proposé un autre
moyen de parvenir à des adjudications économiques,
& c'est un des sous-Ingénieurs de la province qui nous
en a fourni l'idée. Après les estimations du travail
de chaque attelier, on pourroit, selon lui, adjuger
les tâches aux soumissionnaires, qui, moyennant la
portion contributoire de chaque Communauté, s'engageroient à faire une portion quelconque d'ouvrages
en-sus de ceux portés par les devis; la préférence seroit
alors dévolue à ceux qui pour une somme déterminée
d'argent, construiroient plus d'echemin, & le bénéfice
des adjudications ne tournant plus au profit des paroisses, seroit recueilli par le public lui-même. Cette
marche vous paroîtra la plus juste & seroit sans contredit la plus utile ; mais il pourroit en résulter que
les Adjudicataires se liant les uns avec les autres feroient un jour la à loi l'Administration, & qu'ils n'offri-

roient que peu ou point de travail furabondant pour obtenir la préférence, parce qu'ils feroient sûrs de n'être pas contredits dans leurs offres. La maniere la plus sûre d'avoir des adjudications à bas prix feroit donc d'y mettre les intérêts en oppofition, & fur-tout de les divifer en petites parties. Les manœuvres des Entrepreneurs, dit un Auteur connu, font toujours redoutables, mais elles ne deviennent jamais plus lucratives pour eux, que quand ils peuvent faire des marchés en gros. Ce font ceux-là qui font leur fortune. Les fubdivifions les défolent, parce qu'elles donnent lieu à la concurrence; mais ce n'eft pas une raifon pour renoncer à s'en fervir. C'eft donc par cette marche qu'une Adminiftration s'éclaire fur la vraie valeur des travaux, & rompt les projets que la cupidité particuliere forme fans ceffe contre le bien public. Or cette oppofition d'intérêts, cette concurrence utile n'exifteront qu'à la faveur des adjudications de travaux par petites parties & par l'intérêt qu'on donneroit aux paroiffes à procurer du rabais dans les prix, en faifant tourner les diminutions à leur avantage. C'eft à vous à prononcer fur le mérite des deux procédés.

TROISIEME MOYEN.

Impofition générale.

Les détails dans lefquels nous venons d'entrer fur l'impofition locale, vous ont déja montré combien il pourroit être avantageux de convertir le travail en impôt. Peut-être les avantages attachés à l'impofition générale vous feront-ils encore sentir combien il seroit dangereux de présenter aux peuples un travail en nature, avec la faculté de le faire exécuter à prix d'argent. Comment en effet la multitude toujours aveugle, & souvent passionnée, saisiroit-elle les termes d'une comparaison si difficile à établir ? L'impôt lui présenteroit-il d'autres rapports que celui d'un prélevement fait sur sa propre subsistance, & d'un sacrifice forcé sur sa propriété ? Appercevroit-elle que des travaux salariés reportant dans chaque canton la somme qu'elle auroit fournie, la contribution des chemins n'opéreroit dans les facultés qu'un déplacement instantané, & que la masse de ces travaux augmentant le prix de la main-d'œuvre, le sort du journalier deviendroit chaque jour meilleur ? Sçauroit-elle prévoir que la rigueur des saisons ne permettant pas toujours d'employer les temps morts pour l'agriculture à la construction des routes, il faudroit forcément y consacrer le temps du labour ou des semences, & des travaux au-dessus de tout prix : que les bestiaux épuisés par des fatigues cumulées, succomberoient enfin & ruineroient souvent par leur mort les propriétaires. C'est sans doute, Messieurs, sur ces combinaisons réfléchies & supérieures au vulgaire qu'il vous appartient de le diriger & de lui faire même une salutaire violence. Dans la nécessité de prendre un parti définitif, l'imposition générale frappera d'autant plus certainement vos regards, qu'elle est le moyen le plus sûr & le plus simple de remplacer l'ancien régime. Elle ne laissera pas même subsister l'image révoltante d'un travail forcé

& sans salaire ; elle opérera sur tous les contribuables par un seul principe, & les atteindra dans les proportions que vous aurez déterminées. Elle écartera ces nombreux détails qu'entraîneroient nécessairement & la méthode des tâches & celle même des adjudications par atteliers. Le changement une fois fait de travail en impôt, il ne restera plus qu'à déterminer le meilleur emploi des fonds publics & à le surveiller. C'est alors que les habitans des campagnes, tranquillement attachés à la culture de leurs vignes & de de leurs guérets, goûteront sans crainte d'être arrachés à leurs asyles, cette douce paix qui fait leur premier bonheur.

Facile à se prêter à toutes les formes, l'imposition générale n'excluera pas même les considérations d'économie. Nécessairement elle épargne le tems qui seroit perdu pour se rendre aux atteliers & en revenir; tems si considérable, qu'il eût suffi peut-être pour construire tout ce qu'il y a de chemins en Berri. Elle invite une classe d'hommes à se vouer aux ouvrages des routes, & formés à ces travaux, ils abrégeront les peines de la construction, la rendront même plus solide par leur aptitude & leur intelligence.

Nous ne joindrons pas à ces avantages la facilité de porter les travaux sur une route plutôt que sur l'autre, suivant la nature des besoins publics, parce que cette facilité conduiroit infailliblement à des injustices. L'impôt cessant alors de refluer en dépense sur les cantons qui l'auroient payé, les pays plus promptement percés de routes trouveroient dans l'accroissement

de

de la circulation, de quoi payer leur impôt, tandis que les paroisses placées près des chemins qui resteroient en arriere, attendroient pendant soixante ans peut-être le fruit de leurs avances. Les préférences données à certaines routes, en considération des besoins publics, paroîtroient toujours accordées aux sollicitations particulieres. C'est par ces motifs sans doute que les Etats de Languedoc, au lieu de porter de fortes sommes sur un objet déterminé, les divisent pour diviser aussi les travaux. Si le bien général s'opere un peu plus lentement par ce moyen, il s'opere en mêmetems pour tout le monde, & chacun jouit en proportion de ses sacrifices.

Nous devons encore moins vous dissimuler, en finissant cet article, que l'imposition générale, si commode d'ailleurs, laisse deux grands inconveniens à craindre: le premier est d'allarmer par l'idée d'une imposition permanente, dont vous n'êtes pas encore assurés de diriger en tout tems l'emploi. Le second est de mettre toute cette partie de la manutention publique dans la main des préposés des routes, parce que principalement instruits des secrets de l'art, des prix des travaux, de l'exactitude des devis, ils attirent tout à leur tribunal à la faveur de leurs connoissances. La publicité des adjudications ne seroit plus alors un frein pour les Adjudicataires, parce qu'il leur est plus utile de se lier d'intérêts que de se combattre. Il n'y a que l'imposition locale qui ait le mérite de prévenir cet abus.

C'est ainsi que tous les procédés semblent s'exclure

& se contredire les uns les autres : votre sagesse saura les balancer & les résoudre.

QUATRIEME MOYEN.

Emprunts.

Plusieurs provinces ont employé & emploient encore la voie des emprunts pour fournir aux frais de la construction des chemins. Le pays d'Artois après avoir déterminé les routes qui lui étoient nécessaires, a ouvert, pour leur confection, des emprunts remboursables en cinquante ans. Les Etats de Languedoc empruntent au nom de la province, pour les routes dont elle est tenue ; les trois Sénéchaussées du pays, pour celles qui sont à leur charge ; les Diocèses & les Communautés pour les leurs. Mais il n'y a que les sommes provenues des premiers emprunts qui soient employées au gré des Etats, dans toute l'étendue de la province. Les Administrations secondaires, les Sénéchaussées, les Diocèses, les Communautés operent chacune dans leurs limites.

C'est ainsi que les emprunts qu'on y fait, portent par-tout l'activité & les moyens de subsistance. L'ordre des choses n'est pas le même en Berri. Votre Administration n'est pas subdivisée, & chaque arrondissement ne pourroit pas prendre des engagemens distincts. Vous ne pourriez donc emprunter que collectivement, & la justice voudroit alors que vous reportassiez dans chaque canton des sommes correspondantes à la portion d'intérêt dont il seroit tenu. Sous cette forme, la voie des emprunts présente de grands avantages.

Elle suppose une imposition générale pour faire face aux remboursemens, mais elle pourroit être moindre que si l'imposition seule devoit fournir à la construction des routes : ainsi la Province seroit soulagée, & les chemins seroient faits beaucoup plus vîte. Les denrées augmentant ensuite de valeur, fourniroient abondamment par leur plus value aux remboursemens & aux arrérages, de sorte qu'à proprement parler, les frais des chemins seroient pris sur leurs produits. Mais il convient de vous observer que les Etats de Languedoc, ainsi que ceux d'Artois, représentent ces deux Provinces & peuvent stipuler pour elles ; nous ne sommes que les Administrateurs du Berri : & cette considération est ici de grand poids. Pourrions-nous en cette qualité faire contracter à la génération présente & future des engagemens avoués par la justice & par les loix ? Le Gouvernement lui-même le permettroit il ? Les emprunts des Provinces doivent avoir son autorisation ; si elles recouroient toutes à ce moyen, les opérations utiles aux finances du Roi pourroient être souvent gênées, parce que la possibilité des emprunts est nécessairement déterminée par la masse d'argent qui circule dans l'Etat. Avons-nous même acquis ce dégré de stabilité & de consistance qui permet d'essayer son crédit en grand, & d'ouvrir des emprunts considérables ? Il seroit affligeant d'appeler l'argent des prêteurs, & d'éprouver qu'ils nous refusent leur confiance. Entre ces avantages & ces inconvéniens vous penserez peut-être que le parti le plus sage seroit de faire des essais. Un emprunt très-borné, destiné à une

A a ij

partie de chemin que vous voudriez accélérer par des secours extraordinaires, vous éclaireroit sur vos moyens & vos ressources. Vous pourriez lui donner les formes les plus accommodées au génie des habitans, le circonscrire dans la Province, le diviser en parcelles, établir des facilités pour le remboursement, de maniere que les plus petites économies domestiques pussent ainsi tourner entre vos mains à l'avantage du public.

Telles sont, Messieurs, les différentes vues sur lesquelles nous vous proposons de délibérer. Le Bureau les a balancées les unes par les autres, & n'a pas négligé de s'éclairer dans leur discussion par l'expérience des faits survenus depuis vos dernieres séances. Il a vu que plusieurs paroisses, après avoir commencé d'exécuter leurs tâches, avoient fini par les adjuger de leur propre mouvement : que d'autres ne les avoient fait adjuger que fort au-dessus ou fort au-dessous des devis estimatifs, ce qui ne peut provenir que de l'imperfection des devis, ou de l'ignorance & de la mauvaise foi des adjudicataires : que ces résultats avoient fait naître de toute part des plaintes des Communautés sur l'injustice de la répartition, sans qu'on pût nettement en démêler les causes, puisqu'elles pouvoient également avoir pour principe ou des appréciations inexactes des travaux, ou des adjudications faites sans connoissance de cause.

Justement frappé des avantages de l'imposition générale, de la simplicité de ses procédés, des succès qu'elle obtient dans quelques pays d'Etats, il n'a pourtant osé s'y résoudre, par la crainte d'en voir passer les fonds à d'autres usages, & d'augmenter l'influence des préposés des routes, qui principalement instruits du prix des travaux, attireroient tout à leur Tribunal, à la faveur de leurs connoissances. Il a surtout appréhendé qu'une Administration pécuniaire ne devînt insensiblement fort coûteuse, & que l'imposition ne s'accrût, sans que les travaux se multipliassent en proportion des dépenses.

La voie des emprunts lui a paru prématurée dans un moment où l'Administration ne fait que de naître, ne subsiste, pour ainsi dire, que par forme d'essai, & n'a pas encore acquis cette stabilité qui entraîne la confiance des peuples, & détermine les prêteurs au placement de leurs fonds.

Ces considérations ont conduit le Bureau à donner la préférence, sur tous les moyens proposés, aux adjudications des travaux correspondantes à la contribution des paroisses attachées à chaque attelier, non-seulement parce que cette méthode écarte les dangers inséparables de l'imposition générale & les embarras liés aux tâches données en nature, ainsi que les plaintes qu'elles occasionnent, mais parce que mettant les paroisses à portée de défendre les intérêts de la province, contre la cupidité des Adjudicataires, il en pourra résulter dans les travaux la plus utile économie; parce qu'elle montre aux paroisses l'emploi de leurs fonds, les leur fait lever à peu de frais, & principalement parce qu'elle donne la facilité de multiplier les atteliers & de reporter ainsi en dépense sur chaque canton, la contribution qu'il aura fournie.

Le Bureau est en conséquence d'avis, 1°. que les travaux publics qui s'exécutoient ci-devant par corvée, soient désormais payés à prix d'argent. 2°. Que ces travaux soient divisés comme ci-devant par atteliers répandus dans les divers cantons de la province, & à la plus grande proximité possible de toutes les paroisses, de sorte qu'elles puissent suivre l'emploi de leurs contributions. 3°. Que les adjudications des travaux de chaque attelier se fassent en présence des Syndics des paroisses dont les contributions y sont employées, ou eux appellés, afin qu'ils procurent par leur concours & leurs lumieres les soumissions les plus avantageuses. 4°. Que le bénéfice provenant des rabais obtenus sur l'estimation des travaux soit réparti en moins imposé sur les paroisses de chaque attelier, au marc la livre de leur contribution, & que dans le cas où les ouvrages ne pourroient être adjugés qu'au-dessus du prix porté par les devis, il y soit pourvu par une réduction de travail ou par l'assignation sur les fonds de l'année d'après, de la somme qui excéderoit les contributions de l'année courante. 5°. Qu'enfin les Adjudicataires soient payés dans les tems fixés lors de l'adjudication, par des mandemens qui leur seront délivrés sur les paroisses dont ils auront exécuté les travaux, sans que les fonds passent par d'autres mains que de celles des Collecteurs dans celles des Adjudicataires, ainsi qu'il se pratique pour les réparations des Presbiteres & des Eglises.

L'assemblée, après avoir entendu ce rapport, s'est occupée des différens moyens qu'il présente ; &, vu l'importance de la matiere, la délibération a été renvoyée à un autre jour.

Du Jeudi 26 Octobre 1780.

L'assemblée a discuté le rapport qui lui avoit été fait la veille.

Du Vendredi 27 Octobre.

L'assemblée, après avoir terminé la discussion du rapport fait par le Bureau des travaux publics, a arrêté sous le bon plaisir du Roi; 1°. Que les travaux qui s'exécutoient ci-devant par corvée seront désormais payés à prix d'argent. 2°. Que ces travaux seront divisés comme ci-devant par atteliers répandus dans les divers cantons de la Province, & à la plus grande proximité possible de toutes les paroisses, de sorte qu'elles puissent suivre l'emploi de leurs contributions. 3°. Que les adjudications des travaux de chaque attelier se feront en présence des Syndics des paroisses dont les contributions y sont employées, ou eux appellés, afin qu'ils procurent par leur concours & leurs lumieres les soumissions les plus avantageuses. 4°. Que le bénéfice provenant des rabais obtenus sur l'estimation des travaux sera réparti en moins imposé sur les paroisses de chaque attelier, au marc la livre de leurs contributions, & que dans le cas où les ouvrages ne pourroient être adjugés qu'au-dessus du prix porté par les devis, il y sera pourvu par une réduction de travail, ou par l'assignation sur les fonds de l'année d'après, de la somme qui excéderoit les contributions de l'année courante. 5°. Qu'enfin les adjudicataires feront payés dans les temps fixés lors de l'adjudication, par des mandemens qui leur feront délivrés fur les paroiffes dont ils auront exécuté les travaux, fans que les fonds paffent par d'autres mains que de celles des collecteurs dans celles des adjudicataires, ainfi qu'il fe pratique pour les réparations des Presbyteres & des Eglifes.

Du Samedi 28 Octobre 1780.

MM. les Procureurs-Syndics ont rendu compte à l'affemblée de la diftribution faite par la Commiffion intermédiaire de la fomme de 50,000 liv. accordée par le Roi fur les fonds des impofitions de 1780, pour être employée en travaux de charité, & des contributions volontaires offertes tant en argent qu'en travail en nature par différens propriétaires ou Communautés de la Province pour le même objet, & montant enfemble à 44,338 liv. 15 fols.

Du Lundi 30 Octobre 1780, neuf heures & demie du matin.

MM. les Commiffaires de l'impôt ont pris le Bureau, & ont rendu compte des diverfes opérations relatives aux vingtiemes, fur lefquelles l'affemblée a pris une délibération préparatoire qu'il paroît inutile de remettre ici fous les yeux du public, qui en a eu précédemment connoiffance, & fur laquelle le Roi n'a point encore fait connoître fes intentions.

Du

Du Lundi 30 *Octobre, cinq heures du soir.*

MM. les Commiffaires des travaux publics ont pris le Bureau, & ont dit :

MESSIEURS,

Plus on s'occupe des objets foumis à l'Adminiftration générale, plus on eft pénétré de frayeur lorfqu'il faut fe réfoudre & venir à l'action, parce que des partis également bons en apparence ont fouvent fourni dans l'application des réfultats infiniment oppofés. En ap-préciant fous ces rapports toute maniere nouvelle de parvenir à la confection des routes, vous ne vous êtes décidés qu'en tremblant, fur les différens moyens qui vous ont été propofés ; & fi vos vœux fe font enfin réunis fur les adjudications partielles correfpon-dantes aux contributions des paroiffes, vous avez en même-tems contracté avec les peuples & avec vous-mêmes l'obligation de prévenir par de fages délibéra-tions, les inconvéniens attachés à toute marche nouvelle, de préparer tellement l'exécution de vos vues, qu'il n'en réfulte pas des réactions fâcheufes d'une claffe de citoyens fur l'autre, & que l'équilibre des forces publiques ne s'en trouve pas altéré.

Deux grands intérêts font à concilier par vos foins. Il faut que la claffe des propriétaires, fi grevée par les frais d'exploitation, ne concoure à la confection des routes qu'avec l'efpérance d'en être dédommagée par l'augmentation du prix des denrées : que la claffe des journaliers, si malheureuse dans l'extrême cherté des denrées, trouve dans le salaire de ses travaux des moyens assurés de subsistance. C'est à cet objet de la plus grande importance que se réduisent essentiellement toutes les questions que nous venons vous soumettre dans ce rapport. Pour les traiter dans l'ordre qui nous a paru le plus naturel, nous examinerons,

1°. A quelle somme vous pouvez fixer dans la Province la totalité de la contribution pour les routes.

2°. Sur quels principes sera répartie cette contribution entre les paroisses & les individus.

3°. Si elle affectera également les paroisses éloignées des routes, & celles qui en sont voisines.

4°. Si elle tombera indifféremment sur tous les Taillables.

PREMIERE QUESTION.

A quelle somme peut-on fixer dans la Province la totalité de la contribution pour les routes.

C'est sans doute par la connoissance la plus détaillée des forces de la Province, qu'il faudroit se résoudre sur cette question importante, soit que ces forces soient évaluées par tête, ainsi que le faisoit précédemment la corvée, soit qu'on les apprécie par le produit des biens industriels & fonciers, ainsi qu'il se pratique dans plusieurs Provinces. Mais il s'en faut bien que nous puissions vous présenter à cet égard des bases certaines & clairement connues. Les états de population qui nous ont été précédemment remis, sont éloignés de ce degré de certitude qui peut conduire à une répartition individuelle & juste : vos premiers pas dans la carriere de l'Administration vous ont également appris que les taxes assises sur les facultés tenoient plus à l'opinion qu'à la connoissance des fortunes, & votre zele s'occupe des moyens de les réformer.

Nous ne pourrions donc vous présenter une mesure quelconque de dépense pour les travaux publics, fondée sur les moyens des peuples, qu'en partant d'approximations vagues & fautives, qu'en nous appuyant sur des états dont le vice vous est connu.

Au défaut de principes, nous venons vous proposer de vous appuyer sur des faits, de déterminer une somme suffisante pour construire chaque année autant de routes au moins qu'en a construit la corvée dans les momens où elle a obtenu le plus de succès, & de les faire construire avec un soulagement certain & considérable pour la Province. Si cette marche ne répond pas pleinement à vos vues de justice, elle vous consolera du moins par sa douceur & sa bienfaisance.

En s'attachant à cette idée, on voit d'une part qu'il ne s'est jamais construit en Berri plus de six lieues de route par an avec le secours de la corvée, & que souvent il ne s'en est pas construit deux. On sçait d'autre part que les travaux fournis jusqu'à présent par les paroisses, pouvoient être évalués à 700,000 liv. par an.

La tâche annuelle que vous avez à remplir est donc de six lieues de route neuve, & si vous vous arrêtiez pour en déterminer la valeur aux calculs des gens de l'art & des Ingénieurs des Ponts & Chauffées, vous auriez dès-lors la certitude d'atteindre votre objet avec une fomme de 240,000 liv. par an, à raifon de 40,000 par lieue de 2000 toifes ; mais des expériences tentées par plufieurs d'entre vous, des effais même faits fous leurs yeux, vous ont convaincu que cette appréciation étoit trop forte ; qu'en fuivant des eftimations moyennes on pourroit conftruire avec 12 liv. une toife de chemin, & par conféquent une lieue avec 24,000 livres ; que fi dans les premiers temps le défaut d'expérience dans les adjudicataires, ou de chaleur dans les adjudications, vous conduifoit à des prix plus élevés, ils ne pourroient au moins aller au-dela de 30,000 livres, & qu'ainfi fix lieues de route ne vous coûteroient au plus que 180,000 livres. La corvée n'avoit pas le mérite d'entretenir les routes en bon état, & c'étoit peut-être la fuite de fa maniere d'opérer par faifons de l'année ; elle vous laiffe 83 lieues de route exiftantes en chauffées de cailloutis à réparer ou entretenir, & ces frais d'entretien devant être, fuivant les Ingénieurs, de 600 liv. par lieue, donneront une dépenfe annuelle de 42,800 livres.

Loin de rien diftraire de cette fomme, nous penfons au contraire qu'il y faut ajouter, parce que quand même un entretien plus régulier conduiroit à des économies, il fe peut faire que l'état préfent de dégradation des routes exige beaucoup plus de dépenfes, & l'entretien augmentera d'ailleurs à fur & mefure des constructions neuves; ainsi votre prévoyance doit porter dès aujourd'hui à 50,000 livres les frais d'entretien & de réparation.

Les transports du sable & des pierres nécessaires à l'entretien de neuf lieues de chauffées de pavé qui existent dans la Province, sont actuellement & continueront d'être à votre charge. On a coutume de les évaluer à 5 ou 6000 liv., & tous ces objets de dépenses réunies ne formant que la somme de 235, ou 236,000 liv. vous avez la preuve acquise, Messieurs, que vous pouvez avec ce secours procurer à la Province beaucoup plus de communications que n'en ouvroit régulièrement la corvée, & lui épargner un emploi de forces de 460,000 liv. par an, qui a coûté sans fruit aux malheureux tant de sueurs & tant de larmes.

Nous ne croyons pas qu'avec des résultats si consolans vous puissiez destiner aux travaux publics une somme qui ne donneroit pas au moins les mêmes effets que la corvée. Le désir d'accoutumer peu à peu les esprits à la forme nouvelle de contribution que vous avez adoptée, en augmentant la contribution par des gradations insensibles, en bornant les travaux dans les premiers temps, pour les étendre successivement dans la suite, seroit peut-être plus honorable pour votre sensibilité, que propre à fixer la confiance publique. Il y a long-temps que les peuples de cette Province sont tourmentés par de cruelles incertitudes, par des changemens de méthode, par des essais de tout genre. Le plus grand bien que l'Administration puisse leur faire, sera de déterminer leur sort. Une regle constante leur paroîtra plus douce que les vicissitudes continuelles qui les agitent, & nul moment n'est plus propre à recevoir & à donner cette regle, que celui où vous brisez la plus pesante de leurs chaînes. Loin de laisser entrevoir que la contribution des chemins variera dans sa mesure, tout vous invite à lui donner la forme d'un tarif, sinon immuable dans ses proportions, parce que les facultés générales ne sont pas assez connues, au moins arrêté sans retour pour un espace de temps quelconque, tel que seroit celui de 10 ou 12 ans, afin de rassurer à la fois les peuples & contre le retour des formes anciennes, & contre l'appréhension que la forme nouvelle ne devienne un moyen de les charger sans mesure.

SECONDE QUESTION.

Sur quel principes sera répartie la contribution des chemins entre les paroisses & les individus ?

C'est entre les taillables que cette répartition doit être faite, suivant les intentions connues de Sa Majesté; dès-lors le procédé le plus simple seroit de répartir la contribution des chemins au marc la livre de la taille, parce que le même principe régleroit les deux impôts, & il en résulteroit l'avantage toujours précieux en administration de ne pas compliquer les ressorts & les moyens. Cette marche vous fut proposée dans vos premieres séances, & y fut rejettée par un vœu presque unanime, comme impossible & ruineuse pour les hauts cottifés. Il eſt pourtant vrai de dire que la taille mixte & la contribution des chemins ont entr'elles une intime analogie, puiſque l'une affecte les propriétés & les perſonnes, de même que l'autre prépare plus de valeur aux biens & plus d'activité à l'induſtrie. Pourquoi donc deux impôts de même nature ne pourroient-ils pas ſans inconvéniens être répartis ſur les mêmes principes ? C'étoit-là le problême d'adminiſtration que vous aviez à réſoudre, & vous avez cru dans vos ſéances de 1779, en avoir trouvé la ſolution dans la tendance que la taille a pris depuis quelques années en Berry vers la réalité de l'impôt. En effet les Colons ne ſont plus impoſés dans les rôles qu'à raiſon de la force de leurs domaines, ſans égard à leurs facultés : le changement des colons n'en produit plus dans les cottes : les paroiſſes cottiſent les abſens pour les biens qu'ils font valoir dans leur enclave, contre la diſpoſition des loix anciennes qui vouloient qu'on ne fût impoſé que dans le lieu de ſon domicile ; enfin certaines cottes de tailles ſont aſſiſes directement ſur les biens, ſur tant de boiſſelées de terre, ſur tant de journaux de vigne.

Si ces confidérations vous paroiſſent auſſi preſſantes qu'elles vous l'ont paru en 1778 & en 1779, vous y perſiſterez ſans doute, & il en réſulte pour nous l'obligation de vous ſuggérer d'autres procédés.

Le premier ſeroit de tempérer l'impoſition par ſes différens rapports avec les intérêts des contribuables, de la diviſer entre les paroiſſes à raiſon de leur population, de la répartir enſuite dans l'intérieur des paroiſfes au marc la livre de la taille. Ce procédé préfente des rapports affez juftes, parceque les chemins font utiles à l'univerfalité, en raifon de l'activité générale & de la population, & qu'ils le font dans chaque paroiffe à raifon des facultés, des befoins & des jouiffances. Dans les Communautés peu nombreufes l'impofition ne feroit pas accablante, parce que fa quotité auroit été fixée par le nombre des individus : plus forte dans les paroiffes bien peuplées, elle y feroit auffi plus divifée.

On vous propofa l'année derniere d'impofer par une opération générale tous les journaliers à trois livres; tous les laboureurs, à 10 livres les uns dans les autres, & de laiffer enfuite chaque paroiffe divifer ces fommes fur les individus à raifon des facultés, de maniere que le plus riche journalier ne pût être impofé à plus de fix livres, & le plus pauvre à moins de 15 fols : que le laboureur à une feule charrue fût impofé à douze livres; pour deux charrues à 18 livres; pour trois à 21 livres; pour quatre à 24 livres. Cette méthode parut compliquée à quelques-uns d'entre vous; elle demandoit en effet des détails, qui, dans la fpéculation, doivent paroître pénibles & embarraffants. La pratique feule eût fait connoître s'ils étoient poffibles.

Mais, quoiqu'il en foit, la maniere la plus fûre de juger du mérite de ce moyen, eft d'en étudier les réfultats. Pour y parvenir, établiffons en principe qu'il n'eft plus déformais pratiquable de confidérer la contribution des paroiffes aux chemins, fans rapport avec leur contingent de taille, puifque l'une de ces

contributions

contributions doit être additionnelle à l'autre. Or en comparant ces deux objets, nous avons apperçu que la contribution des chemins, même réduite à 3 livres par journalier, à 10 livres par charrue, feroit dans 14 paroiffes double de la taille & au-dela; que dans 53 paroiffes elle en excéderoit les deux tiers; que dans 80 ou environ elle iroit à la moitié ou plus; tandis que dans 80 autres elle defcendroit au-deffous du quart, du cinquieme, du fixieme, du huitieme même.

Cet étrange contrafte ne procede pas uniquement ou même principalement d'une injufte répartition de la taille. Quelque vicieufe qu'on la fuppofe, elle n'ameneroit pas ces énormes différences. Il en faut rechercher la caufe dans la nature même des impofitions, fuivant qu'elles avoient jufqu'à préfent exifté. La corvée purement perfonnelle affectoit la tête des hommes & celle des beftiaux. La taille même mixte étoit affife fur les biens & les facultés. Plus elle a pris de tendance vers la réalité, plus elle s'eft éloignée d'une répartition analogue à la corvée. Il eft arrivé que des paroiffes nombreufes & pauvres ont préfenté à l'action de la corvée une furface immenfe, tandis que des paroiffes riches & peu habitées n'ont fourni pour fes travaux que des reffources très-foibles.

Membres de la même affociation, enfans de la même famille, dans le moment où nous fommes gouvernés par le plus fenfible des Princes, où fes foins paternels recherchent tous les malheureux pour effuyer leurs larmes, où il nous appelle par un choix de prédilection à feconder les mouvemens de fa bienfaifance, où il déploie les sentimens d'humanité si précieux dans tous les hommes, si rares dans les Rois ; laisserions-nous subsister dans les charges publiques une répartition monstrueuse qui accableroit le pauvre d'un fardeau à peine senti par le riche ? en détruisant la corvée, voudrions-nous sous une autre forme en perpétuer la rigueur ? Pourrions-nous même avec justice ne pas rappeller la charge des travaux publics à sa véritable nature, ne pas la regarder au moins comme mi-partie entre la propriété & l'industrie, puisque toutes deux profitent de l'avantage des communications ?

En vous arrêtant, Messieurs, à ce dernier point de vue, peut-être trouverez-vous des motifs suffisans de ne prendre entiérement pour regle de répartition, ni la population, ni la taille des paroisses, avec d'autant plus de raison que la population ne vous est pas parfaitement connue, & que la taille est mal répartie. Faire porter par une opération subite sur les hauts cottisés, un fardeau également supporté jusqu'à présent par tous les Contribuables, ce seroit écraser les propriétaires. Rejetter sur la population seule une charge dont il est juste que la propriété prenne une grande partie, ce seroit fermer nos cœurs à la pitié & nos regards à la justice. Mais il est des partis mitoyens entre ces deux extrêmes ; des calculs faits avec soin nous ont appris que pour prélever sur la Généralité la somme de 240,000 livres, le grand nombre des paroisses, même à raison de leur population, devoit fournir entre le tiers & le quart de leur taille : ne vous paroîtroit-il pas juste de rapprocher de ce terme commun toutes celles qui s'en éloignent d'une maniere trop marquante, en déterminant que les paroisses les plus fortes en population ne fourniroient pas pour les chemins une contribution au-dessus du tiers de leur taille; que les paroisses les moins peuplées ne fourniroient pas au-dessous du quart, & que les contributions énoncées au tarif qui seroit dirigé sur ces principes, seroient réparties dans l'intérieur des Communautés au marc la livre de la taille.

Il est encore un rapport que nous ne devons pas omettre de vous faire saisir.

Le patrimoine des journaliers augmentera dès le moment où les travaux publics seront salariés dans la Province : leur main-d'œuvre deviendra plus chere ; ils se verront plus recherchés & mieux payés : c'est donc pour eux que la suppression de la corvée offre les plus grands avantages. Faudroit-il qu'un simple journalier à qui elle coûtoit autrefois au moins 6 l. & même 12 & 18, s'il avoit un ou deux enfans au-dessus de 16 ans, ne concourût plus pour rien ou presque rien à la confection des chemins qui seront désormais pour lui un moyen de subsistance ? Et ne pourroit-on pas raisonnablement statuer qu'aucune contribution pour les travaux publics ne sera moindre que la valeur d'une journée. Telles sont les vues que le Bureau peut vous soumettre sur cet objet important.

TROISIEME QUESTION.

La contribution des chemins affectera-t-elle également les Paroisses éloignées des routes, & celles qui en sont voisines ?

Cette question présente deux objets différens à votre discussion. Le premier consiste à déterminer si vous assujettirez à la même contribution, malgré leur éloignement plus ou moins grand des routes, les paroisses appellées jusqu'à présent aux travaux publics : le second, si vous soumettrez à la dépense des chemins les Communautés que la corvée n'y avoit pas fait concourir encore.

Quant au premier, vous appercevrez sans peine que si l'on donnoit des tâches moins fortes aux paroisses éloignées, on n'exigeoit pas d'elles moins de fatigues, puisque leurs tâches n'étoient plus foibles qu'à raison du temps employé pour se rendre aux atteliers, & pour en revenir. Ces paroisses même étoient plus malheureuses que les autres par l'embarras de loger loin de chez elles les hommes & les bestiaux, & ce rapport fait encore mieux sentir les avantages d'une contribution pécuniaire qui porte utilement sur les routes des forces ci-devant employées à des courses sans profis. Il vous fut judicieusement observé ces jours derniers que les paroisses voisines des chemins en avoient fourni l'emplacement, avoient souffert l'incommodité considérables des fouilles & des décombremens ; qu'enfin elles avoient donné, & depuis plus long-temps que les autres, leur contingent pour les travaux. Ces confidérations réunies peuvent faire incliner à des contributions égales entre les paroiſſes juſqu'à préſent appellées aux routes, avec d'autant plus de raiſon que l'uniformité dans les procédés préſente toujours de grands avantages.

Il faut porter un autre jugement ſur les paroiſſes qui n'ont connu juſqu'à préſent ni les rigueurs de la corvée, ni le poids d'une contribution quelconque. Quoiqu'éloignées des routes, elles profitent pourtant de leur conſtruction, ſoit parce que l'activité ſe communique de proche en proche, ſoit parce que les Communautés éloignées des chemins de leur Province touchent ſouvent par quelque point à ceux d'une Province voiſine, & qu'à ce double titre elles doivent à la ſociété en général une compenſation pour le bienfait qu'elle leur procure. Les effets de la proſpérité publique rejailliſſent ſur tous les Membres de l'Etat; & ſi les propriétaires confinés au centre des terres ont plus de peine à conduire leurs bleds au marché, du moins ils les vendent mieux, lorſque le commerce a plus d'énergie. Mais on ne peut ſe diſſimuler en même temps que ſi les pays iſolés profitent un peu de la haute valeur des denrées, ils ne ſe procurent qu'avec de grands frais les objets d'importation qui leur manquent; qu'ils ſont ſecourus moins facilement dans leurs diſettes; qu'ils ſont obligés à nourrir plus de beſtiaux pour le ſervice de leurs tranſports. Si, malgré tous ces motifs, vous les appelliez à la contribution, ne croirez-vous pas au moins devoir la fixer pour eux sur un pied plus bas au sixieme, par exemple, de leur taille, au lieu du tiers & du quart, soit pour les consoler du désavantage de leur situation, soit pour leur adoucir une charge jusqu'à présent inconnue.

QUATRIEME QUESTION.

La contribution tombera-t-elle sans exception sur tous les Taillables ?

Il y avoit des exemptions sous l'ancien régime : les unes résultoient de l'ordre & de la nature des choses ; telle étoit celle des Chirurgiens Maîtres-ès-Arts & sans exploitation, des Maîtres d'Ecole établis par lettres de l'Evêque Diocésain, des Collecteurs, des Syndics, des manœuvres septuagenaires, des infirmes, des veuves & filles qui n'exploitent aucun bien, & ne peuvent pas fournir des bras utiles aux travaux des routes.

Les autres étoient l'effet de la volonté du Prince, mue par le bien général & par la nécessité d'encourager des professions utiles : telles étoient les exemptions des Invalides pensionnés, des Soldats retirés avec la récompense militaire, des Employés des fermes & droits du Roi, ayant appointemens & serment en justice, des Inspecteurs & Propriétaires des manufactures, des Maîtres de poste aux chevaux, des Gardes-Harras, des Gardes-Etalons, des Préposés de l'étape, & de quelques autres.

Nous n'entendons nous élever ni contre les unes, ni contre les autres de ces exemptions, par l'effet du respect dû aux titres & aux droits de tous les Contribuables : mais il convient de vous obferver que la converfion des travaux en argent néceffite à des exemptions nouvelles : que leur concours avec les anciennes, diminuera notablement le nombre des Contribuables, contre l'intention connue du Roi d'adoucir le fardeau des peuples en le divifant davantage : que la contribution du tiers & du quart s'éleveroit fouvent à plus de la moitié de la taille, fi toutes ces exemptions étoient conservées : qu'il devient au moins nécessaire, en changeant l'ordre ancien, de fixer l'incertitude des paroiffes fur l'ordre nouveau, & la comparaison des deux états vous fera fentir les différences de l'un & de l'autre.

La corvée étoit un facrifice de temps & de travail ; la contribution qui en tient la place eft un facrifice d'argent. Or l'exemption de donner un tems qu'on n'a pas, ou un travail dont on n'eft pas fufceptible, ne difpenfe pas par elle-même de fournir une contribution qu'on auroit la force de payer : ainfi les Syndics ci-devant difpenfés de la corvée, parce qu'ils étoient chargés d'en affurer le fervice, devroient, fuivant ce principe, rentrer dans la claffe commune, comme n'ayant plus les mêmes obligations à remplir. Les Collecteurs, forcés à des courfes éternelles pour recouvrer les deniers publics, & les porter à la recette, ne pourroient juftement fe refufer à une contribution qui n'apporte plus nul obftacle à leurs fonctions : il femble de même que les vieillards, les infirmes, les veuves & les filles qui ne pouvoient fournir le travail de leurs bras, que les Chirurgiens, les Maîtres d'Ecoles qui, confacrant leur tems au public, ne pouvoient pas le lui donner de deux manieres, n'ont aucun titre pour fe fouftraire à une cottifation déterminée fur leur fortune. Au contraire les pauvres n'ont point d'argent, & c'eft la meilleure raifon de n'en pas donner. Il fera en conféquence inévitable de regarder à l'avenir comme exempts, au moins tous les Taillables impofés à 5 fols, puifque cette cotte eft la preuve de la derniere mifere. Dans les principes de la corvée, toute tête étoit corvéable, & le chef de famille ayant 4 ou 6 enfans, un ou plufieurs domeftiques, devoit les envoyer tous aux chemins. Cette furcharge étoit d'autant plus accablante, que les familles pauvres étoient quelquefois les plus nombreufes, & fourniffoient des contingens très-forts. Dans le fyftême d'une contribution, chaque chef de famille ne paiera certainement pas autant de cottes qu'il comptera d'individus dans fon ménage, puifque fon taux de taille repréfentant toutes fes facultés, il aura acquitté fa dette en contribuant rélativement à ce taux. Ainfi tout Taillable qui ne fera pas nominativement compris dans le rôle des tailles, fera dans le fait exempt de la contribution, & cette fource d'exemption fera très-abondante. Quelque nombreux que foient encore les exempts gratifiés par le Prince, nous ne nous permettrons pas de vous propofer à leur égard un parti quelconque, & vous penferez sûrement comme nous qu'il y a lieu de recourir à l'autorité du Souverain qui, ayant fixé leur fort, doit feul ftatuer fur ce qui les concerne.

Le

Le Bureau forcé de vous préfenter un vœu fur toutes les queftions qu'il vient de vous foumettre, eft d'avis 1°. Que la contribution deftinée aux routes de la Généralité foit fixée à la fomme annuelle de 236,900 livres ; 2°. Que la contribution particuliere de chaque paroiffe foit également fixée à une fomme quelconque, fuivant un tarif dont on vous préfentera le modele, & qui ne pourra être changé ni renouvellé qu'après le terme de dix ans au moins, laquelle fera levée par des Collecteurs nommés dans la forme ufitée pour les réparations des Eglifes & Presbyteres, avec l'attribution des fix deniers pour livre ; 3°. Que la quotité de la contribution des Paroiffes foit déterminée entre le tiers & le quart de leur taille principale, & pour les villes de Bourges & d'Iffoudun entre le tiers & le quart de leur capitation, de forte que les paroiffes les plus fortes en population ne foient pas cotifées à plus du tiers, les paroiffes les moins nombreufes au-deffous du quart de leur taille ; 4°. Que cette contribution des paroiffes foit répartie dans leur intérieur au marc la livre de la taille ou capitation, de maniere cependant qu'aucune cote ne foit au-deffous de la valeur d'une journée, réduite au prix commun de 15 fols ; 5°. Que les paroiffes qui n'avoient pas été jufqu'à préfent appellées à la confection des routes, y contribuent déformais à raifon du fixieme de leur taille principale, & fe partagent cette contribution fuivant les principes propofés pour les autres Communautés de la Province ; qu'à cet effet les travaux correfpondants à leurdite contribution foient marqués sur les atteliers dont elles seront plus voisines; 6°. Que tous les cottisés au rôle des tailles le soient au rôle des travaux publics, en n'exceptant que les pauvres imposés à moins de 10 sols, & sous la réserve expresse des exemptions accordées par le Roi à certaines professions particulieres, & sur lesquelles Sa Majesté sera suppliée de faire connoître ses intentions, relativement au nouvel ordre projetté pour l'exécution des travaux publics, dans le cas où elle voudroit bien permettre de l'établir dans la Province; 7°. Que les rôles pour lesdites contributions soient dressés sur papier commun, & dans le cas où ils ne pourroient être dressés sans frais, qu'il soit surajouté à la contribution de la paroisse la somme de deux livres pour les moindres rôles jusqu'à ceux composés de cent cotes ou environ, deux livres dix sols pour ceux de deux cens cotes, trois livres pour ceux de trois cens cotes, & ainsi de suite, en augmentant toujours de dix sols par cent cotes.

Après la lecture du rapport, l'assemblée en a discuté les moyens, & la délibération a été renvoyée à la prochaine séance.

Du Mardi 31 Octobre 1780, neuf heures & demie du matin.

L'assemblée, après quelques réflexions sur le rapport qu'elle avoit entendu la veille, a arrêté:

1°. Que la contribution destinée aux routes de la Généralité, sera fixée à la somme annuelle de 236,900 livres.

2°. Que la contribution particuliere de chaque paroiſſe ſera également fixée à une ſomme quelconque, ſuivant un tarif dont le modele demeurera annexé au préſent procès-verbal, & qui ne pourra être changé ni renouvellé qu'après le terme de dix ans au moins, laquelle ſera levée par des Collecteurs nommés dans la forme uſitée pour les réparations des Egliſes & Presbyteres, avec l'attribution des ſix deniers pour liv. qui ſeront impoſés en ſus de la ſomme principale.

3°. Que la quotité de la contribution ſera déterminée entre le tiers & le quart du premier brevet de la taille pour les paroiſſes taillables, & de la capitation pour les villes de Bourges & d'Iſſoudun, de ſorte que les paroiſſes les plus fortes en population ne ſoient pas cotiſées à plus du tiers, les paroiſſes les moins nombreuſes au-deſſous du quart de leurdite taille ou capitation.

4°. Que cette contribution des paroiſſes ſera répartie dans leur intérieur au marc la livre de la taille ou capitation, de maniere cependant qu'aucune cote ne ſoit au-deſſous de la valeur d'une journée réduite au prix commun de 15 ſols.

5°. Que les paroiſſes qui n'avoient pas été juſqu'à préſent appellées à la confection des routes, y contribueront déſormais à raiſon du ſixieme de leur taille principale, & ſe partageront cette contribution ſuivant les principes arrêtés pour les autres Communautés de la Province; qu'à cet effet les travaux correſpondants à leurdite contribution, ſeront marqués ſur les atteliers dont elles ſeront plus voiſines.

6°. Que tous les cottifés au rôle des tailles le feront au rôle des travaux publics, en n'exceptant que les pauvres impofés à moins de 10 fols, & fous la réferve expreffe des exemptions accordées par le Roi à certaines profeffions, & fur lefquelles Sa Majefté fera fuppliée de faire connoître fes intentions, relativement au nouvel ordre projetté pour l'exécution des travaux publics, dans le cas où elle voudroit bien permettre de l'établir dans la Province.

7°. Que les rôles pour lefdites contributions feront dreffés fur papier commun, & dans le cas où ils ne pourroient être dreffés fans frais, qu'il fera furajouté à la contribution de la paroiffe la fomme de deux liv. pour les moindres rôles jufqu'à ceux compofés de cent cotes ou environ, deux livres dix fols pour ceux de deux cens cotes, trois livres pour ceux de trois cens cotes, & ainfi de fuite, en augmentant toujours de dix fols par cent cotes.

Du Jeudi 2 Novembre 1780, onze heures du matin.

MM. les Commiffaires pour les travaux publics ayant pris le Bureau, ont dit :

MESSIEURS,

Après avoir déterminé la méthode qui vous a paru la plus utile à fuivre pour la confection des routes, & les moyens de fournir avec douceur pour les peuples aux frais qu'elles entraînent, il vous refte à tracer une marche sûre & facile pour éclaircir les doutes, prévenir les plaintes, résoudre les difficultés survenantes au moment d'une institution nouvelle, & surtout pour déconcerter les efforts qu'on fera pour la traverser. Il faut que présens par-tout vous éclairiez les travaux de chaque attelier, vous veilliez sur l'exactitude des devis, vous donniez aux adjudications la publicité qu'elles doivent avoir, vous y fassiez naître la chaleur & la concurrence, vous écartiez les adjudicataires inhabiles ou peu solvables, vous forciez les Entrepreneurs à remplir avec fidélité leurs engagemens, que vous preniez enfin de justes mesures pour que leurs ouvrages soient reçus sans ménagement comme sans dureté.

Il est encore nécessaire que des préposés attachés à votre Administration, intéressés à vos succès, vous rendent un compte exact & presque journalier de l'état des routes, mettent sous vos yeux le tableau de leurs dégradations, vous instruisent des infidélités dont les adjudicataires généraux ou particuliers se rendroient coupables en employant des matériaux défectueux qui seroient plus à leur portée, des dégâts qu'ils feroient sur les territoires, des dommages de tout genre qu'ils pourroient causer aux particuliers & aux paroisses. C'est, Messieurs, en embrassant cet ensemble, que vous paroîtrez animés de cet esprit de tutelle qui vous conciliera l'affection des peuples, & répondra aux vues bienfaisantes du meilleur des Rois.

Il est impossible que votre Commission intermédiaire subdivise assez son attention pour embrasser les besoins particuliers de chaque paroisse, & toutes les parties de travaux répandus sur la surface de la Province. Centre de toutes les affaires, pendant que vous êtes séparés, c'est à elle de soutenir le mouvement de la machine par une action générale, d'animer tous ses ressorts, d'en empêcher l'affoiblissement : mais jamais sa surveillance ne s'étendra efficacement sur toutes les localités, si vos représentans répandus en tous lieux n'y portent l'esprit qui vous dirige, & cet amour du bien public dont vous êtes pénétrés.

En réfléchissant, Messieurs, sur ces rapports divers, le Bureau a apperçu que la Province, divisée pour les travaux publics en cinq départemens, présentoit dans chacun d'eux des parties d'autorité à exercer, & des détails journaliers à suivre.

Les plaintes des paroisses contre les adjudicataires, les mandemens à délivrer sur les Collecteurs des Communautés, l'adjudication des travaux, leur réception, les baux d'entretien, tous ces objets demandent des agens d'un ordre distingué & faits pour mériter la confiance publique. Si la Commission intermédiaire peut suffire à ces soins dans le département de Bourges qu'elle embrasse immédiatement par sa position, partout ailleurs il faut des Commissaires des travaux publics, chargés de la représenter & de lui rendre compte. Il est à desirer que ces Commissaires se partagent les routes de chaque département, pour les soumettre à leur surveillance ; de-là résulte la nécessité de les répandre de proche en proche, qu'ils puissent se réunir pour les adjudications & réceptions, parce que cette réunion écartera jufqu'à l'ombre du foupçon de la perfonne des Adminiftrateurs & de l'exercice de leurs fonctions, foutiendra la confiance des peuples par l'appareil des formes, attirera même les adjudicataires par l'efpoir d'une concurrence rigoureufe; delà fuit l'obligation de les multiplier affez, pour qu'ils puiffent fe tranfporter aifément dans tous les lieux où leur préfence fera néceffaire, & fuivre les détails que vous leur aurez confiés, fans préjudice pour leurs propres affaires.

La manutention journaliere, les objets pratiques, la vifite des atteliers, l'infpection habituelle des adjudicataires & de leurs travaux ne peuvent pas appartenir à de tels Commiffaires; vous pourvoirez à ces moindres détails par des conducteurs placés de diftance en diftance avec des appointemens convenables; ils rendront aux Commiffaires les plus voifins un compte exact de l'état des routes & du progrès des ouvrages; ils pourront même donner leurs foins aux atteliers de charité, vous inftruire de la maniere dont ils font fuivis, des bons effets qu'ils auront produits; & nous ofons vous affurer que la néceffité de ces mefures vous frappera tôt ou tard.

La maniere de faire germer l'émulation parmi ces prépofés, feroit de leur faire efpérer diftinctions & récompenfes. Vous atteindrez ce double objet, en ne nommant d'abord que de fimples conducteurs, avec des gages plus foibles, & vous réfervant d'établir par la fuite dans chaque département un conducteur principal avec un meilleur traitement. Il eft même possible de ne pas fixer d'abord leur état, de les payer comme autrefois à tant par mois, en attendant que leur exactitude & leur fidélité vous déterminent à leur assurer un sort permanent.

La maniere de pourvoir au paiement de ces conducteurs nous paroît aussi simple que juste. La suppression de la corvée rend inutiles les anciens conducteurs & piqueurs, portés précédemment sur les états du Roi pour une somme de 20,100 livres, année commune : elle économise aussi les frais d'outils & ustenciles, évalués à 2750 livres : ces faits sont établis dans le mémoire que vous remit M. de Montrocher, lors de vos premieres séances. Nous résistons à croire que le Roi se refusât à vous laisser la liberté de tirer sur les fonds des ponts & chaussées les sommes nécessaires pour salarier vos conducteurs, puisque ces sommes eussent été réellement employées en Berri, & ne se trouvent disponibles que par l'effet d'une combinaison nouvelle, & d'un ordre que le Souverain lui-même a desiré.

Ces fonds surabondants pour les salaires dont il s'agit, seront encore utilement employés à payer les travaux que la corvée fournissoit anciennement aux Ingénieurs ou Officiers géographes, pour tracer & ouvrir les routes, sonder les carrieres & les terreins, & autres objets auxquels la corvée ne peut plus être appliquée. Vous y trouverez encore des ressources précieuses pour donner des gratifications à l'Ingénieur en chef & aux sous-Ingénieurs, lorsque vous y serez invités par la nature de leurs services, leur conduite & leur application.

Le

Le Bureau vous propofe en conféquence de délibérer,

1°. Qu'il fera établi & défigné provifoirement dans le cours de nos féances, pour chacun des départemens des travaux publics, des Commiffaires membres de l'affemblée ou pris hors d'icelle dans les trois Ordres, lefquels fe diviferont les routes de leur département, pour les furveiller fuivant leur réfidence refpective, & fe réuniront au nombre de trois au moins pour adjuger les travaux & en faire la réception, fans pourtant qu'il foit néceffaire de nommer de ces Commiffaires dans le département de Bourges, où les membres de la Commiffion intermédiaire feront à portée d'en remplir eux-mêmes les fonctions.

2°. Qu'il fera pareillement établi dans les points principaux de la Province, & en tel nombre qui fera jugé convenable des conducteurs chargés de fuivre les travaux des adjudicataires, & d'en rendre compte, ainfi que de l'état des routes & de tout ce qui intéreffera le bien du fervice : que ces conducteurs feront provifoirement payés fur les ordres de la Commiffion intermédiaire, à raifon de 500 livres par an ou d'une fomme quelconque par mois de fervice, fuivant ce qui paroîtra plus expédient, demeurant réfervé à la prochaine affemblée de fixer définitivement leur état, & de donner le titre de conducteur principal avec un traitement proportionné à ceux des fimples conducteurs qui auront donné plus de preuves de zele & de capacité.

3°. Que Sa Majefté fera très-humblement fuppliée

E e

de permettre que ces conducteurs foient payés en vertu des mandemens de la Commiſſion intermédiaire, par le Tréſorier particulier des Ponts & Chauſſées de la Généralité, ſur la partie des fonds précédemment affectée aux ſalaires des conducteurs & piqueurs, ainſi qu'à la fourniture des outils : que l'excédent de ces fonds puiſſe être également employé à donner des gratifications à l'Ingénieur en chef ou aux ſous-Ingénieurs de la Province, à raiſon des travaux extraordinaires que l'Adminiſtration pourroit leur demander; ainſi qu'à payer les hommes de journées fournis ci-devant par la corvée pour le tracé des routes, les nivellemens, les ſondes de carrieres & de terreins, l'ordre nouveau ne permettant plus de demander aux paroiſſes ces menues dépenſes, ſur quoi il a été délibéré :

1°. Qu'il ſera établi & déſigné proviſoirement, avant la ſéparation de la préſente aſſemblée, pour chacun des départemens des travaux publics, des Commiſſaires Membres de l'aſſemblée, ou pris hors d'icelle dans les trois Ordres, leſquels ſe diviſeront les routes de leur département pour les ſurveiller, ſuivant leur réſidence reſpective, & ſe réuniront au nombre de trois au moins pour adjuger les travaux & en faire la réception, ſans pourtant qu'il ſoit néceſſaire de nommer de ces Commiſſaires dans le département de Bourges où les Membres de la Commiſſion intermédiaire ſeront à portée d'en remplir eux-mêmes les fonctions.

2°. Qu'il ſera pareillement établi dans les points principaux de la Province, & en tel nombre qui ſera jugé convenable, des conducteurs chargés de suivre les travaux des adjudicataires, & d'en rendre compte, ainsi que de l'état des routes & de tout ce qui intéressera le bien du service : que ces conducteurs seront provisoirement payés sur les ordres de la Commission intermédiaire, à raison de 500 livres par an, ou d'une somme quelconque par mois de service, suivant ce qui paroîtra plus expédient, demeurant réservé à la prochaine assemblée de fixer définitivement leur état, & de donner le titre de conducteur principal, avec un traitement proportionné, à ceux des simples conducteurs qui auront donné plus de preuves de zele & de capacité.

3°. Que Sa Majesté seroit très-humblement suppliée de permettre que ces conducteurs soient payés en vertu des mandemens de la Commission intermédiaire, par le Trésorier particulier des Ponts & Chaussées de la Généralité, sur la partie des fonds précédemment affectée aux salaires des conducteurs & piqueurs, ainsi qu'à la fourniture des outils : que l'excédent de ces fonds puisse être également employé à donner des gratifications à l'Ingénieur en chef ou aux sous-Ingénieurs de la Province, à raison des travaux extraordinaires que l'Administration pourroit leur demander; ainsi qu'à payer les hommes de journées fournis ci-devant par la corvée, pour le tracé des routes, les nivellemens, les fondes de carrieres & de terreins, l'ordre nouveau ne permettant plus de demander aux paroisses ces menues dépenses.

E e ij

Ensuite un de MM. les Députés a fait lecture d'un Mémoire sur le Commerce & les Manufactures de la Province. L'assemblée a été d'avis qu'il fût renvoyé au Bureau chargé du rapport de ces objets, & a ordonné qu'il seroit inséré dans le Procès-verbal.

MÉMOIRE

Sur le Commerce & les Manufactures du Berri.

Tandis que l'abondance de nos productions fait placer le Berri au nombre des meilleures provinces du Royaume, nous gémissons, comme Administrateurs, de la foiblesse de sa population, de l'affaissement de toutes ses parties, de la modicité des fortunes, & sur-tout de la misere extrême des dernieres classes de citoyens. Ce contraste étonnant vous a paru tenir à plusieurs principes, à l'assiette arbitraire de l'impôt, au défaut de communications, aux ravages affligeans de la Gabelle, à la dureté de la perception des Aides; & vous vous êtes successivement occupés des moyens d'arrêter, de proscrire, de tempérer le cours de ces maux par des formes nouvelles qui concilieroient le bien des peuples avec les besoins connus de l'Etat. Il est encore une cause de langueur qu'il importe de vous dénoncer, & que vous vous porterez sûrement à combattre, c'est, puisqu'il faut le dire, notre propre inertie; c'est l'insouciance avec laquelle nous laissons des mains laborieuses nous enlever nos plus belles toisons, nos chanvres les plus estimés, & s'approprier par leur apprêt les profits immenses qu'en fait sortir l'industrie. Les Manufactures & les Arts sont en Berri dans le plus grand dépérissement, quoiqu'ils y aient fait sentir autrefois leurs salutaires influences. Bourges fut distinguée dans le quinzieme siecle par une nombreuse population, aussi-bien que par un commerce considerable de bonneterie, & si l'incendie de 1487 mit fin à ses prospérités, il ne résulte pas moins de ces faits anciens que l'existence d'un peuple agricole & pasteur se concilie avec celle d'un peuple manufacturier, & dès-lors tout vous invite à faire fleurir l'un par l'autre.

On ne s'est pas rapproché de ces vues, en plaçant dans ces derniers tems à Bourges une manufacture qui emploie les cotons dans ses divers ouvrages. Quelque succès qu'elle ait obtenu par les secours de l'autorité & les talens de son Directeur, la raison s'étonne du projet de faire ouvrer au centre des terres, des matieres nécessairement renchéries par d'énormes frais de transport, tandis que les productions du sol invitoient à des travaux moins dispendieux & plus utiles. Jamais une manufacture en coton n'aura des imitateurs à Bourges, & ne fera pour la province un moyen de subsistance universelle. C'étoit pourtant à ce but essentiel qu'il falloit tendre, en aiguillonnant les peuples par la force de l'exemple, par l'espoir des profits, par des encouragemens, par des secours, même par des sacrifices. La filature des cotons a détourné de celle des laines, sans présenter des ressources qui pussent s'étendre en mesure de nos besoins. Il faut donc reprendre l'ordre naturel des choses, & tenter de vivifier le Berri en y faisant ouvrer ses productions naturelles.

C'est le développement des conséquences liées à cette grande vérité qu'on a essayé de réunir dans ce Mémoire. Il seroit désirable qu'il présentât une marche à suivre pour organiser les divers cantons de la province, par les travaux qui leur sont propres. On s'étoit rapproché dans cette vue de l'Inspecteur de vos manufactures, pour discuter avec lui les possibilités & les moyens; mais plus éclairé sur les principes généraux que sur des localités qu'il n'avoit pas encore eu le tems de connoître, il n'a pu fournir ces détails d'application & de conduite, qui seuls rendent les spéculations profitables. Si le travail qu'on va mettre sous vos yeux en est devenu moins utile, vous trouverez dans le sentiment qui vous fera partager les regrets de l'auteur, un motif suffisant d'excuser ses méprises.

Quoique la variété de nos productions laisse à l'industrie l'essor le plus libre & le choix le plus illimité de ses moyens, l'Administration ne doit pas porter indistinctement & sans préférence sur tous les objets, ses soins, ses secours, ses encouragemens. Il faut qu'attentive à connoître le vœu de la nature, elle imite ses procédés & suive ses impulsions. La branche de commerce la plus importante du Berri feroit celle qui, multipliant le plus les moyens de fubfiftance, y feroit multiplier le nombre des confommateurs, & qui portant par-tout l'action, le mouvement & la vie, ouvriroit conftamment dans le travail une reffource contre le befoin. Lorfque la main-d'œuvre ira parmi nous au-devant de l'ouvrier, l'ouvrier ne manquera jamais à la main-d'œuvre, parce que fi le tems eft fa propriété, le travail fait fa richeffe.

Nos laines femblent, fous ce rapport, l'inftrument premier d'une organifation nouvelle. Il n'eft aucune partie de la province qui n'en recueille abondamment, quelle que foit, fuivant les cantons, la différence de leur fineffe ou de leur beauté. Nous trouverions donc à les ouvrer un moyen de fubfiftance utile dans tous les lieux comme dans toutes les faifons, praticable pour tous les fexes comme pour tous les âges. Quel principe fécond d'activité, quelle fource inépuifable d'aifance ne préfenterions-nous pas en effet aux peuples, fi nos laines, dont ils ne calculent prefque que les produits naturels, doubloient & triploient de valeur dans leurs mains, en y prenant des formes nouvelles & recevant leurs derniers apprêts. Ils n'y font aujourd'hui que les bénéfices attachés aux premieres préparations, tels que trier, laver & fécher ; mais que feroit-ce fi tous les autres détails de la draperie, de la bonneterie, des étoffes de tout genre auxquelles les laines font propres, étoient concentrés dans nos limites ? Que de bras ne mettroient pas en mouvement la draperie feule, pour bournoler, faire le fecond triage, huiler, carder, filer les laines, ourdir, tiffer, épinceter, fouler, applanir, teindre, luftrer & calandrer les draps ? C'eft alors que nous verrions les familles s'accroître, une population nombreufe fe former pour ces travaux, les fruits de la terre fe multiplier fuivant les befoins des confommateurs.

Il eft vrai que nos laines ne fe prêtent pas à toutes fortes d'ouvrages. Courtes de leur nature, leur qualité les rapproche de celles d'Efpagne, & vainement nous voudrions les employer aux calmandes, aux camelots, aux barracans, aux étamines, aux étoffes razes & légeres, pour lefquelles il faut cette laine longue & foyeufe qui fe recueille en Angleterre & en Flandre : mais ces fortes d'étoffes n'entrent dans nos vêtemens que pendant une faifon de l'année, & le gros de la nation ne s'en fert pas du tout. Les laines courtes, au contraire, bonnes à tous les autres ufages, fervent aux besoins du pauvre comme à ceux du riche, & sont par conséquent une source beaucoup plus assurée d'opulence. Le point difficile est de diriger la nature des travaux sur les demandes du commerce; de saisir les convenances, le goût, le caprice même des consommateurs; de s'assurer des débouchés, de fabriquer en un mot des étoffes d'un débit facile & d'une vente profitable. Ce secret une fois découvert, le devoir des Administrateurs n'est plus que d'ouvrir les voies, d'enhardir aux premiers essais, d'encourager sagement les entreprises & d'abandonner insensiblement l'industrie à ses forces, lorsqu'un appas suffisant a irrité ses desirs.

Il faudroit donc, Messieurs, donner à nos fabrications un objet & des directions déterminés. Les manufactures de Languedoc eurent en naissant cet inestimable avantage : principalement établies pour enlever aux Anglois le commerce des draps du Levant, elles furent, pour ainsi dire, dotées par cette branche d'exportation, & les succès ont justifié cette spéculation politique. Peut-être la prospérité du Berri tient-elle aujourd'hui à une révolution du même genre, aux besoins des nouveaux alliés que la France vient de s'attacher dans le continent de l'Amérique. Pourquoi les produits de nos manufactures n'iroient-ils pas s'échanger avec leurs denrées ? le commerce principal s'en ouvrira sûrement avec nos ports de l'Océan, & nos laineries peuvent arriver à l'Océan par la Loire. C'est avec des laines, tirées en grande partie de pays plus éloignés, que nos commerçans formeroient leurs envois. Pourquoi notre état de langueur connue ne détermineroit-il pas le Gouvernement à nous assurer des préférences sur cette branche nouvelle d'exportation, par des établissemens qui y seroient analogues ? Ne sommes-nous pas, comme le Languedoc, enfans ou membres de l'Etat, avec cette différence que notre patrimoine est en friche & notre fortune à faire. On soumet à vos réflexions, Messieurs, cette premiere vue; & s'il arrivoit que notre position centrale ou des rapports politiques ne permissent pas de s'y livrer, il est encore une ressource qui peut flatter vos espérances.

Des magasins pour l'habillement & l'équippement des troupes, pour la fourniture des casernes & places de guerre, seroient établis en Berri utilement & commodément pour l'Etat. Les marchandises expédiées du cœur du Royaume se porteroient également sur

toutes ses parties. Il ne seroit pas pour cela nécessaire que le Roi
prît sur lui le détail, dangereux peut-être, des approvisionnemens. Il
nous suffiroit que sa vigilance s'étendît à faire fabriquer en Berri
des draps convenables pour ses troupes. Une impulsion naturelle
ameneroit les Corps à s'en pourvoir, & nos efforts tendroient à
fixer leur confiance. N'imaginons pas que ces soins minutieux fussent
au-dessous de la majesté du trône : couvert de gloire après la
derniere paix, le Roi de Prusse forma dans ses états de Gueldres
& de Cleves, des établissemens pacifiques pour réparer les maux
de la guerre. Toutes ses maisons royales furent abandonnées aux
manufactures ; des distributions de matieres à filer furent ordonnées
annuellement par paroisse, & des mesures prises pour que l'exactitude
des salaires assurât celle des travaux. C'est par de tels procédés que
la bienfaisance des Princes devient un moyen de force pour leurs
Etats : c'est ainsi que le Berri développant ses ressources, seroit servir
le travail de ses productions particulieres à l'accroissement de la
fortune publique. Et de quel avantage ne seroit-il pas aujourd'hui
d'avoir formé d'avance les provinces à l'emploi de leurs matieres
premieres ! Des manufactures de toiles à voiles, des corderies de
tout genre, à l'usage de la marine, existeroient en Berri comme dans
plusieurs autres parties du Royaume : nous n'irions pas demander aux
nations du Nord, à travers mille dangers & d'énormes dépenses, les
moyens de soutenir une guerre dont les besoins auroient été prévus : les
sommes versées chez l'étranger circuleroient librement dans nos mains
& les hostilités funestes au commerce du dehors n'anéantiroient
pas les travaux dans l'intérieur du Royaume. Mais quelle que soit
l'utilité de ces spéculations diverses, elles ont l'inconvénient de
tenir à des secours étrangers ; il est possible que les contradictions
se multiplient sous nos pas ; on refuse toute faveur à des manufactures nouvelles, par la crainte d'ébranler celles qui subsistent avec
succès. Réduits alors à nos seules forces, par quel ressort mettrions-
nous en action celles des peuples qui nous sont confiés ? par quel
art ferions-nous revivre l'émulation totalement éteinte ? La concurrence avec nos rivaux devenant notre ressource unique, comment éleverions-nous les courages par l'espoir d'un combat jusqu'à
présent inégal ? Ce sera, Messieurs le champ de vos travaux & de
votre gloire : plus il présente de difficultés, plus vous mettrez de
courage

courage à le parcourir; & si l'étude de notre situation vous montre des maux invétérés, peut-être celle de nos moyens vous en offrira le remede.

En effet, les premiers élémens de tout commerce utile, la qualité des matieres & le bas prix de la main-d'œuvre se trouvant heureusement réunis en Berri, ce qui nous manque ce sont les richesses mobiliaires, qui feroient fructifier ces germes précieux d'abondance. Nuls fonds ne circulent dans la province & n'y sont destinés, par l'industrie, à donner aux produits naturels des formes nouvelles, à prévenir les besoins, à nous offrir des jouissances. Si des routes, si des canaux, en élevant le prix des denrées, eussent augmenté la masse du numéraire circulant parmi nous, il eût fallu lui chercher des emplois utiles, & le génie des peuples eût mis en valeur les forces de l'activité. On eût vu le commerce prospérer de lui-même, & une classe de citoyens y consacrer à l'envi ses fonds pour s'en assurer les bénéfices. Tout languit au contraire, tout est mort en Berri, parce qu'il est privé de ce mouvement continuel des richesses résultant de la multitude des emplois, des intérêts, des rapports, des spéculations de tout genre; parce que des déplacemens rapides n'y font pas servir à l'usage de tous, des facultés forcément stériles dans les mains d'un petit nombre. Nos fabricans malaisés ne travaillent pas sur leurs fonds, & leurs profits absorbés par les mains avides dont ils reçoivent des avances, ne sont plus suffisans pour encourager leurs travaux. Mal payés de leurs peines, ils fabriquent peu ou fabriquent mal. Sans cesse occupés de réparer, par la plus grande économie dans les apprêts, les sacrifices qu'ils font pour obtenir leurs matieres premieres, ils négligent des préparations qui fixeroient en leur faveur les préférences du commerce, & leur avidité trompée voit tomber la valeur des fabrications. Plus les idées de perfection s'éloignent, moins les demandes se multiplient; par une suite inévitable les travaux diminuent, les ouvriers se rebutent & tout enfin s'anéantit.

Telles sont en particulier les causes qui empêchent de relever à Bourges ce commerce de bonneterie qui s'y fit autrefois avec tant d'éclat. Les douze fabricans pauvres ou malaisés qui en suspendent la ruine totale, pour s'assurer un an de crédit dans leurs achats, paient cinquante sols la livre de laine qu'ils auroient de la premiere main à trente-huit ou quarante. Aussi les trente-cinq métiers battans qui se comptent encore à Bourges, travaillent-ils à peine quatre mois par an les uns dans les autres, & la somme annuelle de leur fabrication ne monte pas à mille douzaines de paires de bas, tandis que trente-cinq ouvriers pourroient la porter à près de trois mille douzaines. Ce que cet affaissement a de plus incroyable, c'est que des demandes trente ou quarante fois plus fortes que les envois, ne cessent, dit-on, d'aiguilloner l'industrie & d'animer ses efforts, comme si le commerce, par un vœu secret, vouloit nous rendre malgré nous à notre vigueur primitive.

Châteauroux avoit fait entrevoir une perspective plus brillante. Sa manufacture placée par les soins du Gouvernement, au centre des laines les plus estimées, annonçoit une époque marquante dans l'histoire de nos prospérités. Déja l'émulation formoit des fabricans particuliers, dont plusieurs obtenoient des succès par leur application & leur conduite; mais ils avoient besoin d'être éclairés & soutenus par l'exemple d'une manufacture en pleine vigueur, & celle de Châteauroux s'est affoiblie par le défaut des vues économiques, par les malheurs du Manufacturier, par le vice même & la négligence des fabrications. Si cet établissement, digne de la plus grande faveur, & repris dans ce moment en sous-œuvre par les mains les plus habiles, acquiert jamais la consistance dont il est susceptible, les draps de Châteauroux parviendront à la plus grande réputation. Estimés pour leur finesse plus que ceux de Valogne & du Cotentin, ils obtiendroient bien-tôt la préférence, s'ils avoient les mêmes préparations. C'est donc cette négligence dans les apprêts qui doit devenir à Châteauroux l'objet principal de votre zele : mais si, pour les diriger à la perfection, vous voulez remonter aux causes qui la retardent, vous appercevrez que l'inertie des fabricans à Bourges, & l'imperfection des travaux à Châteauroux, tiennent toutes deux au même principe, à la lenteur de la circulation, à la foiblesse des moyens, à la rareté du numéraire. Ainsi tous les efforts & tous les projets doivent tendre à jetter dans le commerce des fonds qui l'alimentent & le fassent fructifier.

Deux moyens vous sont offerts pour opérer en ce genre une révolution tranchante & rapide. Le premier d'ouvrir un emprunt hypothéqué sur les fonds publics, remboursable par parties & à des époques fort reculées, afin de ne redemander au commerce vos secours que quand ses profits en tiendroient la place.

Le second d'établir une Société de Commerce, à laquelle toute la province seroit libre de prendre intérêt, & d'en former les fonds par des actions d'un prix modique, dont il seroit délivré des reconnoissances aux porteurs avec des coupons attributifs d'un intérêt quelconque. Ce fut ainsi que M. de Silouet fit partager à toute la France les bénéfices de la Ferme générale, par l'effet d'une spéculation aussi profonde qu'utile. Ce seroit ainsi que nos Actionnaires, assurés par vos engagemens de l'intérêt de leurs avances, encourageroient l'industrie en même-tems qu'ils profiteroient de ses progrès; & si la confiance publique, s'attachant un jour aux actions, leur donnoit cours dans le commerce, il en résulteroit ce nouvel avantage que leurs fonds doubleroient dans la circulation.

Mais peut-être est-ce aller trop loin; peut-être desirerez-vous attendre, pour vous résoudre à ces opérations décisives, que l'opinion de votre crédit soit plus solidement établie; que votre empire sur les esprits soit affermi par des succès; peut-être voudrez-vous être éclairés par l'expérience & conduits par les événemens. Forcés de céder à ces considérations de sagesse, nous insisterions du moins pour qu'un essai déterminé manifestât vos dispositions bienfaisantes, & le plus naturel peut-être seroit de tenter à Bourges le rétablissement de la bonneterie, parce qu'elle y fut autrefois florissante, parce que le commerce y conserve encore, à ce qu'on assure, ses anciennes directions, & sur-tout parce que les efforts y seroient animés par votre surveillance. Arrachons donc, Messieurs, ces malheureux fabricans à l'avidité qui les opprime, non par des libéralités, mais par des avances: prévenons les abus possibles par la demande d'un intérêt légal, qui fournisse à des frais nécessaires ou à des récompenses utiles: exigeons qu'une augmentation dans les ouvrages justifie l'emploi de vos fonds: annonçons une distinction honorable pour le fabricant laborieux, qui dans le cours d'une ou deux années, aura le plus étendu ses rapports & ses ventes: qu'un Bureau d'émulation & de commerce réunisse quelques amis du bien public, pour faire les achats dans les tems convenables, pour soigner les matieres, les disposer au besoin par les premieres préparations, pour les répartir avec prudence, en faire rentrer exactement les valeurs. Bientôt nous verrons nos beaux jours renaître, l'activité déployer ses forces & les atteliers se peupler: bientôt des établissemens analogues seroient sollicités de toute part; des secours seroient offerts pour les faciliter, & n'eussent-ils pour objet que de simples filatures, ils exciteroient d'autant plus sûrement votre zele, que le succès des filatures n'est jamais incertain. Eh ! quel moment fut plus décisif, pour s'occuper ainsi des fondemens d'une grandeur nouvelle, que celui où les vœux impatiens de la province attendent de vous une impulsion qui la régénere ; où les regards de la France entiere sont ouverts pour vous juger : quelle fin plus noble pourriez-vous donner à ces secours abondans que le patriotisme vous offre ? Quelle récompense plus douce pour les citoyens qui les ont offert ? Appliqués à tout autre usage, ces fonds n'ameneroient qu'un effet passager & presque insensible ; destinés à des avances versées dans le commerce, ils seroient chaque jour réproduits & toujours agissans ; perpétués par des emplois utiles, & sur-tout par la reconnoissance des peuples, ils deviendroient pour la patrie une leçon & un exemple ; consacrés par des succès, ils en prépareroient le bonheur.

Disons donc, en reprenant les vues renfermées dans ce Memoire, que la manufacture de toiles peintes existant à Bourges, recommandable par le bon prix & le mérite de ses ouvrages, réuniroit tous les rapports utiles si elle n'employoit que nos chanvres ou nos lins : Qu'un principe infaillible de vivification pour le Berri, seroit d'y faire ouvrer ses productions, & sur-tout ses laines : Que des manufactures analogues aux besoins des Américains, ou des magasins pour l'habillement des troupes du Roi, encourageroient ces travaux, en donnant aux fabrications des débouchés assurés : Qu'au défaut de ces ressources il seroit possible d'ouvrir un emprunt, ou de former une Compagnie de Commerce, pour jetter dans la circulation le numéraire qui lui manque : Que pour s'éclairer sur le mérite de ces procédés par la voie la plus sûre, on pourroit essayer de rétablir à Bourges le commerce de la bonneterie, de porter ailleurs des atteliers de filature, en consacrant à ces objets les secours offerts à l'Administration, pour être employés au bien général : Que la direction de ces fonds ne peut être sagement confiée qu'à un Bureau d'émulation & de commerce, chargé par vous de les faire prospérer & d'en rendre compte.

C'est à vous maintenant, Messieurs, de balancer & de discuter ces idées. Sans se livrer, en les rédigeant, à l'espoir flatteur de réunir vos suffrages, on a cru qu'elles fixeroient au moins votre attention sur les malheurs & les besoins du commerce. S'il obtient en conséquence vos secours & votre appui, nos travaux ont leur récompense.

Du Vendredi 3 Novembre 1780, neuf heures & demie du matin.

MM. les Commissaires pour les impositions ayant pris le Bureau, ont dit :

MESSIEURS,

Nous vous avons rendu compte en 1778 de tout ce qui avoit rapport aux impositions de la taille & de la capitation. Vous sentites les inconvéniens qui sont une suite de la méthode employée pour en répartir le montant, & pour en exiger le recouvrement. Vous connutes aussi les abus que le laps des années introduit nécessairement dans les meilleures institutions, vous vous pénétrâtes du sentiment de bienveillance qui a donné naissance à la formation de votre Administration provinciale, & au desir d'y remédier. Vous connutes cependant qu'il étoit impossible de porter à la fois un remede prompt à tous les objets qui en avoient besoin ; des motifs de prudence vous firent suspendre tout projet nouveau sur la taille & la capitation ; vous vous bornâtes à faire un changement, avec la permission du Roi, dans l'imposition des vingtiemes.

Les réflexions qui vous furent mises sous les yeux sur la taille & la capitation, portoient sur deux objets.

Le premier sur le fond même de la méthode suivant laquelle ces impositions sont réparties ; le second en regarde les moyens de recouvrement. Vous reconnutes sur le premier point que la base de sa répartition qui ne roule que sur l'opinion qu'on a des richesses personnelles, étoit la source la plus considérable des inconvéniens qui l'accompagnent. C'est de-là qu'elle prend son nom d'imposition arbitraire, parce qu'elle est à l'arbitre des personnes qui la fixent suivant l'opinion vague qu'elles ont des facultés personnelles des Contribuables. La taille en effet fut arbitraire en ce sens dès son origine pour tout le Royaume ; elle le fut encore dans le Conseil, lorsqu'il fallut la répartir entre les Provinces, avant qu'elle fût fixée par Généralité, comme elle est actuellement.

Lorsque l'extrait du brevet général de la taille, relatif à la Province, doit être réparti dans les Elections de la même Province, le Conseil demande l'avis de ses Commissaires départis, & des Bureaux des Finances. Il le demandera maintenant à votre Administration provinciale. Aucuns de ces avis demandés n'a de base combinée sur les produits & sur les valeurs des différentes Elections. Une opinion vague de leurs forces respectives, & au seul arbitre des personnes consultées, est le principe de la répartition par Election. Le même principe opere dans le département entre les paroisses d'une Election : c'est l'arbitre seul & l'opinion de ceux qui y président, qui fixent leurs quotités relatives. Le même principe enfin d'arbitre personnel de la part des Collecteurs, fixe les cottes des personnes dans chaque paroisse. C'est ce qui fait aussi donner à cette imposition le nom de taille personnelle, pour la distinguer de la taille réelle qui est fondée sur la valeur des biens-fonds, & non sur l'opinion des richesses personnelles. Ainsi, Messieurs, la fixation de la taille dans votre Généralité est fondée sur l'opinion & sur l'arbitre dans toutes ses gradations, depuis le Conseil jusqu'au rôle dans l'intérieur des collectes.

Si vos concitoyens n'étoient pas actuellement occupés des soins que leur donne la nouvelle répartition des vingtiemes, votre bureau de l'impôt vous auroit présenté quelques moyens d'amélioration relatifs à cet inconvénient de l'arbitraire de la part des Collecteurs; inconvénient terrible, que vous savez être aussi destructif de l'industrie & du travail, que du repos des citoyens. Un Collecteur nouveau chaque année, & pouvant varier les taxes à son arbitre, porte dans tous les cœurs l'inquiétude d'une augmentation & les germes du découragement.

Nous ne perdons pas de vue, Messieurs, que c'est ce vice radical d'arbitraire & de variabilité que nous devons vous proposer un jour d'extirper, en conformité des vues bienfaisantes du Gouvernement. Nous devons cependant vous dire qu'un usage qui s'est introduit successivement, a diminué considérablement le danger de l'arbitraire : c'est une distinction qui s'est établie entre la taille d'exploitation & la taille industrielle. Cette imposition devant être répartie sur les facultés des taillables, on a pensé que leurs facultés varioient suivant l'étendue des terres qu'ils cultivoient, soit comme propriétaires, soit comme fermiers, soit comme simples colons.

Le produit de leur industrie étant combiné sur l'étendue des domaines, sur la valeur des terres cultivées & sur le montant des fermes à prix d'argent, il en est résulté que la valeur des terreins & des baux à ferme a servi de base à la taxe des Taillables qui en recueilloient les produits. Cependant par respect pour les Privilégiés non taillables auxquels ces terreins appartenoient, on ne nommoit d'abord que les laboureurs & les fermiers. Dans la suite on a joint au nom personnel des laboureurs & des fermiers le nom des domaines & des fermes qui contribuoient à la fixation de leur taxe. On est allé plus loin à la fin: les rôles omettent les noms des personnes, & l'on n'y trouve écrit que le nom du domaine ou de l'objet donné à bail. Rien de plus privilégié, par exemple, que les dîmes ecclésiastiques. L'usage des Tribunaux sur le fait des tailles, est de décider que le fermier doit payer au moins le cinquantieme de son bail, pour le principal de la taille ; l'usage même a prévalu dans plusieurs endroits, d'exiger du fermier le vingtieme du prix de son bail pour le premier brevet, ce qui fait plus du dixieme du revenu du décimateur. On ne se borne pas dans ce calcul à estimer la seule somme que le fermier donne au décimateur, on calcule en outre toutes les charges en grain que le fermier est obligé de payer à des Curés & autres. On pourroit vous citer, Messieurs, des portions de dîmes qui ne rendent que 6 ou 700 livres à leur
propriétaire,

propriétaire, & dont la taille roule fur 100 livres. On pourroit vous dire encore qu'il y a des Généralités où la taille des dîmes & des domaines va jufqu'à 3, 4, 5 fols pour livre, & quelquefois plus du prix du bail, fans aucun égard à la qualité du propriétaire, privilégié ou non, ce qui fait le fixieme, le cinquieme ou le quart de la valeur effective de ces baux à ferme. Une habitude a même prévalu contre la loi formelle qui veut qu'on ne taxe les Taillables que dans le lieu de leur réfidence. Actuellement c'eft dans la paroiffe où les domaines & les objets de ferme font placés, que la taille eft fixée, quoique les fermiers n'y réfident pas.

Ainfi, Meffieurs, la taille réelle fous le nom de taille d'exploitation a pris la place de la taille perfonnelle pour les deux tiers, & peut-être les trois quarts de cette impofition. Il eft inutile de vous obferver qu'elle retombe fur les feuls propriétaires exempts ou non de la taille. Cependant malgré cette forme de taille réelle qu'elle a pris, elle conferve encore fur les biens-fonds un refte de la taille arbitraire, & par conféquent elle en conferve encore quelques inconvéniens. Le Collecteur a toujours la liberté chaque année de l'augmenter ou de la diminuer à fon arbitre. Cette taxe par conféquent refte fujette en partie à la fluctuation que les paffions de la haine, de la faveur, de la crainte & de la vénalité, ou la fimple ignorance d'un Collecteur annuel peuvent produire.

Cet inconvénient de la fluctuation des taxes eft encore plus marqué relativement à la taille induf-

G g

trielle. Lorsque les tems vous permetront de vous occuper du soin d'en délivrer la province, nous vous mettrons sous les yeux la méthode de la Généralité de Paris, introduite successivement dans ses différentes paroisses, lorsqu'elles en font la demande. Cette méthode donne des bases fixes pour la taille d'exploitation & pour la taille industrielle. Ce qui en écarte les motifs de plaintes, c'est qu'elle ne s'introduit que par la demande des paroisses, & après qu'elles se sont soumises volontairement aux préliminaires sur lesquels elle est établie. Nous présenterons aussi d'autres pratiques de différens endroits, qu'il est superflu de détailler aujourd'hui, & nous soumettrons enfin à vos lumieres nos propres pensées que nous croyons prématurées dans ce moment-ci.

Ce que nous allons vous présenter offre quelques améliorations faciles dans des détails relatifs à la taille. Nous ne vous dirons rien de particulier sur la capitation des taillables, puisqu'elle suit la répartition du premier brevet de la taille. La capitation des privilégiés doit être relative à leur état & fortune personnelle, & c'est votre Commission intermédiaire qui en propose la répartition. L'Administration de la Haute-Guienne à donné des méthodes de répartition que nous croyons bonnes à imiter dans cette imposition totalement arbitraire. L'Administration de la Haute-Guienne ne peut pas y suivre le tarif de la taille qui est réelle sur les fonds. La somme à laquelle elle monte roule entre 13 & 1,400,000 livres, & elle méritoit une attention plus particuliere que la capitation de vos Privilégiés fur environ 57,000 livres. La différence des fommes cependant ne doit pas empêcher de defirer le bon ordre & la juftice refpective dans la petite comme dans la plus grande fomme. La bafe que l'Adminiftration de la Guienne a pris, n'eft pas de rechercher le revenu réel de chaque individu fujet à la capitation, mais de former un grand nombre de claffes parmi les Contribuables, & de placer dans chaque claffe ceux dont les fortunes fe rapprochent. Il vous fera facile de voir, Meffieurs, qu'on peut plus aifément combiner par approximation la différence ou l'égalité des fortunes, que de les approfondir chacune en particulier. Nous nous bornons au refte à prier MM. les Députés de votre Commiffion intermédiaire de fe faire repréfenter le Procès-verbal de la Haute-Guienne fur la capitation: nous nous remettons à leur prudence pour en faire l'ufage qu'ils croiront utile, ainfi que tout autre moyen qui leur paroîtra convenable.

Ce fera pareillement à fa vigilance que nous remettrons le foin d'arrêter plufieurs abus de détail qui aggravent le poids de l'impofition. Quand nous avons approfondi la plupart des plaintes qui nous font parvenues, nous avons reconnu que prefque toutes n'étoient pas un effet des loix qu'il fallût réformer, mais une fuite d'ufages abufifs que la loi profcrivoit. Nous avons obfervé que leur enfemble ne frappoit fi fortement que parce qu'on réuniffoit les abus anciens avec ceux qui fubfiftent encore, & parce qu'on regardoit quelquefois comme général ce qui n'avoit lieu que dans quelques endroits. Nous avons enfin remarqué que le correctif en étoit possible par la seule surveillance ou même par la seule connoissance qu'on aura soin de s'en procurer.

Il arrive souvent que c'est l'obscurité seule qui laisse croître les abus; il suffit alors d'un regard éclairé pour les dissiper. Permettons-nous quelques détails, pour faire l'application de ces réflexions générales. Ils rouleront sur les rôles faits par les Collecteurs ou par des Commissaires, sur les contraintes ou frais de commandemens, & sur la fonction des Huissiers des tailles ou des hommes de garnison.

Ces rôles doivent être faits par le Collecteur qui change tous les ans, parce que cette fonction pénible est regardée comme une charge que chaque Taillable (à quelques exemptions prés) doit supporter à son tour; telle est la loi commune. Cependant comme il est impossible que chaque Taillable ait les qualités réquises pour bien faire un rôle, il est arrivé que des gens vicieux ou ignorans en ont été chargés. L'excès du mal a ouvert les yeux du Législateur, & dans ces cas dont M. l'Intendant étoit, & dont à présent la Commission intermédiaire sera l'unique juge, la loi permet de nommer un Commissaire d'office, en présence duquel le rôle est dressé par le Collecteur.

L'excès du vice ou de l'incapacité n'est pas aussi commun que l'est une médiocrité d'aptitude & de qualités réquises pour une certaine fonction. Dans le premier cas, les plaintes parvenues au chef de la Province y font pourvoir par la nomination d'un

Commissaire. Dans les autres, les Collecteurs eux-mêmes ont cherché des secours dans leur voisinage ; ensorte que dans plusieurs cantons il s'est formé des gens qui ont acquis l'habitude de faire des rôles, & auxquels les Collecteurs s'adressent fréquemment pour faire leurs fonctions. Il en est résulté quelque léger émolument pour salaire de leur travail : ce qui ne peut pas être blâmé, puisque c'est le Collecteur soulagé d'un travail qui le paie. L'abus s'y est ensuite glissé : ces travailleurs n'ont pas voulu perdre le salaire que leur travail leur procuroit. Plusieurs ayant du crédit dans la répartition des impôts, ou dans toute autre partie de la Police, des Fermes générales & de l'administration de la justice, ont fait craindre leur ressentiment aux Collecteurs qui refusoient de s'adresser à eux. Ils sont devenus les seuls arbitres, en quelque sorte, des taxes de taille.

La surveillance seule peut obvier au danger de laisser ainsi quelques citoyens redoutés, seuls arbitres des rôles. La loi & les réglemens n'y peuvent rien. Comment empêcher un Collecteur, peu propre à faire un rôle, de choisir un conseil ? Et comment gêner son choix par des réglemens ?

C'est la surveillance des chefs qui peut empêcher un homme dangereux de se rendre redoutable. Elle encourage au contraire un homme vertueux à se charger d'un travail qu'il auroit fui. Elle attire la confiance des subalternes qui peuvent l'instruire à propos. Elle parvient à connoître les événemens d'un canton & l'opinion commune qu'on y a de tels & tels, bons à employer ou bons à rejetter. Elle peut alors par la voie de l'infinuation défigner l'homme le plus propre à remplir avec impartialité le travail des rôles.

Il exifte encore un autre moyen de difcerner un bon Commiffaire : c'eft de fe prêter aux defirs des paroiffes qui demandent fouvent des Commiffaires aux rôles. On vous en citeroit, Meffieurs, plus de deux cens qui fouhaiteroient qu'on leur en défignât toujours un. On peut les inviter à les défigner elles-mêmes. Cependant la furveillance doit encore avoir lieu dans la déférence à la défignation des paroiffes ; car le choix peut être l'effet de la crainte & de l'intérêt de ceux qui ont la voix la plus forte dans la paroiffe.

Un embarras pour les Commiffaires au rôle eft la difficulté d'en trouver fans leur donner un honoraire pour les dédommager de leurs frais de tranfport & de la perte de leur temps. Les Collecteurs qui en choififfent un, les dédommagent eux-mêmes. Il feroit à defirer que les paroiffes qui demandent un Commiffaire euffent un moyen légal de pourvoir à ce dédommagement.

Vous pouvez vous rappeller, Meffieurs, qu'il fut lu dans votre premiere affemblée par M. Dupertuis, un Mémoire par lequel la ville d'Argenton demandoit de pouvoir choifir fes Collecteurs, & de ne pas les prendre à tour de rôle. Elle offroit de cautionner ceux qu'elle préfenteroit, & de payer leurs foins par une fomme convenue qui excéderoit les fix deniers pour livre attribués au Collecteur fur la levée de la taille. Un Arrêt du Confeil du 18 juillet 1779, enrégiftré à la Cour des Aides le 3 décembre suivant, nous apprend que les villes de Moulins & de Nevers ayant fait la même demande, le Roi la leur avoit accordée. Les motifs de l'Arrêt sont les mêmes que ceux que présentoit la ville d'Argenton. Le Roi ne restreint pas la permission aux seules ville de Nevers & de Moulins; il permet à l'Intendant de la province de donner la même faculté » à toutes les villes de la Généralité qui, » voulant jouir de cet avantage, parviendront à faire » les arrangemens convenables avec des personnes à qui » l'on puisse confier, avec sûreté, le recouvrement » desdites impositions ».

Votre Bureau de l'impôt a pris pour modèle cet Arrêt, pour dresser la minute d'un pareil relatif à votre province. Vous y verrez que l'Administration provinciale demande au Roi de pouvoir accorder la même faculté aux Communautés qui la desireront, & qui pourront donner la sûreté que le recouvrement des deniers royaux exige. Nous vous en ferons la lecture, si vous l'agréez. Dès-qu'on ne fait pas une loi nouvelle pour les paroisses, de cet Arrêt du Conseil, & dès-que l'Administration ou sa Commission intermédiaire n'en permettront l'exécution qu'après un examen judicieux des demandes des paroisses, nous n'avons trouvé nul inconvénient à vous proposer d'en faire la demande au Roi.

Nous croyons qu'il sera possible à plusieurs Communautés nombreuses, de trouver des personnes capables & solvables pour remplir cette vue. Elles en trouveront d'autant plus, s'il est possible de les délivrer de plusieurs inquiétudes que les contraintes leur occasionnent en cas de retard. C'est le dernier point dont nous devons nous occuper.

Il seroit à souhaiter que les débiteurs de l'impôt fussent aussi fideles à payer leur taxe, qu'il est à desirer que lesdites taxes soient réparties avec justice & équité. Le repos public en seroit le produit : c'est ce qu'on ne peut pas espérer de la généralité des hommes. Les voies de contrainte sont de toute nécessité, parce qu'il ne faut pas espérer que tous les débiteurs consentent à payer librement. Nous ne releverons pas l'inconvénient qui ne tiendroit qu'à la contrainte en général, puisqu'il est indispensable : nous ne releverons que ceux qui lui sont accessoires. Ainsi, par exemple, lorsque vous pourrez donner à la taille des bases fixes qui en ôteront l'arbitraire & la variabilité, vous ôterez un prétexte à plusieurs Taillables, qui ne se font faire des frais que dans la crainte de paroître riches & d'être augmentés à la taille, s'ils payoient avec exactitude comme ils le pourroient.

La contrainte s'exerce de deux manieres : par la voie des Huissiers des tailles, & par celle des hommes de garnison. Elle ne peut pas être exercée par les deux manieres à la fois, & elle ne peut avoir lieu pour le premier quartier de paiement qu'un mois après la publication du rôle. Lorsqu'un Collecteur est en retard, le Receveur des impositions est en droit de lui décerner une contrainte que les Juges des Elections doivent viser. Ils la remettent à un Huissier des tailles, qui doit en porter copie au Collecteur en retard :

cet

cet Huiffier doit en certifier la remife audit Collecteur ; il fait taxer enfuite fes frais de voyage par les Officiers de l'Election, pour en être rembourfé par le Collecteur : telle eft la voie qu'on appelle judiciaire.

Les hommes de garnifon font l'autre voie. Ils n'ont point de charges comme les Huiffiers : ils font préfentés par le Receveur des impofitions à M. l'Intendant, & ils le feront déformais à votre Commiffion intermédiaire. Ils doivent faire infcrire leur nomination au Greffe de l'Election, & prêter ferment. Ils font révocables à volonté, s'ils ne rempliffent pas leurs devoirs. Leur fonction eft de porter au Collecteur un papier non timbré contenant la fomme qui eft due au Receveur, & de refter en garnifon à raifon de trente fols par jour, & même moins, jufqu'à ce que la dette foit acquittée.

Nous ne vous détaillerons pas la multitude des différens ufages & des faits particuliers contraires à la loi, qui ont eu lieu dans des tems ou dans des cantons différens. On a lieu d'être étonné de la foule d'abus & des vexations qui exiftoient. Nous avons eu fouvent la confolation d'entendre dire dans notre Bureau : cela fe faifoit autrefois, mais cela ne fe fait plus ; nous y avons entendu dire avec joie, que dans plufieurs cantons on n'avoit aucun reproche à faire aux méthodes employées, pour exiger des Collecteurs le montant de leurs rôles. Les Membres de votre Commiffion intermédiaire pourront vous dire que ces Huiffiers des tailles fe font plaints à eux de n'être plus employés comme ci-devant, & de ne pouvoir pas faire 600 livres de leurs charges, tandis qu'auparavant

H h

ils en faisoient mille francs au moins & beaucoup plus.

Nous ne devons pas vous déguiser que c'est par leur canal, que les abus s'étoient multipliés. Ils ont des charges qu'ils ont payées : on ne peut pas les révoquer à volonté; ainsi le prétexe de se dédommager de leurs avances, & l'impossibilité de les destituer sans un procès, ouvroient un libre cours à leurs déprédations. Si on leur reprochoit de n'avoir pas porté sur les lieux les contraintes, & d'en rapporter un procès-verbal faux, ils répondoient hardiment : Prenez la voie de l'inscription de faux. Alors la nécessité d'un procès pour les punir leur assuroit l'impunité.

Il s'est introduit un usage dont nous n'avons pas pu deviner le fondement. Les frais de contrainte sont taxés à des sommes différentes, non suivant la distance des lieux, mais sur tout autre fondement que nous ignorons. Il semble que ces frais n'étant que pour le salaire de l'Huissier qui se transporte, on ne devroit lui assigner que la même somme dans les lieux également éloignés. Nous vous nommerions cependant deux collectes dans la même paroisse, dans l'une desquelles la taxe est toujours de dix liv. dix sols, & dans l'autre de quatre liv. cinq sols : nous vous nommerions encore des paroisses plus voisines du chef-lieu de l'Election, où la taxe est plus forte que dans des paroisses plus éloignées. Nous vous obser verons encore que le nombre de ces contraintes ou commandemens monte toujours à huit par année, & quelquefois à dix, dont chacune est toujours taxée à la même somme. Il sembleroit cependant que les termes pour la taille n'étant qu'au nombre de quatre, & ceux de la capitation au nombre de deux, & leurs échéances refpectives pouvant tomber à la fois, un feul voyage de l'Huiffier, & par conféquent une feule contrainte, pourroit fuffire pour l'un & l'autre objet.

La régularité annuelle de ces huit ou dix contraintes a fait naître un ufage dans quelques collectes. Etant difficile de difcerner à chaque quartier les cottes qui font en retard, & celles qui le font dans le fuivant, il en réfulte que les Collecteurs exigent de chaque cotte de taillable pour frais de contrainte deux fols fix deniers pour le premier brevet, & quinze deniers pour le fecond, ce qui fait quinze fols annuellement par cottes de Contribuables exempts ou non.

Ce que nous venons de vous dire eft attaché à la voie judiciaire des Huiffiers des tailles, & les Receveurs des impofitions font libres de n'en pas faire ufage. Ils y peuvent fubftituer l'envoi des hommes de garnifon, dont tous les frais fe réduifent à 30 fols, ou moins, par jour, jufqu'à l'entier paiement de la dette. Cette fomme peut être facilement répartie entre les feuls Contribuables, dont le retard occafionne le féjour du garnifonnier.

Il nous a été propofé de vous préfenter des plans de réglemens à folliciter auprès de Sa Majefté, pour empêcher les abus qui peuvent encore fubfifter. Voici les réflexions qui nous les ont fait fufpendre. De tels projets devroient être concertés avec des gens inftruis, qui connuffent à fond les différens réglemens de la perception des impôts, afin de ne pas contredire d'autres loix néceſſaires à maintenir. Si vous jugiez à propos d'en demander de nouveaux, il faudroit un travail préalable & de longue difcuſſion, qu'on pourroit vous rapporter à la prochaine tenue. Nous avons enfuite obfervé que la multitude de réglemens n'eſt pas toujours ce qui aſſure la régularité d'une manutention. A force de les multiplier, on invite à les oublier, & leur multitude compliquée opere leur non-exécution de la part de ceux qui doivent s'y foumettre, comme de la part de ceux qui veillent à leur exécution.

Nous avons obfervé en troifieme lieu que le très-grand nombre des vices à réformer, tiennent moins aux loix exiſtantes, qu'à l'abus qu'on en fait. C'eſt le cas en conféquence où la furveillance des chefs peut y mettre ordre. Ceux qui tiennent à la geſtion repréhenfible des Huiſſiers en charge peuvent ceſſer, en y fubſtituant la voie permife des hommes de garnifon qu'on peut changer à volonté, s'ils ne rempliſſent pas leur devoir.

Nous vous propofons d'inviter MM. les Receveurs des impofitions de préférer la voie des hommes de garnifon, à la voie judiciaire des Huiſſiers dans les paroiſſes qui feront en retard. C'eſt à l'arbitre de ces Receveurs que la loi laiſſe le choix de l'une ou l'autre des méthodes.

Nous vous propofons enfin de charger votre Commiſſion intermédiaire & vos Commiſſaires répandus dans la Province, de vous procurer par la voie des Collecteurs & des Syndics des paroiſſes, la note des frais que les contraintes néceſſaires auront occaſionnés dans leurs paroiſſes. Cette connoiſſance aura deux utilités. Premierement de mettre en vue publique le montant de ces frais. Rarement l'abus ſe porte aux derniers excès, lorſqu'il eſt aſſuré d'être mis au grand jour. Secondement cette connoiſſance détaillée vous donnera la facilité dans la ſuite de porter remede, s'il en eſt beſoin, à des maux qui ne vous ſont pas encore connus avec aſſez de préciſion.

Je réſume notre préſent rapport. Ce que nous vous avons dit ſur la méhode de répartition ſur la taille n'eſt qu'une pierre d'attente & une invitation à nous tous, Meſſieurs, & à tout autre bon citoyen de s'occuper à trouver des moyens qui puiſſent dans la ſuite vous procurer la facilité de changer en mieux l'uſage d'aſſeoir & répartir cette impoſition.

Ce que nous vous avons dit ſur les Commiſſaires aux rôles ne tend qu'à charger votre Commiſſion intermédiaire de ſe prêter au deſir des paroiſſes qui en demanderont, lorſqu'elle n'y trouvera point d'inconvénient particulier.

Quant à ce qui concerne les Collecteurs, nous vous propoſons de charger votre Commiſſion intermédiaire de ſolliciter auprès de Sa Majeſté un arrêt du Conſeil, ſuivant le projet que nous ſoumettons à vos lumieres.

A l'égard des frais de contrainte, nous vous propoſons d'inviter les Receveurs des impoſitions, par votre Commiſſion intermédiaire, ou par vos Commiſſaires dans la Généralité, de préférer la voie des hommes de garnison qu'on peut révoquer à volonté, à celle des Huissiers en charge dont on ne peut réformer les prévarications que par un procès en forme.

Nous vous proposons en second lieu de charger votre même Commission & vos autres Commissaires de vous procurer la connoissance des frais de contrainte, par la voie des Collecteurs & des Syndics.

L'assemblée ayant entendu ce rapport, & la matiere mise en délibération, elle a arrêté :

1°. Que la Commission intermédiaire sollicitera auprès de Sa Majesté un arrêt du Conseil & des lettres-patentes relatives aux Collecteurs des tailles, conformes à celles qui ont été accordées aux villes de Moulins & de Nevers, pour les paroisses qui desireront en faire usage.

2°. Que ladite Commission intermédiaire invitera les Receveurs des impositions à préférer la voie des hommes de garnison à la voie judiciaire, dans les contraintes portées aux paroisses en retard.

3°. Que ladite Commission & les Commissaires répandus dans la Province auront soin de rapporter à l'Administration la note exacte des frais de contrainte que les paroisses en retard auront supportés.

Du Samedi 4 Novembre 1780, neuf heures & demie du matin.

MM. les Commissaires pour les impositions ont rendu compte de l'arrêt du Conseil du 17 juin 1780, qui attribue à la Commission intermédiaire la connoissance de toutes les impositions relatives aux charges locales, comme reconstructions ou réparations d'Eglises, Presbyteres, &c. de leur imposition, répartition, ainsi que de toutes les circonstances & dépendances relatives à cet objet; & l'assemblée a ordonné que cet arrêt seroit déposé au Greffe de l'Administration.

Il a été fait ensuite lecture par un de MM. les Députés d'un Mémoire sur la maniere d'asseoir & de répartir la taille. L'assemblée, après l'avoir entendu, a jugé que les principes qu'il renferme, demandoient une discussion à laquelle il n'étoit plus permis de se livrer, pendant le peu de temps que devoient encore durer ses séances. Elle a ordonné en conséquence que ce Mémoire seroit déposé au Greffe de l'Administration, pour servir au travail de l'assemblée de 1782, & être pris alors en considération par le Bureau des Impositions.

Ensuite MM. les Commissaires pour la comptabilité & les frais communs ayant pris le Bureau, ont dit:

MESSIEURS,

L'examen de la comptabilité que vous nous avez confié, offre une infinité de détails intéressans pour la suite. Il ne nous a pas paru se réduire à vous présenter le tableau actuel de vos recettes & de vos dépenses communes, & nous avons cru qu'en portant plus loin nos regards, nous devions les étendre à tous les objets de finance confiés à votre Administration, ou soumis à votre surveillance.

<small>Comptabilité & frais communs.</small>

Comparer le montant des impositions d'une année avec celles de l'année précédente, vous inftruire des changemens qu'elles pourroient éprouver;

Vous préfenter les tableaux & les réfultats des comptes qui vous font dus par les Receveurs généraux & particuliers;

Mettre fous vos yeux les détails de celui que vous devez vous-mêmes tous les ans au Miniftre des Finances, dans la forme qui avoit lieu auparavant pour MM. les Intendans;

Vous préfenter nos réflexions fur la nature des dépenfes de tout genre, pour vous mettre à portée de les fimplifier & de les réduire.

Tels font nos devoirs & nos obligations vis-à-vis de vous.

Votre Adminiftration commence à peine : c'eft dans ces premiers momens que le développement des principes a plus de prix, parce qu'il fait adopter ces règles féveres de conduite qui affurent l'ordre public, & influent de fi près fur le bonheur des peuples. Voila, Meffieurs, le terme que nous nous fommes propofés dans nos travaux.

L'affemblée de 1778 ayant nommé, pendant le cours de fes féances, la Commiffion qui devoit la repréfenter dans les temps intermédiaires, fuivre & expédier les affaires dont le détail nous eft confié, put entrevoir dès ce moment les frais d'Adminiftration qu'un pareil établiffement rendoit indifpenfables.

Les fonds fur lefquels ils devoient être pris, n'étoient pourtant pas prévus; ils ont fait la matiere de plufieurs

lettres

lettres de la Commission intermédiaire à M. le Directeur général, & de plusieurs réponses de sa part.

Il seroit trop long, Messieurs, de vous en montrer tous les détails : les résultats en sont sur le Bureau, afin que chacun de vous en prenne connoissance, sans que l'attention générale se détourne des grands objets qui vous occupent. Nous nous bornerons donc à vous dire qu'ayant examiné avec le plus grand soin si les ordonnances de paiement avoient été tirées suivant les ordres de M. le Directeur général ; si les pensions de retraite qu'il a plu à Sa Majesté d'accorder aux anciens Employés des vingtiemes de cette Province, en supprimant leurs fonctions ; si les honoraires attribués par le Roi aux Membres de votre Commission intermédiaire, à vos Procureurs-Syndics, au Secrétaire-Greffier & à ses Commis ; enfin, si les dépenses de Bureau faites jusqu'à ce jour avoient été acquittées avec exactitude. Nous avons reconnu par les bordereaux & pieces justificatives, que l'ordre & la plus grande regle regnoient dans cette partie de la manutention. La comptabilité s'en trouve établie dans un registre journal arrêté tous les mois par la Commission intermédiaire. Ce registre a été long-temps sous nos yeux : nous en avons discuté tous les articles les uns après les autres avec d'autant plus de facilité, que deux colonnes indiquent l'une les fonds qui vous sont assignés, l'autre les dépenses qui sont ordonnées ; & tout s'y correspond avec la plus grande uniformité.

Ce qui vous paroîtra le plus consolant sans doute,

c'eſt que vos frais d'adminiſtration ne ſont ni onéreux au tréſor royal ni à la charge des peuples.

La régie ancienne des vingtiemes aſſujettiſſoit à des frais néceſſaires pour les appointemens, honoraires & gratifications des Prépoſés. Leurs fonctions étant devenues inutiles par l'abonnement qu'il a plu à Sa Majeſté de vous accorder, les ſommes deſtinées à ces frais ont formé des objets d'économie; les réductions opérées dans les Bureaux de l'Intendance en ont produit quelques autres, & c'eſt ſur ces fonds que l'acquittement de vos dépenſes a été aſſigné. Il a fallu, & vous le comprenez ſans peine, allouer quelques articles pour les frais d'établiſſement de Greffe & de Bureaux, mais outre qu'ils ont été conduits avec la plus prudente économie, ils ſont par leur nature déſtinés à ne plus reparoître, & vous pouvez vous regarder comme libres de toute ſollicitude à cet égard.

Nous n'avons en conſéquence, Meſſieurs, que deux objets de diſcuſſion à mettre ſous vos yeux.

Le premier concerne les mêmes frais de Bureau, tels que bois, lumieres, plumes, encre, papier, cire, ports de lettres. La maniere la plus économique en ce genre eſt de rejetter ces frais ſur les appointemens attribués au Bureau, & nos vœux nous euſſent en conſéquence porté à adopter cette marche. Mais croirez-vous pouvoir faire cette réduction ſur le traitement accordé à votre Secrétaire-Greffier, tandis qu'il n'en a pas été grévé dans le principe; ou voudriez-vous lui accorder une augmentation proportionnée à cette charge nouvelle, avant que de connoître à quoi montent communément ces menus frais? C'est le premier point sur lequel nous vous invitons à vous résoudre.

Le second sera plus embarrassant pour votre délicatesse. Ce n'est pas sans la plus extrême répugnance, que nous prononçons devant vous & pour vous-mêmes, les mots de rétributions, d'honoraires, pour des places que le patriotisme seul vous rend si précieuses. Il seroit sans doute plus flatteur pour vous de venir exercer ici des fonctions purement gratuites, de sacrifier votre tems à l'utilité de nos compatriotes, & de n'avoir d'autre récompense à espérer, en vous occupant du bien, que le plaisir d'y concourir. Mais en vous livrant à cet enthousiasme de désintéressement, en prenant ce parti, le plus analogue sans doute à votre façon de penser, ne craindriez-vous pas d'agir avec peu de prudence? En consultant la noblesse de vos cœurs, ne devez-vous pas écouter aussi & combiner toutes les convenances? Combien cette province ne renferme-t-elle pas de citoyens honnêtes & éclairés, que les frais d'un déplacement éloigneroient de vos assemblées? & ne croyez pas que nous entendions parler uniquement ici de la classe respectable de nos cultivateurs : il est des particuliers dans la Noblesse qui, possédant même les biens fixés pour siéger parmi vous, se verroient arrêtés par la dépense qu'entraîne pendant un mois le séjour de la ville & l'éloignement de leur résidence. Voudriez-vous pour cela vous priver de leurs lumieres & de leurs secours?

C'est sur cela, Messieurs, que vous avez un parti

à prendre; il vous paroîtra d'autant moins embarrassant peut-être, que ce n'est ni pour cette assemblée, ni pour celles qui ont été tenues jusqu'à présent, que vous avez à vous décider. Les dispositions de vos cœurs nous sont à cet égard trop connues : c'est sur l'avenir que doit porter votre prévoyance, & notre devoir est de l'éclairer.

L'assemblée, après avoir entendu ce rapport, & pris une connoissance détaillée des fonds assignés pour la dépense, & des paiemens faits en conformité, a approuvé l'ordre établi à cet égard par la Commission intermédiaire, & a de plus arrêté 1°. Qu'il ne seroit proposé pour MM. les Députés, aucune espece d'appointement pour cette assemblée, ni celles qui ont précédé, & que si Sa Majesté jugeoit convenable d'en accorder pour l'avenir, elle seroit suppliée de les borner à la somme de 300 livres, pour chaque assemblée, à chacun de MM. les Députés présens.

2°. Que les frais de Bureaux tels que le bois, la lumiere, l'encre, la cire, les ports de lettres & autres menues dépenses, continueroient à être remboursés au Secrétaire-Greffier sur ses mémoires, sans aucune déduction sur ses appointemens.

Du Lundi 16 Novembre 1780, neuf heures & demie du matin.

MM. les Commissaires pour les travaux publics ayant pris le Bureau, ont dit :

MESSIEURS,

Le Bureau des travaux publics, après vous avoir présenté différens moyens de parvenir à la confection des routes, a cru qu'il étoit de sa mission de jetter des regards attentifs sur l'état des travaux publics de 1779 & 1780.

Par le compte qui lui a été rendu, & les éclaircissemens qu'il s'est procuré, il a reconnu que la Commission intermédiaire n'avoit rien négligé pour l'exécution de vos délibérations; mais que les tâches de 1779 n'ayant pu être assignées aux paroisses qu'après l'assemblée tenue dans les mois d'août & de septembre de la même année, il en étoit résulté des retards : que d'autres obstacles étant venus se joindre à ceux qu'avoit fait naître la circonstance du temps, elle auroit eu la douleur de voir les travaux publics négligés dans une grande partie de la Province, si l'autorité n'étoit venue à son secours par l'arrêt du Conseil du 27 mai 1780, qui a ordonné que les tâches inexécutées ou restées imparfaites seroient adjugées à la diligence des Syndics des paroisses.

Il a vu aussi que la Commission intermédiaire, frappée de ce qu'il ne se présentoit pas d'adjudicataires dans plusieurs cantons, avoit rendu le 26 septembre dernier une ordonnance par laquelle elle a déterminé que les tâches qui n'avoient pas été adjugées par les Syndics, le seroient incessamment tant à Bourges que dans les autres gros lieux les plus voisins des atteliers,

Travaux publics.

& que cette méthode avoit eu le succès le plus heureux, en ce que la réunion d'une plus grande quantité d'ouvrages à adjuger dans une seule séance & dans le même lieu, avoit excité davantage la concurrence des Entrepreneurs, & fait naître la chaleur dans les encheres.

Le Bureau a été pareillement informé qu'à l'égard des tâches de 1780, quelques-unes étoient déja acquittées, qu'il en avoit été adjugé plusieurs autres, & que tout faisoit espérer de voir les ouvrages se reprendre avec activité après les vendanges & les semences.

Dans ces circonstances nous avons cru que la Commission intermédiaire devoit continuer à poursuivre l'exécution de l'arrêt du 27 mai 1780, ainsi que de l'ordonnance du 26 septembre ; & que, si malgré ces précautions quelques paroisses restoient en retard, on pourroit leur faire acquitter la dette dont elles resteroient en arriere, en la rejettant sur leurs contributions des trois années prochaines.

Sur quoi, la matiere mise en délibération, il a été arrêté : 1°. Qu'en ce qui concerne les ouvrages à faire pour acquitter les tâches des travaux publics assignées aux différentes Communautés en 1779 & 1780, la Commission intermédiaire continuera de suivre l'exécution de l'arrêt du 27 mai dernier, & de son ordonnance du 26 septembre ; 2°. Qu'il sera fait au printemps prochain par les Ingénieurs des Ponts & Chaussées visite des routes, en présence des Syndics des Communautés, & d'un ou deux de MM. les Commisfaires voisins des atteliers, à l'effet de reconnoître les ouvrages qui resteront à faire par chaque Communauté, pour en être le prix réparti par tiers & additionnellement à leurs contributions des années 1781, 1782 & 1783; 3°. Qu'à l'égard des tâches adjugées & qui ne seroient point acquittées, les adjudicataires seront contraints par les voies de droit à remplir leurs obligations.

Du Mardi 7 Novembre, neuf heures & demie du matin.

MM. les Commissaires pour les impositions ont pris le Bureau, & ont dit:

MESSIEURS,

Après vous avoir soumis les objets de délibération relatifs aux vingtiemes, à la taille & à la capitation, nous avons cru pouvoir vous proposer quelques vues concernant les impôts établis sur les consommations. Ces impôts ne sont pas confiés à votre Administration, mais en vous restraignant dans les bornes de simples représentations, vous pouvez espérer que Sa Majesté vous écoutera avec bonté.

Nous vous remettrons d'abord sous les yeux un précis de nos rapports de l'année derniere, & des résolutions que vous prites. Un premier rapport vous présenta l'historique, les méthodes & les loix de chacun des impôts contenus dans la Ferme générale & dans quelques Régies particulieres. Vous nous ordonnâtes, après l'avoir entendu, d'examiner ce que vous pourriez faire d'avantageux à la Province. Vous fçaviez, en nous donnant cet ordre, que vous entriez dans les vues bienfaifantes de Sa Majefté qui defire concilier le repos de fon peuple avec les befoins du tréfor public.

La Ferme générale contient cinq objets principaux: les Douanes, le Tabac, la Gabelle, le Contrôle & les Aides. Les deux premiers le Tabac & les Douanes n'offrent rien à votre difcuffion. La Gabelle vous intéreffe trop fortement, pour n'y pas faire une attention particuliere. Il fuffit d'en prononcer le nom, pour reveiller un defir unanime de foulagement. Ce defir n'eft pas feulement dans le cœur de ceux qui fentent le poids de l'impôt; il eft auffi vif dans le cœur de ceux qui veillent à l'Adminiftration générale du Royaume; & nous fçavons qu'ils s'en occupent avec zele.

Nous avons reçu trois mémoires fur l'impôt du fel: après leur lecture, nous avons examiné d'abord fi nous pourrions vous propofer de faire ufage, pour votre Généralité feule, des moyens qui y font contenus, indépendamment de leur adoption dans les Provinces voifines fujettes à la Gabelle. Nous avons reconnu, ainfi que les auteurs des mémoires, que leur plan n'eft utile qu'autant qu'il feroit uniforme dans tout le Royaume.

Nous avions fait la même obfervation l'année derniere, relativement aux différentes vues qui avoient été difcutées dans le Bureau.

Les frais de garde, qui feroient confidérablement augmentés, font le plus grand obftacle à la circonfcription

cription d'une nouvelle Régie dans la seule enceinte du Berri. Ainsi l'examen discuté de toute méthode pour la Gabelle doit être subordonné aux vues de l'Administration générale. Nous avons cru que nous sortirions de nos limites, si nous vous présentions une discussion détaillée des moyens d'exécution, des avantages & des embarras d'un plan relatif à cet objet.

Mais nous sçavons que le Gouvernement reçoit avec plaisir les idées heureuses qui peuvent concourir au bonheur des citoyens. Vous pouvez donc avec confiance lui faire parvenir ces mémoires : ils contiennent des vues & des moyens d'exécution que le Législateur combinera dans sa sagesse, avec les autres plans qui sont déja sous ses yeux, & nous osons espérer que leur ensemble produira quelque jour le soulagement que les habitans du Berri desirent si vivement.

Nous n'avons pas sur le Contrôle des actes & sur les Aides le même obstacle que sur la Gabelle. On peut aisément circonscrire dans l'intérieur de la Généralité les plans nouveaux qu'on imagineroit, sans nuire en rien à l'Administration des autres Provinces. Vous pourrez, sans sortir de vos limites, former des projets, les discuter avec le desir de préparer quelque changement heureux ; ce sera une suite du vœu que vous fites parvenir au Gouvernement dès l'année derniere.

Vous pourrez inviter vos concitoyens à vous éclairer, & charger votre Bureau de l'impôt de faire une étude particuliere des moyens de remplacement pour verser au trésor royal les mêmes sommes qu'il reçoit. Vous déterminâtes dans vos dernieres séances de faire des instances encore plus marquées, pour obtenir la régie des droits de contrôle. Vous crutes que la modération de ces droits inviteroit à passer par-devant Notaire les conventions qui se font aujourd'hui verbalement, ou sous signature privée; qu'ainsi la multiplicité des actes compenseroit la réduction faite sur le tarif, & que vous assureriez en même temps la paix des familles, en les faisant contracter sous des formes légales dont la frayeur du contrôle les éloigne aujourd'hui.

M. de Lenclave nous a fait lecture d'un mémoire sur quelques articles du tarif qu'il seroit utile de diminuer & de simplifier. Nous l'avons engagé à le laisser à vos archives, pour en retirer l'utilité qu'il peut procurer. M. de Bengy nous a communiqué aussi un mémoire sur cet objet, sans en nommer l'auteur. Nous avons jugé que ce travail pouvoit vous être utile un jour, & nous l'avons prié d'obtenir qu'il fût pareillement déposé dans vos archives.

Nous n'avons point eu de mémoire particulier sur la partie des Aides. Le Bureau des impositions vous avoit présenté l'année derniere quelques vues à cet égard, telles qu'un impôt sur les vignes, des droits d'entrée dans les villes, une taxe sur les cabarets; toutes ces méthodes vous parurent avoir des inconvéniens, & demandent en effet l'examen le plus réfléchi.

Vous avez aussi reconnu combien seroit utile l'abonnement du droit de la marque des fers. Vous jugerez convenable sans doute de continuer vos instances à cet égard, & nous vous le proposons avec confiance.

Il est enfin un droit sous le nom de don gratuit des villes, sur lequel vous pouvez invoquer à la fois la bienfaisance & la justice du Roi. L'assiette & la perception de ce droit établi pour six ans en 1759, furent laissés au choix des Officiers municipaux. Ils les placerent sur les consommations des habitans qui étoient dans l'enceinte de leurs murs. Le vin sur-tout y fut assujetti.

Quelques années après le Gouvernement en confia la recette aux Préposés des Aides, qui porterent dans cette partie les principes rigoureux auxquels ils étoient accoutumés. Non contens de percevoir ces droits sur les habitans des villes, ils voulurent encore les étendre sur les campagnes qui en dépendent. La petite boisson fut assujettie au même droit que le vin, malgré la différence de leur valeur, & vous sentez combien cette charge fut accablante pour les malheureux.

En conséquence des différentes observations que vous venez d'entendre, nous vous proposons : 1°. De prier M. votre Président d'insister de nouveau auprès des Ministres du Roi, pour obtenir l'abonnement des Aides, celui de la Marque des fers, ainsi que la Régie des Contrôles, & de se concerter avec eux sur les moyens d'y parvenir ; 2°. De charger votre Commission intermédiaire de présenter en votre nom un mémoire à Sa Majesté, pour réclamer sa justice sur les extensions données aux droits qui ont succédé aux dons gratuits des villes.

L'assemblée touchée des détails contenus dans ce rapport, & empressée de répondre aux vues de Sa

Majesté, qui a recommandé spécialement à ses soins les intérêts des Contribuables les moins aisés, a adopté l'avis proposé par la Commission.

Ensuite il a été mis sur le Bureau par les Commissaires des travaux publics un tableau figuré de la Province, divisé en cinq départemens sous la direction des cinq sous-Ingénieurs préposés aux travaux des routes; & ce tableau ayant été approuvé, il a été arrêté qu'il seroit suivi & serviroit de regle pour la fixation & les limites desdits départemens.

Du Mercredi 8 Novembre 1780, neuf heures & demie du matin.

MM. les Commissaires pour les travaux publics ont mis sur le Bureau le projet d'un tarif pour la répartition d'une somme de 236,900 liv. entre les paroisses de la Généralité, & destinée à la construction ainsi qu'à l'entretien des chemins. Ce projet ayant été examiné, a été aggréé par l'assemblée & trouvé conforme à sa délibération du 31 octobre dernier. Il a été en conséquence arrêté que ce tarif seroit transcrit à la suite du Procès-verbal avec les sommes en toutes lettres, qu'il seroit paraphé de page en page par M. le Président, signé au bas par lui, & contresigné par le Secrétaire de l'assemblée.

Du Vendredi 10 Novembre 1780, neuf heures & demie du matin.

MM. les Commissaires pour les travaux publics ont pris le Bureau, & ont dit:

MESSIEURS,

Nous venons mettre fous vos yeux un projet de réglement que vous nous avez ordonné de dreſſer fur l'importante affaire des travaux publics. Votre objet n'eſt pas de fixer les regles d'un art déja connu, mais de déterminer par quels moyens feront mues & dirigées les forces que vous deſtinez à la confection des routes, de faire exécuter avec économie les travaux que l'art aura jugé néceſſaires, de diſtribuer vos reſſources avec cette prévoyance qui embraſſe tous les befoins, de foumettre à une action ſimple & facile les plus petits détails confiés à vos foins, & fur-tout de concilier l'autorité qui vous eſt néceſſaire pour faire le bien avec l'influence légitime des Directeurs des travaux.

Il feroit difficile que la réflexion nous eût fait faifir & prévoir tous les développemens d'une inſtitution nouvelle & fes rapports avec les diverſes localités. C'eſt dans ces occaſions, Meſſieurs, que l'expérience ne peut fe fuppléer, & nous marchons aujourd'hui fans le fecours des lumieres qu'elle procure. En arrêtant les articles que nous venons vous propofer, s'ils vous paroiſſent faits pour réunir vos fuffrages, vous aurez tracé à la Province une marche uniforme, & les eſſais que vous en allez faire vous conduiront à la perfectionner.

Article Premier.

Les travaux des grandes routes qui s'exécutoient ci-devant par corvée dans la Généralité de Berri, se feront à l'avenir à prix d'argent, & seront adjugés au rabais en présence de l'Ingénieur ou du sous-Ingénieur de chaque département.

Art. II.

Les travaux seront portés sur toutes les routes arrêtés au Conseil de Sa Majesté, dans la forme qui avoit lieu ci-devant pour la distribution des corvées, en continuant de les diviser par atteliers, de maniere que chaque Communauté puisse connoître & suivre l'emploi de sa contribution en argent sur la partie de route qu'elle eût ci-devant exécuté par corvée.

Art. III.

Les paroisses concoureront aux travaux des routes par une contribution en argent, fixée entre le tiers & le quart du principal de leur taille pour les lieux taillables, & de leur capitation pour les villes de Bourges & d'Issoudun; ensorte que les paroisses les plus nombreuses ne contribuent pas au-delà du tiers, les moins nombreuses au-dessous du quart du principal de leurdite taille, sauf les paroisses qui, n'ayant pas encore été appellées à la construction des routes, à raison de leur éloignement, n'y concoureront que pour un 6e. le tout conformément au tarif arrêté pour le terme de dix années, & pour la somme de 236,900 livres.

Art. IV.

La contribution particuliere de chaque Communauté sera répartie sur tous les taillables indistinctement, au marc la livre du principal de la taille ; & dans les villes de Bourges & d'Issoudun, au marc la livre de leur capitation, de maniere pourtant que les plus bas cottisés ne paient pas moins de la valeur d'une journée, réduite au prix commun de 15 sols, & qu'il ne soit établi aucune taxe sur les pauvres imposés à moins de 10 sols de taille ou de capitation.

Art. V.

Les deniers de ladite contribution seront payés par les contribuables en trois termes, au 15 avril, 15 juillet & 15 novembre, & levés par les Collecteurs des tailles ou tels autres que les Communautés voudront choisir, sinon pris & nommés d'office par la Commission intermédiaire, pour être versés de leurs mains dans celles des Adjudicataires. Les rôles de répartition seront faits sur papier commun, rendus exécutoires par la Commission intermédiaire, & s'ils ne pouvoient être dressés sans frais, il sera ajouté à la somme principale 40 sols pour les rôles de cent cottes & au-dessous, 2 livres 10 sols pour ceux qui contiendront plus de cent & jusqu'à deux cens cottes, & ainsi de suite à raison de 10 sols par cent cottes ; il sera de plus imposé six deniers pour livre pour la taxation du Collecteur.

ART. VI.

La contribution ci-dessus de 236,900 liv. ne sera employée qu'aux routes de poste de la Province, & à celles qui traversant une grande partie de la Généralité, aboutiront à ses villes principales, aux ports des rivieres navigables & aux Provinces voisines.

ART. VII.

Les autres chemins servants à la communication des Villes & des Communautés, seront accordés sur les demandes desdites Villes ou Communautés, ou des Seigneurs, soit ecclésiastiques, soit laïques, en considération de l'utilité des chemins demandés & des secours offerts pour leur construction, auquel cas il pourra y être placé des atteliers de charité.

ART. VIII.

La largeur des chemins devant être proportionnée à leur destination, celle des routes de poste continuera d'être de sept toises entre les fossés, conformément à l'arrêt du Conseil du 6 février 1776, avec un empierrement de trois toises. La largeur des autres routes à la charge de la Province, sera de cinq toises avec un empierrement de quinze pieds, & il ne sera accordé d'attelier de charité pour tous autres chemins, qu'à la charge de réduire leur largeur à quatre toises avec un empierrement de quinze pieds, si le chemin aboutit à une des villes considérables de la Province, & de douze pieds par-tout ailleurs.

ART. IX.

Art. IX.

Ne sera néanmoins fait aucun changement aux routes construites, ou dont la largeur est déterminée par des travaux fort avancés ; & pour celles même qui sont à faire, les largeurs fixées en l'article précédent pourront être réduites sur les penchants des montagnes & dans les endroits où la construction des chemins présente des difficultés extraordinaires, & entraîne des dépenses très-fortes, en prenant d'ailleurs les précautions nécessaires pour prévenir tous les accidens. Il en sera au surplus usé comme par le passé & conformément aux réglemens, pour tout ce qui concerne la construction & la solidité des routes.

Art. X.

Les routes qui seront ordonnées pour la communication des Provinces entr'elles, suivront dans la Généralité de Berri la direction qui aura été déterminée par Sa Majesté, après avoir entendu l'Assemblée provinciale. Quant aux chemins particuliers à la Province, ils seront proposés par ladite Assemblée, & il ne sera travaillé à leur ouverture & construction qu'après l'approbation de Sa Majesté.

Art. XI.

Il sera présenté tous les deux ans à l'Assemblée provinciale un état détaillé des ouvrages exécutés sur chaque partie de route, depuis sa derniere séance, & le tableau de ceux qui y resteront à faire, avec la désignation des atteliers qui se trouveront établis ou qu'il conviendra d'y établir ; ensorte qu'elle sache distinctement comment ont été construits & entretenus les chemins & autres ouvrages publics déja faits, qu'elle voie l'emploi des deniers qui ont dû y servir, & qu'elle puisse proposer en pleine connoissance de cause les travaux qu'elle jugera les plus importans à entreprendre jusqu'à l'assemblée suivante.

Art. XII.

Il sera pareillement rendu compte des travaux faits avec les fonds de charité, tant de ceux qui auroient été proposés par l'assemblée précédente, que de ceux qui l'auroient été postérieurement par la Commission intermédiaire, sur les fonds dont ladite assemblée n'auroit pas indiqué l'emploi.

Art. XIII.

La Commission intermédiaire réglera le nombre & l'emplacement des atteliers sur les différentes routes : elle tiendra la main à ce que les plans & devis soient dirigés avec clarté ; à ce que les travaux de chaque attelier correspondent exactement aux contributions des paroisses qui y seront attachées ; à ce qu'ils soient adjugés, exécutés & reçus, conformément aux regles qui seront établies ci-après ; à ce que les Communautés & les particuliers acquittent exactement leur contribution. Elle aura seule le droit de juger les contestations relatives tant à la répartition & à la levée des deniers, qu'à l'adjudication, la construction & la réception des travaux; & feront fes ordonnances exécutées par provifion, fauf l'appel au Confeil.

ART. XIV.

Les Commiffaires des travaux publics de chaque département, nommés par l'Affemblée générale, fe réuniront pour procéder conjointement à l'adjudication & à la réception des travaux; adrefferont à la Commiffion intermédiaire les procès-verbaux d'adjudications, auffi-tôt qu'elles auront été faites; furveilleront refpectivement les routes qui feront le plus à leur portée, & fuivront fur les lieux l'inftruction des affaires particulieres qui pourroient leur être renvoyées par la Commiffion intermédiaire.

ART. XV.

Les Conducteurs principaux ou particuliers qui deviendroient néceffaires pour fuivre les travaux des Adjudicataires, & rendre compte de l'état des routes, feront nommés ainfi que deftituables par l'Adminiftration provinciale ou fa Commiffion intermédiaire, & jouiront des gages qui leur feront attribués par elles, fous le bon plaifir de Sa Majefté.

ART. XVI.

Les devis eftimatifs feront faits par l'Ingénieur en chef ou les fous-Ingénieurs des différens départemens, & remis par l'Ingénieur en chef à la Commiffion intermédiaire, avant la fin de janvier de chaque année. Ces devis renfermeront toutes les indications néceffaires sur la nature du terrein, la situation des carrieres, leur distance, l'espece & qualité des matériaux, leur prix tant pour l'extraction que pour le transport, & celui de la main-d'œuvre relative aux différens ouvrages, ensorte que cette appréciation détaillée approche, le plus qu'il sera possible, de la dépense qu'il y aura à faire.

Art. XVII.

Les adjudications des travaux de chaque attelier se feront en présence des Syndics des paroisses dont les contributions y sont employées, ou eux appellés au jour qui sera indiqué, à celui ou ceux qui feront la condition meilleure, à la charge par les Adjudicataires d'exécuter exactement les devis, sans s'en écarter sous quelque prétexte que ce soit, de renoncer à toutes sortes d'indemnités pour raison des cas fortuits ou autre cause, & de ne recevoir aucune somme par forme d'avance ou à compte, que les travaux ne soient commencés. Pourront néanmoins les Commissaires des travaux publics remettre l'adjudication à huitaine ou quinzaine, s'ils le jugent à propos, relativement aux circonstances.

Art. XVIII.

Nul ne pourra se présenter pour les travaux, ni même être admis à faire des offres, s'il n'est reconnu capable & solvable au jugement de MM. les Commissaires chargés des adjudications.

Art. XIX.

Les adjudications feront annoncées quinzaine à l'avance par des affiches ou publications dans les paroiffes, afin que les Syndics aient le tems de prendre connoiffance des travaux des atteliers, qu'ils les indiquent aux Entrepreneurs ou Adjudicataires de chaque canton, & fourniffent pour l'intérêt commun les moyens d'obtenir les foumiffions les plus avantageufes : & fi la chaleur des encheres procure des rabais fur le prix des travaux, le bénéfice provenant fera réparti en moins impofé fur les paroiffes de chaque attelier, au marc la livre de leur contribution : dans le cas au contraire où les ouvrages ne pourroient être adjugés qu'au-deffus de l'eftimation portée par les devis, il y fera pourvu par une réduction de travail ou par l'affignation fur les fonds de l'année d'après, de la fomme qui excéderoit les contributions de l'année courante.

Art. XX.

S'il y avoit néceffité ou utilité de faire quelque changement dans l'exécution des devis, il en fera rendu compte à la Commiffion intermédiaire, & ledit changement ne pourra être fait qu'en vertu de fes ordres par écrit.

Art. XXI.

Les travaux des Adjudicataires feront infpectés par l'Ingénieur de la Province & les fous-Ingénieurs de chaque département, lesquels visiteront les atteliers, le plus souvent qu'il leur sera possible.

Art. XXII.

Les Entrepreneurs seront payés en trois termes: le premier dans le courant de mai, à la charge par eux d'avoir établi leur attelier & commencé d'y travailler; le second dans le courant de juillet, à la charge que tous les matériaux seront sur place & employés en partie; le troisieme à la fin de novembre, après la réception des ouvrages; & seront faits les deux premiers paiemens sur le vu du certificat du sous-Ingénieur, en son absence, du Conducteur principal ou particulier, & en vertu des mandemens qui seront délivrés par les Commissaires des travaux publics, qui seront désignés à cet effet dans les rôles des paroisses.

Art. XXIII.

Il sera procédé dans les formes déterminées par les Réglemens, à la réception des ouvrages par les Commissaires des travaux publics de chaque département, au jour qui sera indiqué par eux dans le courant d'octobre. L'Ingénieur en chef ou les sous-Ingénieurs se transporteront à cet effet sur les routes, & y feront faire, aux frais des Entrepreneurs, les sondes qui seront nécessaires pour s'assurer de la bonne construction & de la qualité des matériaux, conformément aux devis. Ils en dresseront leur rapport ou procès-verbal, sur lequel le jugement de réception sera rendu & signé par les Commissaires, pour le tout être envoyé à la Commission intermédiaire, & déposé au Greffe de l'Administration provinciale.

Art. XXIV.

Lorsque quelque partie de chemin sera en état de perfection, les Commissaires des travaux publics, de concert avec la Commission intermédiaire, & suivant ses instructions, en passeront des baux d'entretien, en faisant correspondre à cette partie de dépense la contribution d'une ou plusieurs Communautés voisines qu'il sera plus commode d'y appliquer, & seront lesdits baux passés après les affiches & publications convenables, en suivant les formes déterminées pour les constructions neuves.

Art. XXV.

Avant qu'il ne soit procédé auxdits baux, il sera dressé le procès-verbal le plus circonstancié de l'état desdites parties de route, de la largeur & de la profondeur des fossés qui les bordent, de la hauteur des chaussées, de l'état des murs de soutenement & autres ouvrages qui peuvent être à la charge de la Province, afin que ledit procès-verbal serve de regle à l'Entrepreneur de l'entretien du chemin ; & ne seront passés lesdits baux qu'en fournissant par les preneurs bonne & suffisante caution.

Art. XXVI.

Seront lesdits Entrepreneurs tenus d'entretenir en

tous temps les routes en l'état où ils les auront reçues, d'empêcher que les Riverains n'empietent fur les foffés, n'y dépofent des fumiers ou autres matieres qui pourroient gêner le cours des eaux, de combler avec des pierres ou du bon gravier les trous ou ornieres à mefure qu'il s'en formera, d'y faire tous les chargemens néceffaires pour que le chemin ait toujours la même régularité, uniformité & bombage ; d'ôter & d'écrafer à la maffe les cailloux & pierres mouvantes qui fe trouveront fur la route, & d'enlever tous les matériaux, décombres, fumiers, bois, brouffailles & autres chofes qui pourroient embarraffer la voie.

L'affemblée, après avoir examiné & difcuté les articles propofés par le Bureau des travaux publics, les a adopté comme conformes aux principes établis par fes précédentes délibérations, & a arrêté que Sa Majefté feroit très-humblement fuppliée de permettre qu'ils ferviffent de réglement pour les travaux des routes, & fuffent mis en exécution dès l'année 1781.

Du Vendredi 10 *Novembre, cinq heures du foir.*

L'affemblée ayant pris féance, MM. les Commiffaires pour l'agriculture & le commerce ayant pris le Bureau, ont dit :

MESSIEURS,

Le tableau que nous avons à vous préfenter de cette Généralité, eft moins deftiné à vous faire connoître

fes

ses avantages, qu'à vous éclairer sur ses besoins. La fécondité de son sol dans quelques cantons, la possibilité d'y multiplier les prairies, sa position centrale qui devroit la lier avec toutes les parties du Royaume, ses laines & ses chanvres qui fourniroient en abondance aux manufactures de premiere nécessité, auroient dû, ce semble, lui assurer un état d'aisance dont elle est encore privée. Ce contraste affligeant de moyens de prospérité d'une part, d'une langueur presqu'universelle de l'autre, fait sentir vivement à des Administrateurs le besoin pressant de donner aux ressources naturelles le ressort le plus actif. Ce sont ces vues qui ont décidé Sa Majesté à faire jouir cette Province, avant toutes les autres, d'un nouvel ordre d'administration dont vos succès feront connoître les avantages. Le moment paroît enfin venu de réaliser ces projets capables de vivifier le Berri, qui avoient fixé les regards de Sully & de Colbert, & que les dépenses de tant de guerres, l'épuisement habituel des finances ont reculé jusqu'à ce jour. Cette Province vous devra donc une nouvelle existence, & vous aurez la consolation de voir que vos soins la lui ont procurée. En vous occupant, Messieurs, de ce terme unique de vos travaux, vous examinerez les inconvéniens de la mauvaise culture des terres pour toutes les especes de productions, vous reconnoîtrez que les principales causes de la médiocrité des récoltes sont, d'une part, que la plûpart des cultivateurs n'ont pas les moyens de faire les avances primitives sans lesquelles les terreins ordinaires ne rendent que de foibles produits : de l'autre, que la rareté des fourrages ne permet pas d'élever des bestiaux en assez grande quantité pour se procurer les engrais nécessaires, & qu'une grande partie des terres est ensemencée sans les préparations & les secours qu'elles demandent. Non-seulement les pacages manquent, mais ceux qui existent ne sont pas entretenus avec soin. Une grande partie des prairies est inondée plusieurs mois dans les années pluvieuses ; le peu de surveillance que l'on met dans le curement des rivieres & des fossés, le nombre infini de moulins à eau dont plusieurs pourroient être remplacés avec avantage par des moulins à vent, sont également des objets qui n'échapperont pas à votre vigilance : vous appercevrez encore qu'il existe dans plusieurs de vos arrondissemens des marais remplis d'eau croupissante qui nuisent à la salubrité de l'air, & ne fournissent aux bestiaux qui sont contraints d'y chercher leur subsistance, qu'une nourriture dénuée de sucs & qui fait dégénérer l'espece ; qu'en les desséchant on en feroit des pacages utiles ou des terrains propres à la culture du chanvre ou de la garance ; que les communes qui fourniroient des ressources très-abondantes, sont dans le plus grand dépérissement ; qu'en perfectionnant l'éducation des chevaux, on pourroit en faire une branche considérable de richesses dans quelques contrées, & qu'elle n'y présente que des demi-succès.

Il vous paroîtra plus intéressant encore de vous occuper des forêts de la Province. Les bois nécessaires pour la construction commencent à y devenir rares, & l'émulation des grands propriétaires à cet égard seroit d'autant plus précieuse à exciter, qu'il existe en Berri beaucoup de terreins dont l'aridité se refuse à des productions plus utiles. La conservation des bois mérite donc votre attention à d'autant plus juste titre, que les bois sont la source d'une branche de commerce importante pour la Province, en ce qu'ils alimentent un nombre considérable de forges dont les fers sont recherchés dans tout le Royaume. C'est jusqu'à ce moment notre seule grande fabrique en pleine activité. Votre Bureau de l'impôt vous a indiqué les moyens d'assurer à Sa Majesté les sommes qu'elle retire de la marque des fers, en obtenant de sa bonté l'abonnement de ce droit. Nous osons avec d'autant plus de confiance réclamer votre appui en faveur d'établissemens si précieux à l'Etat, que le plan proposé fait tourner à son avantage l'économie qui résultera de ce nouvel ordre des choses, en la destinant avec l'approbation du Roi à encourager vos forges, à leur procurer les moyens de perfectionner la fabrication du fer, & à diminuer ainsi le besoin des fers étrangers dans le Royaume. Déja le désintéressement des propriétaires & des Maîtres de forges de cette Généralité vous a fait connoître par les offres qui vous ont été faites, que cet emploi, conforme aux vues de bien général, leur sera plus agréable que les profits qu'ils pourroient attendre pour eux-mêmes. Tout vous invite donc à suivre avec ardeur ce projet.

Mais parmi tous les objets confiés à votre zele, ceux que vous distinguerez sûrement au-dessus de tous les autres, comme dignes des plus grands encouragemens, feront nos laines & nos chanvres. Les laines du Berri jouiffent de la plus grande réputation dans tout le Royaume, fur-tout celles des arrondiffemens d'If-foudun, Châteauroux & Levroux. Leur fineffe les fait rechercher par toutes les manufactures qui fabriquent des draps. Les effais faits avec zele par un gentilhomme de cette Province, & les idées de perfection univerfellement répandues fur la maniere de conduire les troupeaux, vous feront juger avec certitude qu'il vous refte encore un vafte champ à parcourir à cet égard. Le premier intérêt des Provinces ainfi que des Royaumes, eft de faire monter la fomme de leurs productions auffi haut que leur fol, leur pofition & leur induftrie peuvent le comporter, afin de préfenter à leurs voifins l'excédent le plus confidérable poffible de denrées en tout genre.

Un fecond objet d'ambition réfultant du premier eft de retenir en main-d'œuvre tout ce qu'une population nombreufe permet d'ouvrager, parce qu'il en réfulte l'avantage de bénéficier de tous les produits de l'art, & de s'approprier le prix de la voiture & de tous les déchets. De ces deux principes inconteftables il eft aifé de conclure l'utilité des manufactures propres à employer les laines & les chanvres du Berri : ainfi d'une part, tout ouvrage de draperie & de bonneterie, de l'autre, toute fabrication de toiles & de cordages font les moyens offerts pour faire valoir les productions de notre fol, & augmenter nos richeffes. On peut varier dans la fpéculation pour les différentes efpeces d'ouvrages, mais la vérité eft toujours la même,

& c'eſt de ces deux objets que l'induſtrie doit tirer tous ſes encouragemens. Les fabriques de draps de Châteauroux, placées au centre des meilleures bergeries de la Généralité, méritent donc votre protection, & vous reconnoîtrez ſans peine qu'elles peuvent devenir le modele & le germe des établiſſemens les plus ſalutaires. Il n'eſt pas moins important de rétablir à Bourges la Bonneterie qui y occupoit autrefois tant de bras, & avec tant d'avantages. Le canton de St. Amand paroît mieux convenir aux toileries & corderies, peut-être même pourroit-on y eſſayer des toiles à voiles & des cordages pour la marine. Toutes ces fabrications, qui de ces points principaux, répandroient l'activité dans la Province entiere, procureront du travail à la partie la plus indigente du peuple dont l'oiſiveté eſt toujours dangereuſe. Des filatures placées dans les cantons les plus éloignés, formeroient une reſſource contre la miſere. C'eſt l'objet d'un mémoire qui nous a été lu par M. le Comte de la Romagere; & les vues utiles qu'il contient nous ont fait deſirer qu'il fût dépoſé dans vos archives, pour y recourir au beſoin.

Telles ſont les réflexions qui ont occupé votre Bureau de l'agriculture & du commerce. Nous n'avons pu que vous indiquer des vues générales; nous laiſſons à votre ſageſſe le choix des moyens que vous croirez les plus propres à les remplir; mais nous ne devons pas vous diſſimuler que vainement l'agriculture ſeroit perfectionnée, la maſſe des effets commerçables augmentée, ſi les communications ſoit par terre, ſoit par eau, ne préſentoient à l'induſtrie des moyens faciles d'importation & d'exportation. Nous avons penſé en conſéquence que l'ouverture des routes propres à établir des relations de commerce avec la Capitale du Royaume & les Provinces qui nous avoiſinent, que des communications tendantes à rapprocher toutes les parties de la Province entr'elles, devoient être le principal objet de nos recherches : & quoique nous ayons ſenti que les reſſources n'étant pas proportionnées aux beſoins, on ne pouvoit parvenir à exécuter la totalité des travaux néceſſaires que ſucceſſivement, nous avons cru devoir vous faire connoître toute l'étendue des ſpéculations auxquelles nous nous ſommes livrés. En jettant un coup d'œil ſur la carte de la Province où ſont marquées toutes les routes & les embranchemens de chemins vicinaux, vous connoîtrez nos vues ſur les moyens d'en rapprocher toutes les parties par la facilité des relations & des tranſports; vous verrez en même temps par l'état des routes que nous avons regardées comme les plus urgentes, que nous avons voulu les reſtreindre & les proportionner aux moyens que vous pouviez employer. C'eſt ſur cet état que nous vous prions de délibérer, & d'arrêter ſur quelles routes vous jugez plus intéreſſant de porter les travaux.

Nous croyons en même temps devoir vous préſenter un projet général des directions ſur leſquelles il paroît utile que puiſſent être placés les travaux de charité, afin de les faire tourner plus ſûrement à l'utilité des communications intérieures de la Province, en même temps qu'ils offriront des foulagements à l'indigence.

Une marche naturelle fembleroit maintenant nous conduire à vous entretenir des chemins par eau, après vous avoir indiqué les routes les plus utiles par terre; mais le mémoire dont vous avez ci-devant entendu la lecture, & celui que M. le Duc de Charoſt doit vous lire encore, ne laiffent rien à defirer à cet égard.

La difcuffion de ce rapport a été renvoyée à la féance fuivante.

Du Samedi 11 *Novembre* 1780, *neuf heures & demie du matin.*

L'affemblée, après avoir difcuté le rapport fait dans la féance précédente par MM. les Commiffaires du Bureau de l'agriculture & du commerce, a applaudi aux différentes vues qu'il renferme, & reconnoiffant qu'il n'étoit poffible d'embraffer que fucceffivement les moyens de perfectionner la culture des terres, de remédier aux vices de l'éducation des troupeaux, & de diriger de la maniere la plus utile l'emploi des matieres premieres, elle a cru devoir, quant à préfent, fe borner à demander à Sa Majeſté l'ouverture de quelques routes nouvelles dont l'utilité l'a frappée, & à prendre des mefures propres à multiplier dans la Province les communications vicinales qui feroient fi précieufes pour le bien de l'agriculture. Elle a en conféquence arrêté 1°. Qu'il fera demandé à Sa Majeſté, comme nouvelles routes utiles à la Province, celle de Bourges au port de Saint-Thibault fur la

Loire, passant par les Aix, & celle du Blanc à Sancoings, pour gagner le port de Mornay sur l'Allier, passant par Saint-Gaultier, Argenton, Malicornay, Maillet, Cluis-dessus, la Châtre, Châteaumeillant, Culan, St. Amand & Charenton.

2°. Qu'on se concertera avec l'Administration provinciale du Bourbonnois, relativement à la route de la Châtre à Gueret, & à celle de Bourges à Moulins.

3°. Que Sa Majesté sera suppliée de permettre que la route de Bourges à Issoudun soit dirigée par Saint-Florent plutôt que par Villeneuve, celle de Châteauroux au Blanc par l'Othier & Saint-Gaultier, au lieu de la faire passer par Neuillai, Meobec & Migné; & que celle de la Châtre vers Montluçon soit ouverte sur Ste. Severe, St. Marian & Leyrat.

4°. Qu'attendu les travaux déja faits dans les Généralités d'Orléans & de Bourges, sur la communication de Cosne à Donzy, Sa Majesté seroit priée de trouver bon qu'on y portât les contributions de quelques Communautés voisines, quoique cette partie de route ne soit pas arrêtée au Conseil.

5°. Que pour favoriser les communications de certains lieux principaux entr'eux, il sera demandé à Sa Majesté de permettre qu'en y établissant des atteliers de charité, on accorde sur les fonds réservés de 1779 des sommes doubles de celles qui seront offertes, spécialement sur les routes

De Bourges à Nerondes & la Guerche.
D'Issoudun à Linieres.

De

De Maçay à Reuilly & Iſſoudun.
De Châteauneuf à St. Amand.
De la Charité à Sancerre.
De St. Benoît-du-Sault à Argenton.

6°. Qu'il fera accordé fur les directions comprifes dans le tableau des atteliers de charité préfenté à l'aſſemblée, des fommes égales à celles offertes, & la moitié feulement dans les autres cas.

7°. Que la Commiſſion intermédiaire fera néanmoins autoriſée à établir des atteliers fans contributions correſpondantes, juſqu'à la concurrence de 6000 liv. fur les fonds de 1779, en faveur des Communautés qui auroient éprouvé des malheurs particuliers, & qu'à l'avenir ce fecours fera porté à la fomme de 10000 livres par an, en portant par préférence les travaux fur les directions indiquées dans le tableau des atteliers de charité.

Il a été enfuite fait lecture du Mémoire fuivant fur la Navigation intérieure du Berri.

MÉMOIRE

Sur la Navigation intérieure du Berri.

Vous avez déja entendu, Meſſieurs, la lecture d'un Mémoire fur les canaux, par un de vos Membres dont le zele infatigable s'étend fur tous les objets qu'il croit intéreſſer le bien de la province; il vous a montré depuis combien de tems on s'occupe de la navigation intérieure du Berri; qui depuis trois siécles a excité les regards, soit des Etats généraux du Royaume, soit des Rois les plus célébres & des Ministres les mieux intentionnés. Il vous a rappellé des principes dictés par la prudence qui sont bons à retracer, & qui ne sont faits que pour animer davantage le courage, toujours plus sûr de réussir quand il s'unit à elle. De sages précautions n'arrêtent jamais les efforts du zele; elles se bornent à les diriger, de même que le courage qui ne les exclut pas, prémunit contre les incertitudes & prévient les lenteurs. C'est ainsi, Messieurs, qu'unissant le courage à la prudence, vous venez de briser les fers de la corvée en nature, en y substituant, non une imposition générale, souvent trop facile à détourner de son objet, mais des contributions locales, tant pour la perception que pour l'emploi; & qu'en rectifiant, d'après le desir du Souverain, d'anciens usages qu'il n'avoit rétablis que provisoirement, vous allez jouir de la douce satisfaction de vivifier la province en faisant participer à sa prospérité, par les travaux mêmes qui la produiront, jusqu'au journalier qui arrosoit de ses sueurs & de ses larmes le terrein qu'il amélioroit par des communications utiles. Elles ont dû sans doute, Messieurs, être le but de vos premiers soins; mais si cet objet vous occupoit exclusivement, envain auriez-vous ouvert ces routes; vous n'auriez point assuré aux denrées du Berri ces débouchés faciles à son commerce, cette circulation nécessaire, cette activité desirable qui ne peuvent être que le fruit d'une navigation intérieure.

En effet, si l'on compare les modiques frais d'une voiture par eau avec le prix d'une voiture par terre, quelle différence n'en résulte-t-il pas pour le commerce? Un chariot attelé de six chevaux, conduit par deux hommes, ne porte que deux à trois milliers: deux mariniers suffisent à un bateau chargé de trois cens milliers. Un seul bateau épargne donc & rend à la culture des terres le travail de huit cens hommes & de six cens chevaux: la différence paroîtroit à peine croyable, si les faits ne la démontroient pas. Il paroît constant, suivant les calculs les plus modérés, qu'il y a dans l'intérieur du Royaume, quarante mille chevaux & vingt mille hommes occupés à surcharger le prix des denrées & à détériorer les chemins qui exigent plus de cent mille hommes pour les réparer. C'est ainsi que dans l'économie politique toutes les parties se soutiennent

& se correspondent, & que la conservation des chemins est liée à l'existence des canaux; que bien loin que les soins que vous vous donnez pour multiplier les communications par terre de la province, doivent détourner vos regards des canaux à faire, ils vous offrent au contraire un nouveau motif de vous en occuper. L'existence des canaux de Briare & de Loing, rend à la culture de quoi fournir à la subsistance de vingt-quatre mille hommes; ajoutez à ces avantages de tous les momens, ceux qui résulteroient en tems de guerre d'une navigation intérieure du Royaume, pour porter des troupes, de l'artillerie, des munitions d'une extrêmité à l'autre de ses frontieres, la diminution de la charge des convois militaires, si onéreuse dans certaines circonstances, & dont le poids même seroit allégé dans tous les instans; la facilité de transporter dans nos ports des bois propres à la construction de nos vaisseaux, du milieu de nos forêts, & vous aurez l'idée de l'extrême utilité des canaux & d'une navigation intérieure.

Vous le savez, Messieurs, quelle est la vraie cause de l'opulence des villes de Nantes, de Marseille, de Bordeaux, de Lyon, d'Orléans: la ville de Bourges, la province entiere peuvent acquérir les mêmes avantages. Au centre du Royaume, le Berri peut partager le commerce des provinces qui l'environnent; il peut participer avec elles à celui de l'Océan, de la Méditerranée, de l'Italie, de la Suisse, de l'Allemagne, de la Hollande, de la Fandre, de l'Angleterre, de l'Espagne. Il ne s'agit que de profiter des ressources que la nature lui a prodiguées; elles semblent en effet appeller l'industrie à son secours, pour faire communiquer nos rivieres & nos canaux avec les rivieres navigables, ou les canaux exécutés & projettés dans les provinces voisines. Vous n'ignorez pas que Bourges peut aisément communiquer par eau au Cher, & par lui à la basse Loire & à l'Océan; vous verrez qu'il n'est pas moins possible d'unir Bourges à la haute Loire, à la Seine, à la Saone, au Rhin & peut-être même à la Garonne.

Vous aurez à déterminer, Messieurs, la direction *du Canal du Berri*. Je regarde comme absolument nécessaire d'avoir un canal qui se joigne à la Loire & à la Seine, ainsi qu'à la Saône, & qu'il puisse s'établir entre notre canal & ces rivieres une navigation réciproque. Outre ce canal principal, qui doit être la base fondamentale de la navigation intérieure de la province, il y a des rivieres différentes de celles qui doivent le former, qui méritent des travaux, par l'utilité qu'on retireroit de leur navigation; & comme en général il est encore plus intéressant d'ouvrir à la province des débouchés pour exporter ses denrées que pour en importer des voisines, il me semble qu'en traçant le canal, on peut se borner à rendre navigables le Cher, l'Indre & la Creuse.

Je ne place point ici ce qui regarde l'Auron, dont j'aurai occasion de parler avec le canal, ni de l'Arnon & de la Théols, qui demandent quelques observations particulieres, mais dont je n'omettrai pas de vous entretenir dans ce Mémoire.

D'après les projets formés en différens tems, les diverses idées présentées à votre examen, vous croirez peut-être utile, Messieurs, d'asseoir un plan général de navigation, de déterminer une marche à suivre, de vous occuper des moyens & des ressources capables de réaliser des entreprises aussi intéressantes au bien-être de cette province & à son amélioration.

J'entreprends, dans ce Mémoire, de soumettre mes vues à vos lumieres: la maniere avec laquelle vous avez déja daigné accueillir mon zele, m'inspire une douce confiance qui l'anime & le fortifie.

DANS LA PREMIERE PARTIE, je considérerai l'ensemble du plan de navigation de la province, les débouchés & les communications qu'il lui présente, les avantages qu'elle en peut retirer.

J'entrerai dans les détails qui vous feront connoître le cours & la nature des navigations, dont il peut être utile que vous vous occupiez.

J'examinerai d'abord la communication avec la basse Loire, les communications avec la haute Loire & avec la Seine, opérations que je regarde comme la base de vos travaux, en vous présentant avec impartialité les avantages des diverses directions que vous pouvez donner au canal du Berri, soit dans sa partie septentrionale, soit dans sa partie méridionale, si vous rencontrez également pour toutes la possibilité physique de l'exécution qu'il y a lieu de présumer.

Ensuite je jetterai un coup d'œil sur les rivieres affluentes à ce canal.

Et je passerai de-là aux autres navigations des rivieres qui, sans y aboutir, préfentent néanmoins des motifs puiffans de ne pas les négliger.

Après cet expofé, je chercherai les moyens (fi la nature n'y apporte pas d'obftacles invincibles) d'unir entr'elles les différentes navigations de la province, & par-là de rendre fa capitale le centre de la navigation du Royaume.

DANS LA SECONDE PARTIE, j'entreprendrai de vous préfenter quelques vues fur la marche à fuivre pour vos travaux. Je ne m'en diffimulerai point l'étendue : je veux encore moins vous la diffimuler, Meffieurs, mais elle ne rebutera pas une Adminiftration zelée, que la grandeur du bien à faire anime au lieu de décourager. Elle n'effrayera pas une Adminiftration éclairée, qui voit toujours avec plaifir dans le bien qu'elle fait, celui qu'elle prépare & qu'elle affure.

Il y a déja plufieurs années que des circonftances particulieres m'ont mis à même de m'occuper de l'objet important qui fixe votre attention dans ce moment; j'ignorois alors que j'aurois aujourd'hui l'avantage d'offrir à la province réunie, le tribut de mon zele. Mais je l'avouerai, Meffieurs, depuis que l'étude de cet objet intéreffant à fa profpérité eft devenue pour moi une obligation, depuis qu'animé par vos exemples je me fuis efforcé de juftifier, au moins par mon application, un choix qui flatte mon amour-propre & fatisfait mon cœur, mes vues fe font aggrandies, mes idées fe font rectifiées & je fuis plus en état que je ne l'étois l'année derniere de vous préfenter un plan digne de votre examen. Il aura befoin, avant d'être réalifé, de recherches que le temps ne m'a pas permis de me procurer, & de renfeignemens qu'il vous fera facile de réunir avec le fecours de vos députés & correfpondants dans vos divers arrondiffemens. Bientôt cette province qui fembloit ifolée quoiqu'au milieu de toutes les autres, deviendra renommée par l'activité qui y regnera; fa vivification fera votre ouvrage, & nous permettrons alors aux adverfaires d'un établiffement patriotique, digne du cœur paternel de LOUIS XVI, de demander de quelle utilité font les Adminiftrations provinciales.

PREMIERE PARTIE.

De la Navigation intérieure du Berri, & des Canaux à y ouvrir.

<small>Plan général de la Navigation intérieure du Berri.</small> Je vous ai déja observé, Messieurs, que la nature avoit prodigué au Berri des ressources qu'une négligence singuliere ou un concours étonnant de circonstances avoit laissées jusqu'ici infructueuses, les navigations projettées étant toujours restées sans exécution, & les anciennes s'étant altérées ou perdues. L'Evre portoit autrefois bateau jusqu'à Bourges; l'Auron étoit au moins flottable jusqu'à Dunleroy, & le Cher jusqu'à Saint-Amand. Mais le moment est arrivé, où fécondant toutes les ressources, comme le Soleil féconde les germes de toutes les plantes, vous réunirez, Messieurs, tous les moyens de vivifier la province, en multipliant ses communications par des routes nécessaires, & ses debouchés par des navigations utiles, & où vous ferez voir qu'aucun des objets qui intéressent le bien public n'échappe à votre vigilance.

En effet la province peut communiquer de Bourges au Cher à Vierzon, où il est pleinement navigable, par le moyen de l'Evre, qui l'étoit autrefois, & de-là à la basse Loire à Tours, Nantes & l'Océan; & vos chanvres (*) plus connus des marins, ou du moins leur parvenant facilement, pourront soutenir, pour les cordages ou pour les voiles, la concurrence avec ceux du Nord, & contribuer au soutien & à l'éclat d'une marine puissante.

Par des canaux de navigation vers la Loire, vous pouvez ouvrir à la province des débouchés vers Paris, Rouen, le Havre & la Manche, la Picardie, la Flandre, l'Angleterre, la Hollande d'une part; de l'autre vers la Saône, le Rhin & l'Allemagne, vers le Rhône, la Provence, la Méditerranée, l'Italie, enfin vers les provinces du sud-ouest de la France & le port de Bordeaux; & par des navigations aussi utiles, communiquer avec la Charente & jusqu'au port de Rochefort dans l'Océan.

Et si les jonctions dont je me propose de vous parler, Messieurs,

---

(*) Les chanvres du Berri sont propres à faire des voiles & des cordages, & valent ceux de la seconde qualité du Nord, qui sont employés concurremment avec ceux de premiere pour les besoins de la Marine.

du Berri, 1780.

peuvent être possibles, ce que je n'ose encore assurer, & ce dont un examen soigneux vous instruira, la capitale de cette province deviendroit le centre de toutes ces navigations. Mais quand même ces jonctions seroient reconnues impraticables, vous pourrez y suppléer en partie, & il ne seroit pas moins intéressant pour vous de vous occuper de la navigation d'une partie de l'Arnon, de la Théols, du Cher, de l'Indre & de la Creuse.

Mais, comme vous le sentez sans doute, la premiere jonction qui sollicite vos soins, qui demande des travaux, est celle qui doit unir le Berri à la Loire & à la Seine, & lui procurer vers la capitale & les principales villes commerçantes, des débouchés dont il est privé maintenant.

La premiere jonction à faire avec la Loire, est celle qui joindra la basse Loire par l'Evre, de Bourges à Vierzon. Il y a peu de tems, à ce qu'on assure, que cette navigation étoit praticable, & on peut aisément la rétablir; les traces des écluses existent encore, & même il paroît que vous pourrez concilier cette navigation avec l'existence de plusieurs usines & moulins, en dédommageant les propriétaires de ceux que vous serez forcés de détruire; vous dessécherez des parties de prairies qui acquéreront plus de valeur &, en attendant de plus grands travaux, vous procurerez toujours à la province un premier débouché vers Nantes & l'Océan. *De la Navigation de l'Evre.*

Le canal du Berri doit nécessairement avoir deux directions, l'une tendant vers le nord de la province & la Seine, & l'autre vers le midi & la haute Loire. *Du Canal du Berri.*

Ou plutôt ce canal sera composé de deux canaux qui se joindront à Bourges, & à qui je donnerai le nom de canal septentrional & de canal méridional.

Mais quelle direction devez-vous préférer pour les canaux, en supposant dans les différentes vues que je vais avoir l'honneur de mettre sous vos yeux, la possibilité physique de rassembler une quantité d'eau suffisante pour les faire adopter également.

Le canal septentrional présente un choix à faire entre plusieurs directions.

La premiere dont je crois devoir vous parler, Messieurs, auroit sans doute de grands avantages, & capables de lui mériter la préférence sur toutes les autres, si elle présentoit la même possibilité physique dans l'exécution ; mais en vous exposant ce projet, fait pour attirer l'attention que mérite tout ce qui tend à procurer plus d'activité à la province, & qui avoit formé l'objet de mes desirs, je ne vous cacherai point le sujet de mes craintes, accrues par la vue d'une partie du local, & les renseignemens que je me suis encore procurés depuis l'ouverture de vos séances. Votre zele & votre sagesse sauront s'assurer si les obstacles que je redoute peuvent être surmontés, ou s'ils doivent faire renoncer à ce premier projet.

La direction qu'il présente pour le canal septentrional du Berri, si de trop grands obstacles ne s'y opposent pas, lui feroit remonter le Collins jusqu'aux Aix & Morogues, d'où il iroit joindre la Saudre qui passe entre Neuilly & Neuvy-deux-Clochers, & de-là passe près de Boucard, pour remonter vers Sury-ès-Bois, point où devroit commencer sa jonction avec le Nordyevre, qui se jette dans la Loire près de Gien, établiroit avec la capitale une navigation réciproque, en portant, sans remonter la Loire, vers la capitale, toutes les denrées du Berry par le canal d'Orléans, & rapportant aussi, sans remonter ce fleuve, tout ce qui, venant de Paris ou des provinces du Nord qui y communiquent, seroit destiné pour celles-ci, ou pour le midi de la France, avec qui la Loire n'offre qu'une communication difficile & momentanée, par ses basses eaux si fréquentes & la difficulté de la remonter, & avec les provinces du sud-ouest, comme la Guyenne, la Gascogne, le Bearn ; & si l'on pouvoit diriger l'embouchure du Nordyevre vis-à-vis l'extrêmité du canal de Briare qui arrive à la Loire, le canal du Berri en deviendroit une veritable prolongation. Mais le Collins presqu'à sec en été, quoique torrent furieux en hyver, qui dégrade ses rives, fournit-il assez d'eau ? Peut-on en faire en hyver des provisions qui rendent ce canal navigable au moins une grande partie de l'année ? des entonnoirs qui semblent, dans certaines parties du cours du Collins, en absorber l'eau, sont-ils tels qu'on y puisse remédier ? Voilà, Messieurs, ce que vous pourrez faire examiner avec soin ; car je ne regarderois pas comme un obstacle à ce canal, la nécessité de lui faire traverser une portion de la Sologne qui n'est pas de votre Généralité, mais de l'Orléanois ; une utilité réciproque assureroit le concert que vous seriez en droit d'en attendre, & le soin que le Gou-

vernement

vernement prendroit de concilier les intérêts respectifs des deux provinces.

Des autres directions, qu'au défaut de possibilité de cette premiere vous pouvez adopter, & dont je m'efforcerai de balancer les avantages & les inconvéniens, de maniere à vous mettre à même d'entrevoir celle qui vous paroîtroit la plus utile, sauf à déterminer votre choix définitif, après les renseignemens locaux qui vous seront donnés par vos Députés & vos Commissaires des travaux publics, l'une suivroit l'Evre, en la remontant jusqu'au point de sa jonction avec le Choestre un peu au-dessous de Savigny, ensuite remonteroit cette derniere jusqu'au pont d'Avor, l'étang de Bengy, les Murgies, & passant au-dessous de Gron, au moulin de Bois-Mousseau, iroit gagner de la queue de l'étang de Chaillou, qui en est voisin, celui qui est auprès du petit Mané, & par le ruisseau qui en sort, se dirigeroit dans l'étang de Ragnon, & de-là vers Billeron, le moulin de la Mothe, la Ronce & le moulin de Mirebeau, & suivant le cours de la Vauvire par le pont Galantin, l'Abbaye de Chalivoy, en passant entre Saint-Bouise & Couargues, & laissant ensuite à gauche Tauvenay & Ménétréol, la Loire, où le canal aboutiroit vis-à-vis des bois situés sur la rive droite entre la Roche & Tracy.

La troisieme des directions qui m'ont semblé devoir vous être mises sous les yeux pour le canal septentrional du Berri, est la même que la seconde de Bourges jusqu'à la jonction de la Choestre avec l'Evre ou Yevre, mais à ce point vis-à-vis de Villebeuf, au lieu de se diriger vers Bengy, le canal remonteroit l'Evre près de Savigny, de Crosses, de Vornay, d'Ommery, gagneroit par Lazin les étangs de Neronde, où la nature semble avoir placé un point de partage aussi avantageux qu'en présentent les étangs où doit être formé celui de Charolois (*), & de la queue du premier étang de Neronde, c'est-à-dire, du plus éloigné de Bourges, iroit gagner celui qui est près de Saint-Sylvain-des-Averdines, & passant près de Villequiers, de Berry & de Bougnoux, continueroit en se dirigeant par Jussy & Sancergues jusqu'au moulin de Mirebeau,

---

(*) L'étang de Long-pendu qui, avec les étangs voisins, doit former le point de partage & les principaux réservoirs du canal de Charolois, qu'entreprennent MM. de Branciere.

point d'où sa direction seroit encore, jusqu'à son extrêmité dans la Loire, la même que celle du second projet.

Quels sont les avantages qui peuvent vous décider entre les deux directions proposées ? L'une est plus courte, & par conséquent présente moins de travaux ; mais c'est encore une question de savoir s'il ne vaut pas mieux qu'un canal ait un cours plus étendu & qu'il vivifie plus de terrein ; d'ailleurs plus d'abondance d'eau, & sur-tout la ressource précieuse d'un point de partage, le plus avantageux que vous offre cette Généralité, me paroissent devoir vous faire pencher vers le troisieme projet.

Quelque direction que vous adoptiez, Messieurs, le canal septentrional du Berri, non-seulement s'unira par la Seine à Paris, Rouen, le Havre, mais encore avec les navigations exécutées ou projettées, & par les canaux de Picardie (*), d'Artois, de Flandre, vous ouvrez au Berri des communications avec les Pays-Bas, la Hollande & l'Angleterre.

Le canal méridional du Berri doit, Messieurs, procurer à la province l'avantage précieux de l'unir à la haute Loire & à l'Allier, & par ces rivieres lui assurer d'une part une communication intéressante avec la Bourgogne, la Franche-Comté, l'Alsace & l'Allemagne, & de l'autre avec Lyon, le Dauphiné, la Provence, la Méditerranée, l'Italie, & peut-être même avec Bordeaux, Bayonne & l'Espagne. En effet, dès-que vous aurez joint la haute Loire ou l'Allier, vous aurez établi une jonction avec le canal si long-temps projetté de Charolois, dont le but est de joindre la Loire à la Saône, & qui touche enfin au moment de son exécution, & par la Saône au Doubs & à l'Ill, qui doivent être rendus navigables, & joindront le Rhin près de Basle & Strasbourg (**), avec le fleuve qui traverse l'Allemagne & assure encore la communi-

---

(*) Le canal de Picardie commencé, celui proposé sans concert par M. le Prince de Robecq, Commandant en Flandre & Haynault, pour cette province & les voisines, & par plusieurs personnes qui se sont occupées de la navigation intérieure du Royaume, qui réunit peut-être encore plus d'avantages, & qu'il seroit utile d'exécuter, quand même l'autre s'acheveroit, opéreroient avec le Berri ces communications.

(**) Par les projets dressés sur cette communication, il paroît facile de joindre le Doubs au Rhin près de Basle, pour unir la France à la Suisse, & avantageux de se servir de la riviere d'Ill, qui tombe dans le Rhin à Strasbourg, pour former la communication avec l'Allemagne. MM. de la Cliche, Ingénieurs du Corps du Génie, & M. Bertrand s'occupent de ces projets, que le Gouvernement desire réaliser.

cation avec la Hollande : la même riviere de Saône vous ouvre sur Lyon un débouché facile par le Rhône, qui vous en assure pour vos denrées un avantageux vers la Provence qui ne récolte pas assez de grains pour nourrir ses habitants, & dans laquelle vous pourrez alors faire reverser avec avantage pour elle & pour le Berri l'excédent d'abondance qui est souvent à charge à cette province.

Cette portion de canal du Berri, que j'appelle canal méridional, peut encore être susceptible de plusieurs directions. La navigation de l'Auron jusqu'à Dunleroy, ou plutôt un canal formé suivant le cours de cette riviere étant commun dans les deux projets que je vais vous exposer, je me contenterai de vous rappeller qu'elle a depuis long-temps attiré les regards du Gouvernement, qu'on a projetté des travaux utiles sur les rivieres du Berri, sous le regne de Henri IV. & le Ministre de Sully, qui vouloient dès ce temps vivifier cette province.

La premiere direction du canal méridional est celle qui, en suivant ce cours depuis Bourges (où les deux canaux se réuniroient) jusqu'à Dunleroy, le prolongeroit jusqu'à Bannegon, & plus près encore de la source de l'Auron dans la forêt de Tronçais, de-là se dirigeroit par Valigny-le-Monial, près duquel seroit le point de partage, & prenant les eaux du Lurey, & ensuite celle de la Biondre ou Biendre, aboutiroit à l'Allier près du Veurdre ; se joignant à la Loire, vous auriez, Messieurs, les avantages que je viens de vous exposer. C'est ce projet dont je m'étois occupé d'après les renseignemens précieux que M. Marcandier, citoyen de Bourges, m'avoit fournis ; c'est ce projet que M. le Baron de Marivets, un de vos concitoyens, qui s'est livré à en étudier les détails avec le plus grand zele, vouloit réaliser ; c'est celui qui avoit fait l'objet des vœux du dernier Prélat qui a gouverné ce Diocèse (*), & qui sentoit combien il étoit important pour le Berri, à qui il avoit voué un véritable attachement, d'avoir une navigation intérieure, avantage que va lui procurer une Administration présidée par son successeur, à qui les intérêts de la province ne sont pas moins chers.

(*) M. le Cardinal de la Rochefoucauld.

L'autre direction, la même jusqu'à Dunleroy, dirigeroit ensuite le canal au moyen de deux petits ruisseaux dont on prendroit les eaux, & de celles que l'industrie sauroit y joindre, de l'Auron au Cher, à peu près vers Allichamps, formeroit de ce point un canal dans la direction du Cher, & suivant cette riviere jusqu'à Meaulne, prendroit les eaux de l'Aumouse & de l'Œil qui se jettent dans la Sioulle, rivieres du Bourbonnois dont la navigation est desirée dans cette province, & sur lesquelles il nous sera facile de nous concerter avec son Administration, établie par les mêmes vues de bienfaisance que la nôtre, & animée du même zele. La Sioulle tombe dans l'Allier, & l'Allier dans la Loire; & avec un ou deux petits canaux (*), faciles à pratiquer en Bourbonnois, vous auriez une navigation plus directe avec le canal du Charolois, & une plus courte avec Lyon, dont le canal projetté du Beaujolois vous apporteroit ce qui seroit destiné au canal du Berri, à celui de Briare & à Paris. Mais ce n'est pas là où se borne l'utilité de cette communication avec la Sioulle ; les sources de cette riviere sont près de celles de la Dordogne, & cette communication pourra peut-être ouvrir par elle une jonction avec Blaye, Bordeaux, & par un canal, aussi projetté en Guyenne, qui doit gagner l'Adour, avec le port de Bayonne & l'Espagne.

Ces avantages réunis vous feront peut-être pencher pour cette seconde direction, d'autant qu'elle en a de communs avec la premiere qui sont les plus importans, celui d'ouvrir sur Bourges & Paris, sur Lyon, des débouchés faciles à vos grains, à vos fers, à vos bois dont le canal traverseroit une grande quantité, d'unir les deux mers par le centre du Royaume, par votre Capitale, & qu'elle présente de plus la réunion avec la Dordogne qui paroît trop intéressante pour ne pas devoir attirer votre attention, si elle est praticable.

Comme dans les deux projets l'Auron (**) doit faire partie du

---

(*) Ces canaux destinés à joindre en Bourbonnois l'Aumouse & l'Œil à la Sioulle, & par cette riviere l'Allier & la Loire, seroient formés par la Boule qui tombe dans la Sioulle, & la Bebre, ainsi que le Toulon pourroient servir à joindre l'Allier à la Loire, & peut-être même à joindre cette riviere à l'extrêmité du canal du Charolois.
(**) L'Auron semble devoir faire partie des deux projets du canal méridional, & alors sa jonction avec le canal septentrional, par un canal de communication de Dunleroy à Blet, seroit utile ; mais si l'on trouvoit des raisons d'épargner les travaux de l'Auron, on pourroit par cette jonction ne rendre l'Auron navigable que de Dunleroy au Veurdre, ou n'exécuter

canal méridional, je ne traiterai pas féparement ce qui regarde fon cours, mais voici le moment de vous parler des rivieres affluentes à l'Evre ou au canal. Ces rivieres font, l'Arnon (*) qui fe jette dans le Cher au-deffous de Vierzon ; la Théols qui fe joint à l'Arnon près Lazenay ; le Cher à le prendre de Vierzon en remontant jufqu'à la Magdeleine-des-Buis, Châteauneuf & au-deffus.

Vous avez, Meffieurs, des mémoires de MM. Heurtault de Bagnoux & Depuy St. Cyr, fur la navigation de la Théols qu'on a déja projetté de rendre navigable, & dont les eaux peuvent aifément former un Canal propre à communiquer dans tous les temps au Cher, au-deffous de Vierzon, & peut-être capable d'opérer la jonction de toutes les parties de la navigation intérieure du Berri, ce qui rend indifpenfable de ne pas fe borner pour cette riviere à une fimple navigation, comme cela fuffira pour les portions des autres rivieres qui ne formeront point le grand canal de la province ; mais comme les travaux de l'Arnon & de la Théols ne feront pas probablement la premiere de vos opérations, vous aurez le tems de vous procurer tous les détails dont vous croirez avoir befoin à cet égard. De l'Arnon & la Théols.

Je paffe au Cher, que vous favez, Meffieurs, que M. Colbert vouloit rendre navigable, & qu'on prétend qui peut, malgré fes fables, le devenir au moins pendant quelques mois de l'année de même que la Loire l'eft actuellement, & qui paroît avoir été, il n'y a pas encore bien long-temps, au moins flottable jufqu'à Saint-Amand. Une chofe qui feroit auffi facile qu'avantageufe, feroit au moins de le rendre pleinement navigable de Vierzon ju'qu'à la Magdeleine-des-Buis, où elle l'eft déja en partie ; la navigation entiere du Cher procureroit un débouché vers la baffe Loire aux Du Cher.

---

que fa jonction avec le Cher, ou exécuter les deux en renonçant à la navigation de l'Auron de Dunleroy à Bourges.

(*) Cette riviere étant parallele au Cher & à l'Auron, on croit que fa navigation, dans fa partie fupérieure, ne feroit pas d'une très-grande utilité ; mais on penfe qu'on peut, dans fa partie inférieure, la faire fervir avec avantage à joindre le Cher à la Théols, & à opérer, autant qu'il fera poffible, la réunion des différentes portions de navigation de la province.

mêmes cantons du Berri à qui le canal que j'appelle méridional en ouvriroit vers la haute Loire, la Saône & le Rhône (*).

Si des obstacles se rencontroient au projet de diriger le canal par la portion du Cher, d'Allichamps à Meaulne, il faudroit toujours prolonger la navigation du Cher jusqu'à Saint-Amand & Meaulne, où cette riviere joint l'Aumouse, qu'il sera toujours de l'intérêt du Bourbonnois de rendre navigable.

Il me reste encore, Messieurs, à vous parler des rivieres dont la partie occidentale de cette province desire la navigation.

De l'Indre. L'Indre, qu'il seroit à propos de rendre navigable jusqu'à la Châtre, dans tout son cours, qui de cette ville se dirige vers Châteauroux, Buzançois & Châtillon appellé sur Indre, pour le distinguer d'autres lieux du même nom situés sur d'autres rivieres: cette navigation formera encore une communication avec la basse Loire, pour les pays qu'elle arrose, & faciliteroit le desséchement d'un territoire précieux, propre à multiplier vos laines par de meilleurs pâturages, & vos chanvres.

De la Creuse. La Creuse est une des rivieres de cette province la plus facile à rendre navigable, depuis le point où elle cesse de l'être jusqu'à Argenton. Son cours, comme vous le savez, Messieurs, la conduit à Saint-Gauthier & au Blanc, d'où, aux limites les plus voisines de cette Généralité, elle passe auprès de la Rochepozay dans la Vienne qui communique encore avec la basse Loire. Mais ce qui doit sur-tout vous rendre précieuse la navigation de cette riviere, c'est la possibilité de sa jonction par la Vienne & le Clain qui passe à Poitiers, à la Charente, ce qui ouvriroit au Berri un débouché dans le Poitou, le pays d'Aunis, une communication par eau avec Rochefort; que cette derniere riviere jointe par la Tude à la Dordogne, prolonge la navigation sur Blaye & Bordeaux, & par le canal qui doit joindre l'Adour, avec Bayonne & l'Espagne; que d'ailleurs

---

(*) Les environs de Dunleroy, de Saint-Amand, &c. trouveroient dans la navigation du Cher, un débouché pour leurs denrées vers la basse Loire, tandis que le canal formé, soit par l'Auron, soit par la jonction du Cher à l'Auron & à l'Evre, leur fourniroit un débouché sur la Seine, & la communication à l'Allier par l'Auron, la Biondre, ou par l'Aumouse, l'Œil & la Sioulle, les feroit communiquer à la haute Loire, à la Saône & au Rhône.

encore, dans le cas où le Bourbonnois se refuseroit aux utiles travaux de navigation de l'Aumouse & autres rivieres communiquantes à l'Allier, vous trouveriez peut-être quelques moyens de joindre directement la Creuse & la Dordogne.

Je n'ai négligé, Messieurs, de mettre sous vos yeux aucune des navigations qui m'ont paru mériter vos regards, vos soins & vos travaux; elles me paroissent suffisantes pour opérer la prospérité du Berri, à laquelle en même temps aucune ne me paroît être inutile.

De la réunion de diverses Navigations.

Mais il me reste à former un vœu, que je desire qui se change en espérance fondée, c'est que vous puissiez réunir ces diverses navigations dans la capitale de la province, unir par elle le Rhin & la Loire à la Garonne, l'Océan à la Méditerranée.

Il faut donc examiner si l'on peut de Bourges, c'est-à-dire, de la partie du canal méridional formé par l'Auron, le plus près de cette ville qu'il sera possible, ouvrir un petit canal qui, se dirigeant sur le ruisseau qui passe à Morthimer, & en prendroit les eaux jusqu'à la Magdeleine-des-Buis, longeroit le Cher jusques vis-à-vis l'embouchure du ruisseau de Fond-Moreau, & continueroit, en en prenant les eaux dans le lit qui lui seroit creusé dans les bois de Charost vers Limeux & Lazenay, près du parc de la Ferté, le canal formé par l'Arnon, dont il seroit nécessaire de tirer des eaux pour en donner un volume suffisant au canal de jonction depuis la Ferté au Cher, de même qu'on en tireroit de l'Auron pour former celui de l'abord de Bourges au Cher. Vous concevez à présent, Messieurs, pourquoi je regarde comme essentiel que la Théols forme un canal, c'est pour la faire servir en même-temps de communication avec le canal formé par l'Auron & avec les navigations de l'Indre & de la Creuse, & dont on sent trop les avantages pour que je perde du temps à vouloir les développer; le cours de ce canal joindroit celui de la Théols, en la remontant jusqu'à Issoudun & Brives, se dirigeroit jusqu'à vers Sacierges, d'où on continueroit, si on ne trouvoit point d'obstacles insurmontables, jusqu'à St. Vincent d'Ardentes (*), où la jonction avec l'Indre

___
(*) On pourroit avec plus d'avantage, suivant l'avis des citoyens de cette province, dont les renseignemens sont parvenus à l'Auteur de ce Mémoire au moment où il alloit

s'opéreroit, & enfuite pourfuivroit à peu près dans la même direction jufqu'à la Boufane, qui fe jette près de St. Gaulthier dans la Creufe.

Voilà, Meffieurs, ce qui eft à defirer qui foit poffible, & dont vous avez à examiner la poffibilité, ce à quoi vous devez tendre fi elle exifte. L'exécution de ces vues fera le complément des travaux & du fuccès de la navigation intérieure du Berri &, je ne crains pas de le dire, de tout le Royaume, dont la ville de Bourges deviendroit le point central, de même qu'elle va le devenir des communications par terre, lorfque les chemins que vous projettez feront achevés. Mais fi la nature fe refufe à vos defirs, contentez-vous des reffources précieufes qu'elle vous aura offertes dans des rivieres dont elle vous invite à vous fervir pour le bien de la province, & bornez-vous à remédier à l'impoffibilité des travaux que vous vouliez réalifer, par des chemins & des ports qui peuvent y fuppléer en partie.

Dans le cas où le plan de jonction defirable ne pourroit être exécuté, on peut établir des ports à Bourges, Iffoudun & Brives, ou St. Vincent d'Ardentes, & fur la Boufane vis-à-vis Arthon. Si le petit canal de Bourges ou de l'Auron à Morthimer, Fond-Moreau & Lazenay ne peut avoir lieu, on fe ferviroit de la grande route de Bourges à Iffoudun pour en gagner le port, où l'on embarqueroit d'une part ce qui venant de Bourges, feroit deftiné pour l'Indre, la Creufe ou la Charente; & de l'autre ce qui venant de l'Indre ou de la Creufe, feroit deftiné pour Bourges ou le canal de Briare.

Si pareillement la petite portion du canal de Sacierges à la Boufane étoit reconnue impraticable, le port de Brives ou celui de St. Vincent d'Ardentes, fuivant le point où l'on feroit obligé de le terminer, deviendroit néceffaire, & on feroit un chemin de ce port à la Boufane vis à-vis Arthon, où feroit le port correfpondant. Quoique la néceffité de ces deux chemins obligeât à un double débarquement & à un double rembarquement fâcheux, interrogez

---

en faire la lecture, diriger la navigation d'Iffoudun à St. Vincent d'Ardentes, par Neuvy-Pailloux, Ste. Faufte, Diors : un étang & plufieurs fources leur font croire que cette direction feroit avantageufe, mais d'autres perfonnes y trouvent des obftacles. C'eft fur quoi l'Adminiftration, lorfqu'elle fera dans le cas d'étendre fes travaux dans cette partie, pourra s'éclairer.

les

les Commerçans, Messieurs, & ils vous répondront que, même malgré de pareils inconvéniens, les navigations sont infiniment plus avantageuses que les plus belles routes, les communications par terre les plus commodes & les plus faciles.

Au reste vous pourrez, Messieurs, sur cette jonction, vous procurer à loisir tous les renseignemens nécessaires, d'après la marche que vous adopterez, & sur laquelle je me propose de vous développer dans la seconde partie de ce Mémoire, les idées dont j'offre l'hommage à votre zele, ainsi que celles que je crois propres à assurer le succès d'un plan de navigation aussi intéressant pour la province & aussi utile à l'Etat.

SECONDE PARTIE.

De la marche à suivre pour l'exécution du plan de Navigation intérieure du Berri, des moyens & des ressources.

Vous avez vu, Messieurs, le tableau d'une navigation propre à vivifier le Berri, à contribuer à la prospérité générale du Royaume. Cette province, dans son état actuel, est, pour ainsi dire, encore isolée, quoiqu'au centre de la France, tandis que sa position semble la destiner à être le nœud, le lien de toutes les provinces qui composent le Royaume : aussi Sa Majesté, en jettant sur elle un regard de préférence, en lui accordant, avant tout, le bienfait d'une Administration paternelle, a sans doute entrevu ses ressources en même-tems qu'elle a été touchée du besoin qu'elle avoit de les mettre en activité; mais plus la position centrale du Berri multiplie ses moyens de vivification, plus elle augmente la somme des travaux en navigations comme en routes, plus elle exige & mérite du Gouvernement des secours puissans. Lorsque la paix, en rendant inutiles les efforts qu'entraîne une guerre dispendieuse, permettra d'appliquer au bonheur de l'Etat une portion des fonds que la dignité de la Couronne doit à sa défense, à sa gloire, au desir même d'une paix prompte & solide, pour lors nous réclamerons avec confiance, nous demanderons avec succès les secours efficaces qui accélereront des travaux que notre zele nous aura fait entamer au milieu de la guerre, à l'exemple de notre jeune Monarque qui, malgré les soins qu'exigent de lui les affaires

Pp

politiques, porte un coup d'œil vigilant fur tous les objets de législation ou d'adminiftration où il trouve à faire des réformes qui peuvent tendre à la félicité de fes fujets : alors nous aurons lieu d'efpérer que les bras des Militaires, après avoir foutenu la gloire de nos armes, affuré la tranquillité de nos frontieres ou de nos côtes, s'honoreront de contribuer à la profpérité générale. N'allons point pour juftifier nos efpérances, chercher l'exemple des armées Romaines : Henri IV. deftinoit aux canaux du Royaume, qu'il projettoit, les troupes qui avoient affermi fon trône ; nous avons vu nos Bataillons ouvrir & achever avec fuccès le canal d'Artois, & ces Militaires inftruits s'empreſſeront de partager leur tems entre l'étude des fciences militaires & des travaux qui fortifient le foldat en le rendant utile.

Mais quelle marche devons-nous fuivre dans nos travaux ? Quels font nos moyens pour les commencer ? nos reſſources pour les continuer ? Je me fuis impofé, Meſſieurs, l'obligation de vous préfenter mes vues fur ces détails importans.

Vous avez des travaux à faire, des renfeignemens à réunir, des fonds à affurer.

Des travaux à faire. Je penfe, en fuppofant toujours la poffibilité phyfique de réalifer le plan de navigation intérieure du Berri que j'ai eu l'honneur de mettre fous vos yeux, que la premiere opération qui doit vous occuper, eft de rétablir fans délai la communication de Bourges au Cher près de Vierzon, par le moyen de l'Evre, à qui vous rendrez fon ancienne navigation : cette opération peu difpendieufe, & qui peut être terminée en peu de tems, ouvrira un premier débouché à la province vers la baſſe Loire.

Premiere Opération. Navigation de l'Evre.

Deuxieme Opération. Canal feptentrional du Berri. Mais vous fentez, Meſſieurs, l'importance d'établir une communication entre la province & la Seine, d'ouvrir à vos denrées un débouché précieux vers la capitale : votre feconde opération doit donc être, à ce qu'il me femble, le canal du Berri, & principalement la portion de ce canal que j'appelle feptentrional, & qui fera jouir cette Généralité des avantages confidérables que le canal de Briare procure au pays qu'il traverſe. Mais vous trouverez peut-être qu'en faifant vos efforts pour unir ce canal à celui de Briare, plus ou moins loin de fa jonction dans la

Loire, vous ne devez pas négliger d'examiner ce qui concerne la partie méridionale, & vous appercevrez sans doute que le canal du Berri peut être à la fois entamé dans ses deux portions; j'ose croire que, malgré la plus grande masse de travaux que ce parti entraîneroit, c'est celui qui seroit le plus digne de votre zele. En l'exécutant, vous ranimerez toutes les portions de la Province; vous procurerez à une quantité immense de bois, aux fers, aux grains, des débouchés multipliés vers le nord & le midi de la France; vous redonnerez au commerce du Berri une nouvelle activité, & rendrez à sa capitale son ancienne splendeur qui lui sera d'autant plus précieuse, qu'elle ne la devra qu'au bien-être de la Province entiere. Plus vous vous déterminerez à des projets dignes de vous, plus vous aurez droit aux secours du Gouvernement; plus vous vous occuperez de vivifier les divers cantons de la Province, plus vous aurez lieu d'espérer les efforts de vos concitoyens. Ainsi, en commençant d'opérer par la portion septentrionale du canal du Berri, vous pouvez en même temps travailler à la portion méridionale de Bourges à Dun-le-Roi, si vous décidez après un mûr examen de rendre l'Auron navigable, ou entamer les travaux de Dun-le-Roi au Veurdre, ou ceux de Dun-le-Roi à Meaulne, si vous vous déterminez par de solides raisons pour l'une ou l'autre de ces directions. J'espere d'ailleurs, Messieurs, vous faire entrevoir vos ressources, vous faire connoître les secours que vous pouvez attendre de la Province, & qui, sans la surcharger, vous fourniront de grands moyens & de grands droits à la protection & à l'aide du Gouvernement.

La troisieme opération à laquelle je crois instant de se livrer dès que vous aurez ou terminé le canal du Berri, ou assuré sa confection en vous ménageant encore la facilité de suivre des travaux moins dispendieux, des simples navigations de rivieres qui ne font point partie du grand canal, est la navigation de la Creuse, que je regarde après comme une seconde base de votre navigation intérieure, puisque par elle vous ouvrez une nouvelle communication vers l'Océan, & pouvez peut-être encore vous en servir pour celle des ports de Bordeaux & de Bayonne.

La navigation du Cher & celle de l'Indre viennent après, à moins que des ressources extraordinaires ne vous mettent à même de les faire concourir avec les travaux de la Creuse.

<small>QUATRIEME OPERATION. Navigation du Cher & de l'Indre.</small>

Le Cher (*) présentera peu de travaux, si d'ici à cette époque, avec les secours des Riverains, vous l'aviez rendu pleinement navigable jusqu'à la Magdeleine-des-Buis, & si vous aviez amené jusqu'au Cher le canal méridional du Berri; il me semble que vos travaux doivent être concertés de maniere que la navigation du Cher remonte jusqu'à ce point de jonction, lorsque vous y arriverez par la portion du canal destinée à joindre l'Auron au Cher.

Quant à l'Indre, sa navigation doit commencer du point où cette riviere cesse d'être navigable, & remonter successivement vers sa source jusqu'au point où vous destinerez d'établir sa navigation.

CINQUIEME OPERATION. Canal de la Théols & jonction du grand Canal au Cher, à l'Indre & à la Creuse.

Enfin, le canal formé par l'Arnon & la Théols depuis Lazenay jusqu'à Brives, ou plus loin des deux côtés, s'il se peut, la jonction de la Théols à l'Auron ou canal méridional près de Bourges d'une part, s'il est possible, sinon au Cher à la Magdeleine-des-Buis; & de l'autre la jonction du canal de la Théols avec l'Indre & la Creuse, ou au moins avec les ports & les chemins destinés à suppléer aux portions de navigations reconnues impraticables, semble devoir terminer vos travaux.

Recherches à faire.

Pour assurer la possibilité physique de l'exécution, & vous procurer les renseignemens qui vous détermineront sur les diverses directions qui vous sont proposées, vous avez, Messieurs, à connoître & à constater l'étendue des navigations, la largeur & la profondeur des rivieres, les eaux qu'on peut rassembler dans les points de partage, les ressources de l'art qui sçait aujourd'hui faire contribuer jusqu'à l'excédent de la pluie qui tombe sur la terre, à rendre possibles des portions de navigations impraticables sans ce secours, les usines que vous serez forcés de détruire, ou que vous pourrez conserver. Tous ces renseignemens peuvent vous être donnés par vos Députés & vos Correspondants, d'après les instructions que vous leur donnerez à cet égard. Dès cette assemblée, vous pouvez guider ces recherches, & pouvez déterminer celles qui seront le commen-

___

(*) L'on assure que le Gouvernement veut entâmer des travaux sur le Cher, pour procurer un débouché à une grande portion de la forêt du Tronçais; la Province en sollicite depuis long-temps les coupes; elle pourroit s'obliger aux mêmes travaux, les rendre plus utiles, & cet objet paroît mériter toute son attention.

cement des travaux qu'entraînera le vaste plan d'une navigation intérieure ; & c'est ce dont je me flatte de vous convaincre, en jettant un coup-d'œil sur vos moyens & vos ressources.

Moyens & ressources.

Vous êtes convaincus, Messieurs, de l'importance dont est une navigation intérieure pour la prospérité générale de la Province ; de l'utilité dont elle doit être pour l'amélioration des propriétés particulieres ; vos desirs voudroient la réaliser. Vous en montrer les moyens, en vous développant l'étendue de vos ressources, est un hommage dû à votre zele.

Vous allez trouver, Messieurs, dans la méthode que vous avez adoptée pour vos travaux publics, une économie précieuse. Vous pourrez peut-être la partager en deux portions, l'une destinée à soulager la province, l'autre à jetter les fondemens d'une nouvelle branche de vivification. Vous avez lieu sans doute d'espérer du Gouvernement, comme un nouveau témoignage de sa bonté pour cette province, la permission de disposer pour son bien, qui n'est pas étranger au bien général, de votre contribution aux fonds de la navigation intérieure du Royaume ; & peut-être en offrant à Sa Majesté de l'augmenter pendant un certain nombre d'années, obtiendrez-vous d'elle, pour le même temps, un secours proportionné à vos efforts : ce moyen assureroit le succès de vos vues, & le revenu annuel qu'il vous procureroit vous faciliteroit les travaux que vous desirez entreprendre. Les contributions des riverains, qui, en cas de besoin pourront y être réunies, vous mettront à même de les continuer & de les étendre, soit par vous-mêmes, soit en chargeant des Compagnies solides & honnêtes à qui vous pourriez abandonner pour un temps limité les secours du Gouvernement & les contributions générales de la province, ainsi que celles des riverains, qui, en les payant, ne feront réellement qu'une avance dont ils retireront le capital avec un profit réel, qu'on peut même n'exiger d'eux qu'à des époques où ils commenceront déja à jouir en partie des avantages de la navigation à laquelle ils auroient contribué. Vous pourriez encore avoir une grande ressource pour les travaux de votre navigation intérieure, dans les coupes de la forêt de Tronçais, qui peuvent vous être concédées avec avantage pour le domaine du Roi & utilité pour l'Etat, si Sa Majesté daigne les accorder à votre demande. Vous concevez, Messieurs, qu'en vous proposant une contribution extraordinaire des riverains, une fois payée, pour les ouvrages des portions de navigation qui feroient réalifées, j'ai l'honneur de vous propofer de la faire acquitter en plufieurs années pour en rendre la perception moins onéreufe, de la proportionner au profit & à la diftance des propriétés des contribuables de la navigation, pour en rendre la répartion plus équitable. Vous avez encore une reffource que vous pouvez employer, qui eft plus permanente en même-temps que moins confiderable, celle d'une légere contribution fur tous les arpens de bois en coupes réglées, proportionnée à l'âge de leur coupe; & vous la trouverez d'autant plus convenable que les bois font une des natures de propriété dont les canaux augmentent le plus la valeur; les ventes des futaies peuvent vous préfenter encore des reffources, & fi une taxe vous paroît avoir des inconvéniens, au moins devez-vous efpérer du zele des propriétaires des futaies qui feront vendues, des contributions volontaires peut-être au-deffus des taxes que vous leur impoferiez, & l'accélération des navigations qui les avoifinent les dédommageront amplement de ce premier tribut de leur générofité.

Commençons donc, Meffieurs, ces travaux intéreffans; méritons, comme une récompenfe des premiers avantages que nous en aurons retiré, les reffources propres à les étendre, les premiers fecours du Gouvernement, les efforts de la provinces: l'utilité de ces premiers travaux les multipliera, fur-tout lorfque la paix permettra au Monarque qui nous gouverne, de porter fur la navigation intérieure du Royaume, le coup d'œil d'une protection créatrice; lorfque Louis XVI, fentant que fi le feul canal de Languedoc, utile aux provinces méridionales, a fait époque fous le regne de Louis XIV, les grandes routes du Royaume fous Louis XV, la perfection de la navigation intérieure de toute la France en fera une encore plus glorieufe dans les faftes de fon regne, reconnoîtra fur-tout que les travaux qu'il ordonnera, qu'il favorifera, font un des plus puiffans moyens d'opérer le bonheur de fes peuples, qui fait le but de fes vœux les plus chers.

L'assemblée, après avoir entendu ce Mémoire, voulant consacrer par une délibération précise son vœu pour l'ouverture d'un canal qui joindroit l'Allier au Cher, conformément aux desirs que la Nation entiere en a manifesté depuis plusieurs siécles, ainsi qu'aux vues des Ministres les plus éclairés, & notamment à celles de Sully & de Colbert, comme devant être ledit canal une source de prospérité pour les Provinces de Berri & de Bourbonnois, & ouvrir un commerce étendu pour tout le Royaume, a arrêté :

1°. Que Sa Majesté sera très-instamment suppliée de vouloir bien accorder protection & secours à une entreprise si digne d'immortaliser son regne.

2°. Que pour parvenir à établir cette navigation, il sera levé des plans avec profils & nivellemens, accompagnés de devis estimatifs de tous les ouvrages nécessaires, auxquels on joindra une juste appréciation des dédommagemens à accorder aux Riverains qui souffriroient des pertes, soit par les suppressions de moulins, soit par toute autre cause.

3°. Que pour subvenir à cette dépense préliminaire, Sa Majesté sera suppliée d'accorder dès 1781 la somme de 14274 liv. que la Province paie tous les ans pour faire partie de la navigation générale.

4°. Que les Comissaires des travaux publics veilleront aux opérations préparatoires, & se mettront en état d'en rendre compte à l'assemblée de 1782, & d'exposer leurs vues sur les secours qu'on pourroit espérer des riverains, à raison des avantages qu'ils retireroient d'une navigation bien établie.

5°. Que M. le Président sollicitera auprès de Sa Majesté la coupe de la forêt de Tronçais, pour le produit en être employé à la construction de ce canal.

6°. Que la présente délibération sera communiquée par les soins de M. le Président à l'assemblée provinciale du Bourbonnois, à l'effet de l'engager à joindre son vœu à celui de l'assemblée, pour l'exécution d'un projet dont elle partagera l'utilité.

Du Dimanche 12 Novembre 1780, cinq heures du soir.

MM. les Commissaires pour la comptabilité ont pris le Bureau, & ont dit :

MESSIEURS,

Vous avez vu par le compte que nous avons eu l'honneur de vous rendre, à quelle somme s'étoient élevées vos dépenses des années précédentes. Des idées d'approximation vous ont mis à portée de juger quelle seroit l'étendue de vos dépenses à venir, & leur modicité n'a pu vous offrir qu'une perspective agréable pour vous, parce qu'elle ne vous a point laissé entrevoir de surcharge pour les peuples.

Nous devons maintenant vous entretenir des autres parties de la comptabilité qui ressortissent à votre Jurisdiction. Elles sont de deux genres : quelques comptes

comptes vous font rendus par les Receveurs immédiats ou généraux des impofitions, pour être enfuite reportés par eux aux Chambres des Comptes. D'autres reffortiffent fimplement à votre autorité, & vous n'en devez les détails qu'au Miniftre des Finances, parce qu'ils procedent de fommes dont le Roi vous confie l'adminiftration.

Le premier & le fecond brevet de la taille, ainfi que le moins impofé accordé annuellement par Sa Majefté fur cette partie, ne font dans aucune de ces deux claffes. Des formes anciennes en avoient reglé la comptabilité. MM. les Intendans n'en prenoient nulle connoiffance, & il ne peut par conféquent vous en appartenir aucune.

Il n'en eft pas de même de la capitation & des vingtiemes. Le compte de ces impofitions, depuis qu'elles exiftent, a été rendu à MM. les Intendans, ainfi qu'on le voit par la déclaration de 1696, & autres rendues jufqu'en 1739.

Les Receveurs particuliers de chaque Election font le recouvrement de la capitation, en conformité des états de répartition que vous arrêtez pour les Taillables, & des rôles arrêtés au Confeil & vifés par vous, pour les Nobles, les exempts, les Officiers de juftice, les Employés des Fermes, & les villes franches.

Sur le montant total de cette impofition, le Roi remet à la Province 1°. Une fomme de 21,000 liv. pour fubvenir aux décharges, modérations & non-valeurs; 2°. Celle de 25,006 liv. qu'on appelle fonds libres. Elle eft deftinée à accorder des fecours aux peres de famille nombreuſe, aux incendiés, aux particuliers qui ont éprouvé des malheurs extraordinaires, & enfin à fournir à d'autres dépenſes approuvées & ordonnées par Sa Majeſté. Ces ſommes ſont énoncées en bloc dans les comptes des Receveurs particuliers & des Receveurs généraux, qui les portent en repriſe à la Chambre des Comptes.

L'adminiſtration des vingtiemes eſt à peu près ſoumiſe aux mêmes formes & aux mêmes regles. Le Roi remet ſur leur totalité 6184 livres 12 ſols pour les décharges & modérations, & 26,650 livres à quoi montoient, avant l'abonnement qui vous a été accordé, les frais de régie de cette partie.

Les Receveurs vous doivent compte de ces impoſitions à la fin de chaque exercice qui a toujours deux ans de durée; & comme l'adminiſtration ne vous en a été abandonnée qu'en 1780, ce ne ſera qu'à votre aſſemblée de 1782 que vous pourrez entendre leurs premiers comptes. Les pieces juſtificatives en ſeront alors dépoſées dans vos archives, & les comptes arrêtés par vous ſerviront de baſe à ceux qui ſeront enſuite rendus tant aux Receveurs généraux, qu'à la Chambre des Comptes.

Les fonds des Ponts & Chauſſées ſont ſoumis à une adminiſtration particuliere, & verſés du tréſor royal dans la caiſſe du Tréſorier général qui les reverſe lui-même dans les caiſſes particulieres des Provinces, ſuivant les états qui en ſont arrêtés. C'eſt le Tréſorier général qui compte lui-même à la Chambre des Comptes, ſans aucun préliminaire. Ainſi les fonds des

Ponts & Chauffées ne font pas, à proprement parler, une partie de comptabilité qui vous foit foumife. Vous avez droit de furveiller l'emploi des fonds deftinés à la Généralité; vous vifez la plûpart des pieces qui en conftatent l'emploi, mais votre miniftere ne s'étend pas aujourd'hui plus loin.

 Les comptes que vous avez feuls droit d'entendre, pour les faire paffer vous-mêmes au Miniftre des Finances, font ceux de la partie des fonds de la capitation & des vingtiemes qui eft deftinée aux décharges, modérations & non-valeurs, les fonds libres de la capitation & les frais de régie des vingtiemes. Ces articles, comme nous vous l'avons obfervé plus haut, font portés en bloc à la Chambre des Comptes; mais vous prononcez, en conformité des ordres du Roi, fur la répartition qui doit s'en faire. Vous tirez en conféquence des ordonnances fur les Receveurs particuliers pour les décharges, modérations & non-valeurs. Ces ordonnances font préfentées aux Receveurs comme un à compte fur les fommes dont ils doivent faire le recouvrement. Vous tirez de même fur les Receveurs généraux pour les fonds libres de la capitation, & vos différentes ordonnances forment les articles particuliers du compte qui vous eft rendu de l'emploi de ces fommes. Cette marche eft conforme aux loix, & ne pouvoit gueres être dirigée autrement pour répondre à cette multitude de befoins de détail que les Cours ne peuvent pas connoître, & que l'œil du Souverain peut feul faifir & apprécier.

 C'eft à vous encore qu'il eft compté des fonds deftinés par le Roi pour des atteliers de charité, & de ceux que divers particuliers peuvent offrir pour le même emploi. L'état qui en est arrêté tous les ans au Conseil, fixe votre dépense; & les ordonnances que vous tirez pour le paiement des travaux, forment les pieces justificatives du compte subséquent.

La somme de 3,000 liv. affectée à l'entretien des pépinieres de la Province, est dirigée par vous pour l'emploi qu'il convient d'en faire; la dépense en est portée en compte avec les mêmes formalités.

Nous pouvons mettre sur la même ligne plusieurs dépenses locales, telles que la gratification accordée aux Maîtres de poste de la route de Toulouse, à raison de 75 liv. par lieue, & formant le total de 4350 l. par an; l'imposition de 100 livres pour le loyer de l'Election du Blanc, celle de 60 liv. pour le Messager du Blanc à Châteauroux, celle de 100 liv. pour les Maîtres d'école de l'Election de St. Amand, celle de 120 liv. pour le Maître d'école de Pouilly, celle enfin de 5297 liv. pour le casernement & logement de la Maréchaussée de la Province. En général, toutes les dépenses locales assignées sur le second brevet de la taille ou sur la capitation doivent être connues par vous, & il doit vous en être compté tous les deux ans. Il n'y a gueres que les fonds destinés aux milices, aux harras, aux turcies & levées, qui fassent exception à ce principe.

Du droit que vous avez d'entendre les comptes de la capitation & du vingtieme découle celui de surveiller les comptables. Les Receveurs locaux doivent en conséquence vous envoyer tous les mois le compte succinct de leur recette. C'est un simple état à colonnes contenant ce qu'ils ont reçu pendant le mois, tant de l'exercice courant, que des exercices antérieurs pour les vingtiemes, la capitation & les deux brevets de la taille. Cet état comprend aussi la note des frais faits pour le recouvrement de chacune de ces parties. Par ce moyen vous pouvez juger de leur exactitude & de leur négligence. Lorsque ces états vous sont parvenus, on en dresse le bordereau général que vous faites passer au Ministre des Finances, pour qu'il connoisse la situation des fonds de la Province. Nous avons examiné tous les états qui vous ont été fournis, ainsi que lss bordereaux fournis par la Commission intermédiaire, & nous les avons trouvé parfaitement dans la forme prescrite.

Tels sont, Messieurs, les détails par lesquels nous pouvions préparer les travaux de votre assemblée prochaine sur la comptabilité qui vous est confiée. Ils vous conduiront à jetter sur cette partie ce regard attentif qui dirige les dépenses à la plus grande utilité générale.

L'assemblée ayant entendu ce rapport, a témoigné sa satisfaction de l'ordre & de la netteté qui y regnent, & en a remercié MM. les Commissaires.

Du Lundi 13 *Novembre* 1780, *neuf heures & demie du matin.*

MM. les Commissaires pour les travaux publics ont pris le Bureau, & ont dit :

MESSIEURS,

Le Bureau des travaux publics s'eſt occupé, comme d'une affaire très-inſtante, de la diſtribution & de l'emplacement des atteliers ſur les différentes routes de la Province, ainſi que de la déſignation des paroiſſes qui peuvent plus commodément y être appliquées. Son travail lui a fait comprendre que, ſi d'une part il étoit deſirable & conforme à vos vues que la contribution de chaque paroiſſe fût employée à ſa portée, & pour ainſi dire, ſous ſes yeux ; de l'autre, la poſition & la diſtribution des chemins s'y refuſoient juſqu'à un certain point, puiſque toutes les paroiſſes ne ſont pas à la proximité des grandes routes. Il a même cru appercevoir, en recherchant à cet égard les combinaiſons les plus heureuſes, qu'on ne pourroit procurer à certaines paroiſſes la ſatisfaction de toucher à leurs atteliers, qu'en éloignant les autres à des diſtances conſidérables ; qu'il ne pouvoit ſe faire à cet égard une ſorte de balance & de compenſation, qu'en avançant ou reculant les Communautés dans des circonſcriptions aſſez douces, mais néanmoins oppoſées au deſir naturel de jouir chez ſoi du fruit de ſon travail.

Le tableau que nous vous préſentons pour les travaux de l'année prochaine, eſt à peu près dirigé ſur ces vues. Il auroit fallu, pour le perfectionner, un tems plus conſidérable que ne nous le permet la durée de vos ſéances. Sa diſpoſition eſt pourtant telle que les paroiffes les plus éloignées de leurs travaux, n'en feront qu'à 5 ou 6 lieues au plus, fur-tout lorfque les routes que vous follicitez feront ouvertes. Le Bureau eft d'avis que vous adoptiez ce tableau, en chargeant la Commiffion intermédiaire de le perfectionner & d'y faire les changemens convenables, fur-tout dans le cas où les directions nouvelles que vous demandez, ne feroient pas accordées avant le printems prochain. Il eft encore d'avis qu'il foit inceffamment envoyé au Confeil un mémoire particulier fur chaque direction nouvelle arrêtée dans votre féance du 11 de ce mois, pour parvenir à leur obtention, & que ces mémoires divers foient concertés avec les Ingénieurs de la Province par votre Commiffion intermédiaire.

L'affemblée a adopté l'avis propofé par le Bureau, & il a été recommandé à la Commiffion intermédiaire de faire travailler fans délai aux mémoires relatifs aux directions nouvelles qu'il a été arrêté de demander à Sa Majefté.

Enfuite MM. les Commiffaires pour la vifite & infpection du greffe ayant pris le Bureau, ont rendu compte à l'affemblée de l'état dans lequel ils ont trouvé les regiftres & les papiers du greffe ; il a été arrêté que leur rapport feroit inféré dans le regiftre à la fuite du préfent Procès-verbal.

M. le Préfident a propofé à l'affemblée, conformément à fa délibération du 2 de ce mois, de nommer des Commiffaires pour les travaux publics dans les différens départemens de la Généralité.

Cette proposition ayant été agréée, lesdits Commissaires ont été désignés. Il a été en même temps arrêté que les Membres de la Commission intermédiaire seroient de tous les départemens, & que dans le cas où les Commissaires de quelque canton ne pourroient pas se réunir en nombre suffisant pour procéder aux adjudications & réceptions, il leur seroit libre d'appeller des Commissaires du département voisin.

Du Mardi 14 Novembre 1780, neuf heures & demie du matin.

M. le Président a dit que, depuis la premiere séance où il avoit annoncé à l'assemblée les dons offerts à l'Administration par le Clergé & la Noblesse, il n'avoit proposé aucune délibération sur cet objet, parce qu'il lui paroissoit impossible qu'on prît, avant la remise de ces dons, un parti définitif sur leur emploi ; qu'il étoit de la prudence de sçavoir quelle somme ils produiroient, afin de déterminer avec plus de connoissance à quelles spéculations on pourroit se livrer avec leur secours ; qu'on ne pourroit juger qu'à la fin de 1781 du montant des souscriptions ouvertes dans les deux Ordres, celle du Clergé ne paroissant pas remplie, & celle de la Noblesse n'étant pas encore connue de toute la Province ; que d'ici à l'assemblée de 1782, des mémoires de MM. les Députés de différens cantons pourroient fournir des lumieres & des vues relatives à l'état & aux besoins de la Généralité ; que le Gouvernement lui-même touché des efforts qu'il verroit faire pour le bien public, pourroit se déterminer peut-être

être à joindre des secours, ou à donner des facilités pour l'exécution de plans sagement combinés & reconnus utiles ; qu'après avoir pesé ces motifs, il avoit cru qu'une délibération prise sur l'emploi des dons du Clergé & de la Noblesse, seroit prématurée ; que cependant pour montrer la disposition où est l'assemblée de tendre au soulagement des malheureux, & faire démêler l'usage qu'elle pourra faire par la suite des dons offerts, il seroit d'avis de consacrer sur les premiers deniers qui seront reçus une somme de 6000 liv. à des objets d'utilité générale ; que ce secours seroit d'autant plus précieux dans les circonstances actuelles, que cette Généralité a été affligée par des fléaux extraordinaires, tels que des incendies considérables, des grêles, & sur-tout par une épidémie qui dans quelques endroits a nui considérablement à la culture des terres ; que cette somme ajoutée à celle que le Roi destine aux secours des infortunés, adouciroit leurs peines, & annonceroit l'esprit de bienfaisance qui dirige l'assemblée. Ces vues ayant été unanimement approuvées, il a été arrêté :

1°. Qu'il seroit renvoyé à l'assemblée de 1782 à délibérer d'une maniere définitive sur l'emploi des dons du Clergé & de la Noblesse.

2°. Qu'il seroit cependant, en considération des malheurs extraordinaires qui ont affligé la Province, prélevé sur les premiers deniers provenants desdits dons la somme de 6000 livres, pour être consacrée aux objets proposés par M. le Président, suivant qu'il feroit déterminé par la Commiſſion intermédiaire, & à la charge d'en rendre compte à la prochaine aſſemblée.

M. le Préſident a dit enſuite qu'en conſultant le vœu de l'aſſemblée, il croiroit pouvoir lui propoſer de rendre publiques, par la voie de l'impreſſion, les différentes délibérations priſes depuis l'établiſſement de l'Adminiſtration, & ſur-tout celles qui l'ont été pendant le cours des ſéances actuelles; que les deſirs d'un grand nombre de citoyens de tous les Ordres ſembloient en faire une loi, & qu'il étoit juſte de leur accorder une ſatisfaction ſi naturelle ſur un objet eſſentiellement lié au bonheur des peuples; que d'autres Adminiſtrations provinciales avoient déja donné cet exemple; que celle du Berri étoit auſſi éloignée qu'elles de faire un myſtere au Public des opérations qui l'occupent; que ſi MM. les Députés l'agréoient, il pourroit être pris à cet égard des meſures, auſſi-tôt que le Gouvernement ſeroit inſtruit des délibérations priſes pendant le cours des ſéances actuelles.

La propoſition de M. le Préſident a été univerſellement applaudie, comme capable d'exciter la confiance des peuples, de reveiller l'émulation de tous les bons citoyens, & de préparer le concours de leurs lumieres pour le bien public. En conſéquence, M. le Préſident a été prié de faire toutes les démarches convenables à ce ſujet, de concert avec les Membres de l'aſſemblée qu'il jugera à propos de s'aſſocier.

Du Mardi 14 *Novembre* 1780, *cinq heures du soir.*

L'assemblée ayant été avertie de l'arrivée de M. le Commissaire du Roi, il a été envoyé au-devant de lui, pour le recevoir avec les cérémonies ordinaires.

Mondit Sieur Commissaire étant entré a pris séance, & a annoncé par un discours analogue à la circonstance, les ordres de Sa Majesté pour la clôture de l'assemblée.

M. le Président l'a assuré du zele que MM. les Députés mettroient dans tous les temps à répondre aux vues bienfaisantes du Roi, & M. le Commissaire ayant été reconduit avec les honneurs accoutumés, MM. les Députés se sont donnés des témoignages réciproques d'estime & de confiance, & se sont séparés.

www.ingramcontent.com/pod-product-compliance
Lightning Source LLC
Chambersburg PA
CBHW071331150426
43191CB00007B/693